ALS DEUTSCHER GEBOREN

Wolf von Schilgen

Wolf von Schilgen

ALS DEUTSCHER GEBOREN

CONTINENT VERLAG

Titelschutz: « ALS DEUTSCHER GEBOREN » H.Ö.B. vom 20.3.2003
© Copyright 2005 bei CONTINENT VERLAG in der von Schilgen GmbH
A 5084 Grossgmain/Salzburg, vonschilgen@A1.net, www.vonschilgen.at

Alle Rechte der Verbreitung, auch durch Funk, Fernsehen, Tonfilm, fotomechanische
Wiedergabe, Tonträger jeder Art sowie alle elektronischen Medien (inklusive Internet) und
auszugsweisen Nachdruck vorbehalten.
Graphische Gestaltung: Renate Geretsegger-Glaser, Salzburg, r.geretsegger.g@aon.at
Herstellung: Offset 5020 Druckerei & Verlag Ges.m.b.H., Bayernstr. 465, A 5072 Siezenheim
Printed in Austria
ISBN 10: 3-901375-50-3
ISBN 13: 978-3-901375-50-7

HONOR
✼
DIGNITAS
✼
LIBERTAS
✼
JUS ET JUSTITIA

Wolf von Schilgen

Dieses Buch widme ich der Jugend der Welt
mit dem Wunsch, dass
Ehre, Würde, Freiheit, Recht und Gerechtigkeit
das Handeln eines jeden Menschen bestimmen möge

„GRAU, TEURER FREUND, IST ALLE THEORIE"

(Mephistopheles , J. W. v. Goethe)

Eine außergewöhnliche Autobiographie

Kommen Sie mit auf eine spannende Zeitreise. Begleiten Sie mich durch mein turbulentes Leben, es ist das Leben Ihrer Großeltern und Eltern bis hin in Ihre eigene Zeit. Geschrieben nach dem Wissensstand, den ich und meine Zeitgenossen damals besaßen, um nicht durch den Hintergrund heutiger Erkenntnisse, das wahre Bild zu verfälschen.

In diesem Buch geht es nicht nur um die Darstellung meines Lebens, sondern in erster Linie um den Geist, in dem man lebte und um die Frage, wie weit die deutsche und österreichische Bevölkerung Anteil an den Verbrechen des nationalsozialistischen Gewaltregimes hatte und wie es um die Mitschuld des Auslandes stand.

Es geht um Ursache und Wirkung. Vorauszusehen war, dass der Versuch, Deutschland nach dem Ersten Weltkrieg die Lebensader durch wirtschaftliche Sanktionen abzuschneiden, zu nicht kontrollierbaren Reaktionen führen musste.

Ich schildere die wirtschaftlichen und politischen Verhältnisse der Monarchie, der Weimarer Republik, mit ihren fatalen Folgen durch den so genannten Versailler Friedensvertrag, die Diktatur Hitlers und wie sehr das In- und Ausland fürchteten, dass durch ein kommunistisches Deutschland im Herzen Europas ein neuer Sowjetstaat entstehen könnte.

Sie erleben mich als Kind, Studenten, Holzfäller, landwirtschaftlichen Hilfsarbeiter, Gutsbesitzer und Heilgehilfen, Gaustabstrommler, Gewürzmeister in einer Gurkenfabrik und als Schauflieger. Im Krieg als Test- und Sturzkampffliegerpilot, als Regisseur und Bühnenautor, als Versuchsobjekt, worüber im Nürnberger Kriegsverbrecherprozess verhandelt wurde, als aufsässigen Soldaten, kurz vor dem Todesurteil und der dennoch im Reichluftfahrtministerium landete, ebenso die

Versetzung in das „Todesbataillon", die „beinahe Hinrichtung" durch Partisanen und deren Entschuldigung. Sie lernen mich als einen durch die Sowjetunion eingesetzten Chefredakteur kennen, als Gründer zahlreicher Unternehmen, als Chef des Staatspolitischen Informationsdienstes und Vizepräsidenten der Liga der Vereinten Nationen in Zusammenarbeit mit der französischen Besatzung in Tirol. Und schließlich als Autor zahlreicher satirischer Bücher, den seine Lesungen durch viele Länder Europas führen.

Aber Sie erleben auch, was Hunger und Verzweiflung für die Deutschen und Österreicher nach dem ersten Weltkrieg bedeutete und verstehen ihre Hoffnung auf einen Messias, der sie rettet. Wenn Sie dieses Buch zuschlagen, dann werden Ihnen diese Zeiten vertrauter denn je sein.

Fragen, die sich nach heutiger Sicht ergeben, beantworte ich nach dem Stand meines jetzigen Wissens, im Anhang zu diesem Buch.

Wolf von Schilgen

FRAGE - ANTWORT

Meine Frau Eva Maria, 1948 geboren, gehört der glücklichen Generation der „Spätgeborenen" an, deren Fragen von meiner Generation kaum oder nur unzureichend beantwortet wurden. Fragen wie: *„Warum habt Ihr nichts gegen das Hitlerregime unternommen?"* oder *„Was habt Ihr über den Holocaust gewusst?"* oder die Anklage, *„Ihr müsst es gewusst haben!"*

Nach Kriegsende richtete meine Generation den Blick fast ausschließlich in die Zukunft. Das nackte Überleben stand im Vordergrund. Die tiefe Beschämung, an etwas geglaubt zu haben, dass sich als der furchtbarste Schrecken des 20. Jahrhundert entpuppen sollte, wurde verdrängt durch die vielfältigen Aufgaben, welche der Gestaltung ihrer und ihrer Kinder Zukunft betraf.

Heute frage ich mich, wann wohl der Zeitpunkt da gewesen wäre, um Hitlers Treiben Einhalt zu gebieten. Was und wann hätte der Einzelne, was die Weltgemeinschaft unternehmen können, ja hätte müssen, um diesen Wahnsinn zu stoppen. Und dann die Frage: *„Was hätte ich selbst dagegen tun können?"*

1.
DIE MONARCHIE

DEI GRATIA – VON GOTTES GNADEN,
EINE FORMEL DER BESCHEIDENHEIT UND
FRÖMMIGKEIT, DIE DEM HERRSCHERTITEL
BEIGEFÜGT WURDE.
ALLE MACHT IN EINER HAND,
IM GUTEN WIE IM SCHLECHTEN.

1757 - 1918

Ein Mensch kann nicht für sich alleine betrachtet werden. Er ist ein Teil seiner Zeit, seiner Umgebung und vor allem wird er von seiner Abstammung geprägt. Um das Leben und die Handlungsweise eines Autobiographen verstehen zu können, ist es wichtig Einblick zu nehmen in dessen Zeit und in jenen Gesellschaftskreis, in dem er aufgewachsen ist, in das Weltbild seiner historischen und psychologischen Mannigfaltigkeit.

Im Jahre 1757, während des „Siebenjährigen Krieges", versammelt sich in der Hauptstadt Münster der gesamte westfälische Adel zum Empfang von sechzig französischen Generälen. Die Westfalen sind keine Freunde des Preußenkönigs Friedrich II., sie sympathisieren mit den Franzosen.

Die Hofrätin von Schilgen, berühmt wegen ihres gastlichen Hauses, gibt zu Ehren des Herzogs von Orleans und des Prinzen de Condé einen Ball, der wegen seines Glanzes in die Geschichte Westfalens eingehen wird. Als kurz danach der Herzog von Braunschweig an der Spitze verbündeter Truppen die Franzosen verjagt, mag ihr bei dem Gedanken an die rauschenden Feste nicht allzu wohl zu Mute gewesen sein.

Auszug aus Aegidius Huppertz Buch, „Münster im Siebenjährigen Kriege":

„Schon am 26. März sprengten hannoveranische Jäger zu Pferde und die „Totenkopfhusaren" des großen Preußenkönigs Friedrich II. von Jagdhunden begleitet, in die von den Franzosen eiligst verlassene Stadt Münster und erregten durch ihr grimmiges Aussehen und barsches Auftreten die Furcht der erregten Gemüter."

Nicolaus August Anton von Schilgen, geboren 1690, Doktor der Rechte, Hofrat und Generalauditor sowie Kurkölnischer Subdelegierter, Gesandter und Beauftragter des preußischen Herzogs Ferdinand, ist eine bedeutende politische Persönlichkeit, dem die „Eskapaden" von Madame gar nicht gefallen. Sein Sohn Johann Wilhelm, geboren 1720, ebenso wie sein Vater Generalauditor, fürstlicher Hofrat und Schatzrat, nennt sie gar „Madamchen", was keineswegs zärtlich gemeint ist. Von dessen Sohn, meinem Ururgroßvater Albertus Franziscus Xaverius Ignatius, 1762 im letzten Jahr des Siebenjährigen Krieges geboren, Jurist, Gouverneur und königlicher Ratgeber, stammt folgende Erzählung:

Im Jahr 1810 ruft Jerome Bonaparte, König von Westfalen, der Bruder des französischen Kaisers Napoleon, Albertus in seine Residenz auf die Wilhelmshöhe in Kassel. Anlass dieser Audienz ist die Einverleibung Hannovers in das Königreich Westfalen. Der König, den die Westfalen „König Lüstik" nennen, da er das Wort „lustig" gerne gebraucht und „lüstik" ausspricht, kommt meinem Ururgroßvater, dessen Rat er sehr schätzt, im Audienzsaal mit ausgestreckten Armen entgegen. Halb von einem Vorhang verdeckt, sieht Albertus einen französischen Offizier stehen, der in den Park hinunter schaut. Als dieser sich umdreht, erkennt er ihn: Es ist Napoleon I.

Mein Ahne beschreibt den Kaiser der Franzosen als einen Mann, der auf der Straße kaum aufgefallen wäre, der jedoch durch seine Sprache, seinen Charme und durch seine Intelligenz einen außerordentlichen und unvergesslichen Eindruck hinterließ.

Albertus gehört zum Kreis der ersten Ordensdignitäre des „Ordens der Westfälischen Krone" und erhält die höchste Stufe dieses Ordens, die Kollane. Die Ordensdignitäre haben das Anrecht auf verschiedene Dotationen, wozu auch das Recht des Erstgeborenen gehört, das Kommandeurkreuz des Ordens zu tragen. Albertus und seinen Nachkommen wird zu ihrem alten deutschen Adelsprädikat die Baronie verliehen.

Im Jahre 1812 schreibt mein Ururgroßvater:

„Seine Majestät (gemeint ist der Preußenkönig Wilhelm III.) hat geruht, das Edikt vom 11. März 1812 zu unterzeichnen, demzufolge alle Juden in Preußen - wie ich hörte, etwa dreißigtausend - nunmehr Einländer und Staatsbürger sein. Aber sie müssen zukünftig allesamt deutsche Namen führen. Nur von der Besetzung von Offiziersstellen, höhere Beamtenstände, behält sich Seine Majestät eine Sonderentscheidung vor."

Wenig später wird dieser Nachsatz aufgehoben und die jüdischen Mitbürger benötigen auch für diese Ämter keine Sondergenehmigung mehr. (Im Ersten Weltkrieg ist der Adjutant meines Vaters, Oberleutnant Schüler, jüdischer Abstammung. Ein, wie mein Vater ihm unter der Nazi-Regierung schriftlich bestätigt, „hervorragender Offizier".)

1813 haben sich die politischen Verhältnisse in Westfalen völlig geändert. König Jerome gibt es nicht mehr, die Preußen sind wieder da. 1815 wird Napoleon von Marschall Blücher und dem englischen Marschall Herzog von Wellington endgültig besiegt und nach St. Helena verbannt. Blücher, auch „Marschall Vorwärts" genannt, ehemals Gouverneur von Münster und „Meister vom Stuhl" der Münsterschen Freimaurerloge, ist ein enger Freund meines Ururgroßvaters, den er nach der Schlacht von Waterloo besucht.

Albertus' Sohn, mein Urgroßvater Conrad, geboren 1798, ebenfalls Jurist, hat 13 Kinder von vier Ehefrauen, die er sämtliche überlebt. Er sieht den Befreiungskrieg gegen Napoleon I., Metternich in Österreich, den Bürgerkönig Louis Philip in Frankreich, Wilhelm IV. von England, den letzten römisch-deutschen Kaiser Franz I., Königin Viktoria von Großbritannien und ihre Hochzeit mit dem deutschen Prinzen Albert von Sachsen-Coburg und Gotha.

Zu Conrads Lebzeiten findet die Märzrevolution in Deutschland und Österreich statt und die Kanzlerschaft des Fürsten von Bismarck, mit dem ich über seine Frau, eine geborene von Putkammer, verwandt bin.

Friedrich Baron von Schilgen, mein Großvater, wird 1848 geboren. Seine Taufe ist ein großes Ereignis, über welches berichtet wird:

"Weit öffneten sich die Flügeltüren des Domes zu Münster. Ein roter Teppich führte durch die Halle zum Altar. Im Chorgestühl hatten hohe Würdenträger Platz genommen.
Der König von Preußen, Seine Majestät Friedrich Wilhelm IV. höchstselbst waren der Taufpate. Unser Bischof gab dem Kinde den Namen Seiner Majestät Friedrich Wilhelm und fügte die von uns gewählten Vornahmen Bernhard Florenz Alfred hinzu.
Hinfort werden jeweils die ältesten Söhne auch den Namen Friedrich in Ehren tragen."

Friedrich wird Geheimkämmerer der kaiserlichen Disziplinarkammer und Landgerichtspräsident, ein strenger, auf Würde bedachter Mann. Seine Frau gebiert ihm 7 Kinder.

1870 kommt es wegen der spanischen Thronfolge zu Missstimmigkeiten zwischen Frankreich und Preußen, da Preußen sich den deutschen Fürsten von Hohenzollern als spanischen König wünscht. Der französische Botschafter Graf Vinzent Benedetti stellt in Ems an König Wilhelm I. sehr weitgehende Bedingungen. Dessen Kanzler, Fürst Bismarck veröffentlicht diese in gekürzter Fassung in der berühmten „Emser Depesche". Die Kürzung stellte keine Fälschung dar, jedoch durch die Verschiebung der Akzente eine Verschärfung der königlichen Ablehnung und löst damit in Frankreich eine ungeheurere Erregung aus. Napoleon III. erklärt daraufhin den Deutschen den Krieg.

Conrad schreibt im Jahr 1872 an seine zahlreichen Nachkommen:
„An meine Kinder.
Die Stürme des Jahres 1870/71 sind nicht an mir vorübergegangen, ohne - bei meinem Alter - meine Gesundheit anzugreifen. Die Anwesenheit meiner fünf Söhne bei dem deutschen Heere und die dadurch bei den fast täglichen Gefechten und Schlachten fortwährende anhaltende Spannung, die schwere Verwundung meines Sohnes Alfred in der Schlacht bei Wörth, welche acht Wochen später, nach vorheriger Amputation den Tod herbeiführte, die bedeutenden Verwundungen meiner Söhne Franz und Ferdinand am 2. August 1870 bei Saarbrücken resp. am 1. September bei Sedan, die lange Ungewissheit über die Folgen dieser Wunden, und die Strapazen der,

zum Besuch meines jüngsten Sohnes, leicht zu erklärenden, traurigen Aufregung unternommene, wenngleich durch die liebevolle Begleitung meines treuen Schwiegersohnes sehr erleichterte Reise; alles dieses hat, wie ich fühle, sehr nachhaltig auf mich gewirkt. Meine Gesundheit ist angegriffen und es ist daher leicht möglich, dass ich nicht alle meine Kinder noch einmal sehe."

Aus den Kriegsjahren 1870/71 stammt folgende Schilderung eines Freundes unserer Familie, der als junger Fähnrich an diesem Krieg teilgenommen hatte:
„Jetzt, nach 61 Jahren, sehe ich das Bild dieses Angriffes so lebendig, dass ich es malen könnte.
...dann wurde das Signal „Front" geblasen und angaloppiert. Schnell hatten wir die Deckung überwunden. Vor uns lag ein weites Feld und auf ihm fliehende Rothosen (Franzosen, die rote Uniformhosen trugen). Mit brausender Attacke ritten wir in den Feind. Mein Pferd kratzte an einer Ecke des Karrees vorbei und ging mit mir durch. Kugeln pfiffen um mich herum und von meiner Säbelklinge wurde die Spitze abgeschossen. Dann überschlug sich mein Pferd wie ein Hase. Schnell aufgestanden, den abgebrochenen Säbel in der Hand, lief ich zurück. Die Franzosen, deren lautes Geschrei ich vernehmen konnte, schossen hinter mir her und verfolgten mich, wurden aber von Granaten der Artillerie aufgehalten, die mich selbst mit Dreck überschütteten. Zwei Ulanen, die mich sahen, brachten mich in Sicherheit. Mit einem Prellschuss war ich davongekommen."

Auch mein Großvater mütterlicherseits, Albert Schlüter, nimmt als Oberleutnant des Garderegiments des Königs an diesem Krieg teil. An den Folgen einer schweren Verwundung stirbt er einige Jahre später.

Wie die meisten Menschen damals über den Krieg dachten, geht aus den Worten hervor, die der berühmte deutsche Stratege Feldmarschall Moltke im Februar 1881 an den Franzosen Goubareff schreibt:
„...ich halte ihn für ein letztes, aber vollkommen gerechtfertigtes Mittel, das Bestehen, die Unabhängigkeit und die Ehre eines Standes zu behaupten.
Hoffentlich wird dieses letzte Mittel bei fortschreitender Kultur immer seltener in Anwendung kommen, aber ganz darauf verzichten kann

kein Staat. Ist doch das Leben der Menschen, ja der ganzen Natur ein Kampf des Werdenden gegen das Bestehende, und nicht anders gestaltet sich das Leben der Völkereinheiten.
Gewiss ist es viel leichter das Glück des Friedens zu preisen, als anzugeben, wie er gewahrt werden soll."

Großonkel Franz, Bruder meines Großvaters, General und Hofmarschall, ebenfalls Teilnehmer an der Schlacht von 1870/71, zieht sich nach seiner Pensionierung auf unseren Stammsitz nach Arnsberg zurück. Ein weiterer Bruder wird Pfarrer in Amerika und reist später als Missionar nach Australien, wo er Berichten zufolge in Neu-Guinea sein Leben als Festmahl von Menschenfressern beendet. Großtante Pauline wird Nonne. Mein Großonkel Herman, geheimer Kriegsrat des Königs von Preußen, wird zur Ausbildung der türkischen Armee nach Konstantinopel geschickt. Er wohnt in einer prachtvollen Villa am Bosporus. Sultan Mohammed Achmed ernennt ihn zum Pascha.

Am 13. August 1878 wird mein Vater, Alfred Wilhelm Hermann Friedrich, als erstes von insgesamt sieben Kindern, geboren. Er schlägt die Offizierslaufbahn ein, ebenso seine Brüder Fritz, Ernst und Franz. Einzig Onkel Heinrich studiert Jus, später Malerei und wird ein erfolgreicher akademischer Maler.

Im Jahr 1888 stirbt Kaiser Wilhelm I., König von Preußen. Sein Sohn Friedrich Wilhelm folgt ihm als Friedrich III. auf den Thron. Er ist mit Prinzessin Viktoria verheiratet, die großen Einfluss auf ihn ausübt. Sie ist eine Tochter der englischen Königin Viktoria. Kaiser Friedrich, ein kluger, liberal eingestellter Mann mit hohen ethischen Vorstellungen, eine wahrhaft königliche Erscheinung, stirbt im gleichen Jahr an Halskrebs. Die Geschichte verzeichnet ihn als den „99- Tage-Kaiser". Viele Zeitgenossen waren der Ansicht, wäre er am Leben geblieben, hätte der erste Weltkrieg vielleicht nicht stattgefunden. So aber folgt ihm sein Sohn als Wilhelm II. nach, ein sehr von sich überzeugter Mann. Sein erster Fehler - die Entlassung Fürst Bismarcks, des „Eisernen Kanzlers".

Die Expansionspolitik Russlands auf dem Balkan sowie die Unabhängigkeitsbestrebungen der Kronländer von Österreich-Ungarn, führen zu einem immer größeren Konfliktpotenzial. Am 28. Juni 1914 werden der österreichische Thronfolger Erzherzog Ferdinand und seine Gemahlin in Sarajewo ermordet. Kaiser Franz Josef von Österreich stellt der Belgrader Regierung am 23. Juli ein Ultimatum. Belgrad wehrt sich entschieden gegen das Ansinnen Österreichs, nach den Tätern von Sarajewo zu fahnden. Österreich bricht daraufhin die diplomatischen Beziehungen zu Serbien ab. Zwei Tage später beginnt Serbien mit den Kriegsvorbereitungen.

Der Kaiser, gedrängt von seinem Militär um den Kreis von Generalfeldmarschall Conrad von Hötzendorf, *(mit dessen Sohn, im Zweiten Weltkrieg Oberst im Generalstab, ich Jahrzehnte später befreundet war)*, gibt den Befehl zur Generalmobilmachung.

Am 28. Juli befiehlt der russische Zar die Teilmobilmachung. Der Mechanismus der Bündnisse funktioniert präzise. Am 31. Juli erklärt Deutschlands Regierung, durch den Beistandsvertrag mit Österreich verbunden, Russland den Krieg, am 3. August Frankreich, nachdem der Versuch, die französische Regierung zur Neutralität zu bewegen gescheitert ist.

Deutschlands Armee marschiert in das sich neutral verhaltende Belgien ein und erregt damit den Unmut Großbritanniens. Am 4. August 1914 erklärt die britische Regierung Deutschland den Krieg.

Im gleichen Jahr heiraten meine Eltern. Mein Vater ist Offizier mit Leib und Seele. Später wird er mir erklären: *„Soldat wird man nicht um Kriege zu führen, sondern um den Frieden zu bewahren."* Er übernimmt die Führung eines Sturmbataillons an vorderster Front. In sein Tagebuch schreibt er: *„Möge Gott uns Sieg und Ehre verleihen."*

Aus dem „amtlichen Kriegstagebuch" stammen folgende Eintragungen:

„Nach Beendigung der Artillerie- und Minenwerferbeschießung besetzte Hauptmann von Schilgen die Sturmstellung. Um 12.30 Uhr erfolgte unter Hauptmann von Schilgen der Sturm, den, von Kampfeslust beseelt, viele Leute aus den Verbindungsgräben heraus und die Sturmstellung überspringend, über Freifeld mitmachten..."

Über das Jahr 1915, mein Vater ist indessen Bataillonskommandeur des „von Schilgen- Bataillon" steht zu lesen:
„In den vergangenen Kampftagen waren von der Truppe unvergleichliche Heldentaten vollbracht worden. Sie einzeln aufzuzählen ist unmöglich.
Die feindlichen Offiziere trieben mit blanken Degen ihre Truppen gegen die deutschen Stellungen, die sie dennoch nicht erringen konnten."

Als Eroberer der Festung Maubeuge erhält mein Vater den Festungsschlüssel überreicht. Mir dient er heute als Briefbeschwerer.

In Russland tobt die „Februarrevolution". Zar Nikolaus I. und die Zarin, deren Kinder und ihre Bediensteten werden ermordet. 1917 wird die Sowjetrepublik in einem Meer von Blut gegründet. Eine der grausamsten kommunistischen Diktaturen nimmt ihren Anfang. Millionen Menschen werden ihr zum Opfer fallen.

1917 erklärt auch die Regierung der Vereinigten Staaten von Amerika den Deutschen den Krieg. Sie schicken 1,7 Millionen Soldaten nach Europa. Zugleich startet US-Präsident Wilson eine Friedensinitiative, die jedoch von den Feindmächten, unter Führung des französischen Premierministers Aristide Briand, abgelehnt wird. Zu groß ist der Hass der französischen Regierung nach dem Krieg von 1870/71, den sie Deutschland erklärten und dann verloren hatten.

Im gleichen Jahr sendet Papst Benedikt XV. eine Friedensbotschaft an die Krieg führenden Mächte. Doch die Alliierten bestehen unter dem Druck der französischen Regierung auf die bedingungslose Kapitulation. Die Deutschen kapitulieren nicht. Sie beginnen mit dem uneingeschränkten U-Boot-Krieg. Etwa 120 deutsche U-Boote fügen der britischen Marine ungeheure Verluste zu. Es beginnt der deutsche Fliegerangriff auf Großbritannien.
Die österreichische Regierung enttäuscht die Deutschen durch Sixtus von Bourbon-Parma, der geheime Friedensverhandlungen mit den Feinden aufnimmt. Spreche ich heute mit den Nachkommen von Kaiser Karl von Österreich, so sieht man diese „Sixtus-Gespräche" in einem ganz anderen Licht.

Am 28. September 1917 komme ich im Clemenshospital - zu dessen Stiftern meine Familie zählt - in Münster, der Hauptstadt Westfalens, zur Welt. Es ist das so genannte Hungerjahr, dessen Winter man den „Kohlrübenwinter" nennt. Viele unterernährte Mütter sterben bei der Niederkunft, auch meine Mutter hätte meine Geburt fast nicht überlebt.

Zu aller Überraschung wiege ich 4,6 Kilogramm und werde als „Monster" bestaunt. Meine durch Hunger geschwächte Mutter muss mich einer Amme überlassen, die wie alle Ammen eine staatliche Sonderverpflegung erhält.

Meine Mutter schreibt in ihrem Merkbüchlein, dass ich ein überaus fröhliches Baby sei. Meine Heiterkeit und Zufriedenheit hat sich bei einem Normalgewicht bis heute erhalten, treu nach dem Spruch des Philosophen Friedrich Nietzsche: *„Zehnmal sollst du lachen am Tage und fröhlich sein, sonst stört dich dein Magen dieser Vater der Trübsal!"*

Drei Wochen nach meiner Geburt bekommt mein Vater Fronturlaub. Er ist über die Hungersnot, von deren Ausmaß man an der Front nichts weiß, entsetzt. Meine Mutter ist gezwungen das Hauspersonal zu entlassen. Eines unserer Dienstmädchen bleibt bei uns mit der Begründung, dass es ihr gleichgültig sei, wo sie hungere. Wenn schon hungern, dann dort, wo es ihr bislang immer gut gegangen wäre.

Am 15. Dezember 1917 findet zwischen Russland und Deutschland ein Waffenstillstand statt. Die russischen Kommunisten rechnen es den Deutschen hoch an, Lenin über Deutschland nach Russland eingeschleust zu haben. Was sie nicht wussten: die deutsche Regierung wollte durch Lenin die Revolution anheizen, um Russland zu schwächen. Am 3. März 1918 kommt es zum „Frieden von Brest-Litowsk" zwischen Russland, Deutschland, Österreich-Ungarn, Bulgarien und der Türkei.

Meinem Vater wird das Ritterkreuz des Hohenzollernschen Hausordens verliehen, eine Vorstufe zum höchsten Orden, den „Pour le Mérite". Gleichzeitig wird er in den „Großen Generalstab" aufgenommen.

Zu meinem ersten Geburtstag lädt meine Mutter viele kleine Gäste ein. Sie ist sich der Gefahr der todbringenden Spanischen Grippe nicht bewusst. In Deutschland und Österreich zählt man bereits 196.000 Todesopfer, darunter den Maler Egon Schiele, 28 Jahre alt und seine junge schwangere Frau. Weltweit sterben daran mehr als zwanzig Millionen Menschen, ein Mehrfaches der 8,7 Millionen Kriegstoten.

Im gleichen Jahr schreibt meine Mutter:
„*1918 machte er* (Wolf-Egon Friedrich) *seinen ersten Besuch im Schloss bei Excellenz von Einem* (letzter deutscher Kriegsminister*). Alle waren begeistert von ihm.*"

Am 9. November 1918 kommt es in Berlin zur Revolution. Am 10. November dankt Kaiser Wilhelm II. ab und zwar auf Anraten seiner Generäle, insbesondere des Generalfeldmarschalls von Hindenburg. Er begibt sich ins Exil in die Niederlande, wo ihm die niederländische Königin das „Haus Dorn" zur Verfügung stellt. Für meinen Vater ein Ereignis bitterer Enttäuschung. Es war für ihn und viele andere seiner Generation der Verlust ihrer Welt. Zeit seines Lebens gratuliert er „seinem Kaiser" zu dessen Geburtstag.

Am 11. November wird in Compiégne in einem Eisenbahnwagen der Waffenstillstand mit den Feindmächten unterzeichnet. Am 11. November 1918 dankt auch Kaiser Karl I. von Österreich ab. Die Zeit der Monarchien in Deutschland und Österreich ist beendet. Mein Vater marschiert von der Front kommend, mit seinen Soldaten am 16. Dezember 1918 in Münster ein.

Aus dem amtlichen Kriegstagebuch:
„*Am Schützenhof holte die Kapelle des alten Regiments das zusammengeschmolzene, aber tadellos in Ordnung befindliche Bataillon ein. Unter dem Jubel der Bevölkerung zog es in die Aegidikaserne ein, wo am 21. Dezember die Entlassung stattfand.*"

Die Freude meiner Mutter ist unbeschreiblich. Es gleicht einem Wunder, dass mein Vater als Führer eines Sturmbatallions die vier Kriegsjahre überlebt hat. Viele Jahre noch plagen ihn Alpträume, oft ruft er im Schlaf „*Gas, Gas!*" oder gibt Befehle zum Sturmangriff.

Trotz des Waffenstillstandes weigert sich das Bündnis der ehemaligen Feindmächte, genannt die „Entente", die zuvor verhängte Lebensmittelblockade gegen Deutschland aufzuheben. Erste Stimmen gegen diese unmenschliche Politik werden laut. Der spätere US-Präsident Wilson und der britische Premier David Lloyde George unterstützen eine Initiative zur Aufhebung der Blockade. Die französische Regierung, unter Premier Clemenceau, stimmt nicht zu. Weder die Vereinigten Staaten, noch Großbritannien können sich durchsetzen. Sie müssen sich an den gemeinsam beschlossenen Vertrag halten, den die französische Regierung nach Belieben auslegt.

Der amerikanische Präsident Wilson führt dazu im Dezember 1918 aus:
„*Unparteiische Gerechtigkeit muss jedem zuteil werden; sie darf keinerlei Unterschied machen zwischen denen, die wir gerecht behandeln wollen und jenen, die wir nicht so behandeln wollen. Es muss eine Gerechtigkeit sein, die niemanden bevorzugt und deren einziger Maßstab der ist, allen beteiligten Völkern gleiches Recht zuzuerkennen. Wenn wir in Deutschland jetzt oder später etwas anderes als Gerechtigkeit, einfache und leidenschaftliche Gerechtigkeit, anbieten würden, würde das bedeuten, unsere eigene Sache zu verleugnen.*"

Wilsons Standpunkt beeindruckt die französische Regierung nicht. Poincaré, Marschall Foch und die französischen Rechten stehen auf dem Standpunkt, dass eine totale Entmachtung Deutschlands, auch ohne die beiden Verbündeten, möglich sei.

Zitate aus den damaligen deutschen Zeitungen:
„*Wenn aller hässliche Schmutz von dem deutschen Ehrenschild abgewaschen sein wird, rufen wir nach unserem Recht, das uns werden wird.*"
„*Die Liebe zum Vaterland, getragen von Opfergeist und Treue.*"
„*Wir taten unsere Pflicht für Deutschlands Ehre, für Deutschlands Ruhm!*"
Ein Frontkämpfer:
„*Menschen sterben, Geschlechter vergehen – aber was nicht vergeht ist der deutsche Geist, der Jena überdauerte und Sedan erlebte. Es*

bedarf der Zeit und der Wiederbesinnung der Nation auf ihren Wert. Wir halten unser deutsches Volk nicht für erbärmlich genug, dass wir nicht mit allen Fasern unserer Seele hoffen, dass eines Tages wie Sturmgewitter eine Wiedergeburt über uns kommt, der keine Macht der Erde standzuhalten vermag.
Dieses Tages wollen wir harren. Vernehmet ihr Völker unsern Tritt: Wir sind die letzten Goten!"

Von Frieden kann in Deutschland keine Rede sein. Die Kommunisten schließen sich im „Spartakusbund" zusammen und beginnen eine Revolution.

Mein Vater gründet, zusammen mit alten Kameraden, das „Freikorps von Schilgen", um mit anderen Freikorps die Kommunisten zu bekämpfen, an seiner Seite sein jüdischer Adjutant, Oberleutnant Schüler. Wegen der zunehmenden Radikalisierung einiger Freikorpsverbände, löst mein Vater sein Freikorps sehr bald wieder auf.

Die Sowjetunion bietet der deutschen Regierung den Aufbau einer „Schwarzen Armee" an. Großbritannien und die USA beobachten mit Sorge diese beginnende Freundschaft. Frankreichs Regierung bleibt blind.

*Friedrich Wilhelm
Deutscher Kaiser
und König von Preußen*

*Wilhelm II.
Deutscher Kaiser
und König von Preußen*

*Thronfolger Karl,
der spätere Kaiser Karl I.
von Österreich
und Karl IV.,
König von Ungarn*

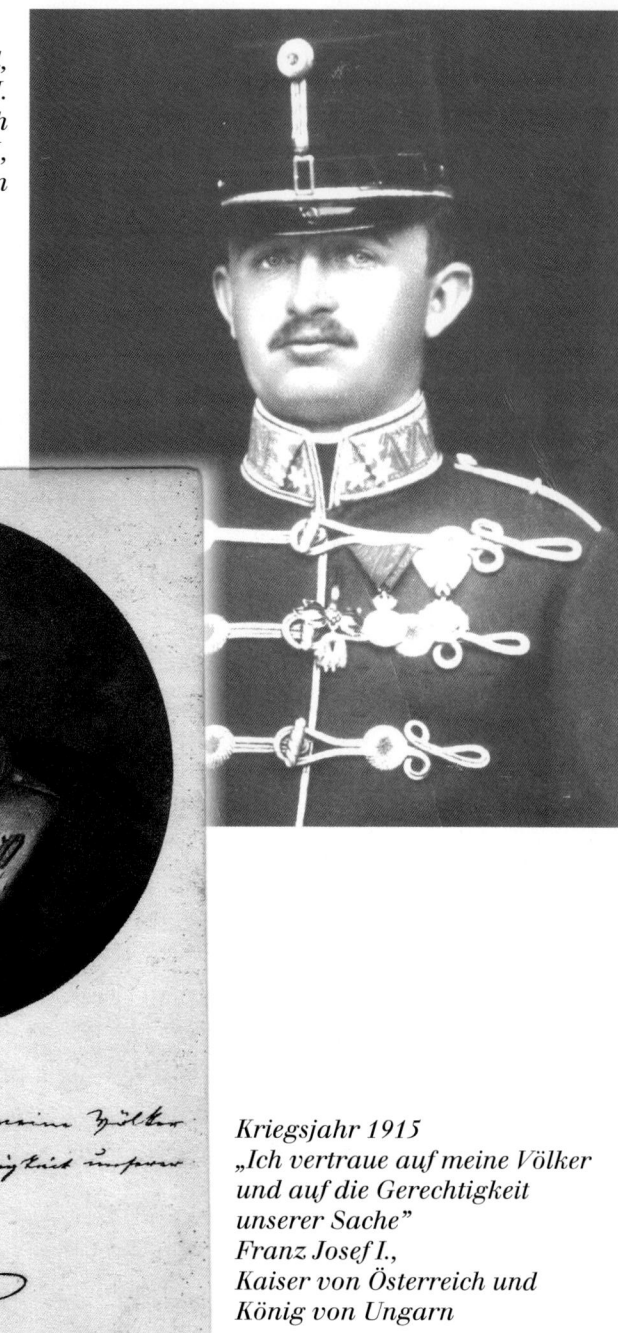

*Kriegsjahr 1915
„Ich vertraue auf meine Völker
und auf die Gerechtigkeit
unserer Sache"
Franz Josef I.,
Kaiser von Österreich und
König von Ungarn*

Die Zarin

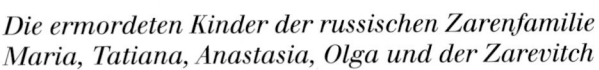

*Die ermordeten Kinder der russischen Zarenfamilie
Maria, Tatiana, Anastasia, Olga und der Zarevitch*

*Sultan
Mohammed Achmed V.
Reg. 1909 - 1918*

*„Von Schilgen - Pascha"
Hermann Baron von
Schilgen - Arnsberg
Königlich Preußischer
Geheimer Kriegsrat*

*Der Großvater
Friedrich Baron von Schilgen
Geheimkämmerer der Kaiserlichen
Disziplinarkammer*

*Der Großonkel
Franz Baron von Schilgen
Königlich Preußischer
General und Hofmarschall*

Zeitbild.

Eine Straße — vor der Aera der Electricität, des Velocipeds, Automobils, Asphalts ꝛc. ꝛc. ꝛc.

und jetzt.

Die Mutter Elisa, Münster 1915

Der Vater Alfred Friedrich Baron v. Schilgen

*Kriegsminister
Generaloberst von Einem*

Nach einem Gemälde von Professor Klemm, Düsseldorf

*Die Schlosswache
in Münster vor ihrem
Wachgebäude,
im Hintergrund
die Eltern des Autors*

Der Prinzipalmarkt in Münster/Westfalen

Die Eltern

Wolf - Egon Friedrich von Schilgen 1917

2.
DIE WEIMARER REPUBLIK

STAATSRECHTLICHE FORTSETZUNG
DES BISMARCKSCHEN REICHES
ALS DEMOKRATISCH - PARLAMENTARISCHER
UND FÖDERATIVER
RECHTS- UND VERFASSUNGSSTAAT

1919 - 1927

Hunger und Revolten, Hass und Rechtlosigkeit. Auf der einen Seite Separatismus, auf der anderen „Preußens Gloria".
Extreme Linke und gewaltbereite Rechte. An der Spitze eine machtlose Mitte.
Ausdruck einer aufkommenden Hoffnung waren die so genannten „Goldenen Zwanzigerjahre". Sie wurde im Keim erstickt.
Wer dem Besiegten das Rückgrat bricht, wird zum Verlierer. So ist der Weg von Versailles über Weimar nach Berlin zu verstehen, direkt in die Arme des Diktators.

Am 28. Juni 1919 legen die Siegermächte durch den so genannten „Friedensvertrag von Versailles" den Grundstein zu jener Katastrophe, die 20 Jahre später ganz Europa erfassen sollte. Alleine die Zahlungsverpflichtungen des deutschen Staates zur Wiedergutmachung hätten bis in das Jahr 1985 hineingereicht!

Der französische Staatspräsident Raymond Poincarè, ein ebenso krankhafter Deutschenhasser wie Ministerpräsident Georges Clemenceau, fordert sogar die völlige Entmachtung Deutschlands. Er ist es auch, der den ehemaligen französischen Ministerpräsidenten Joseph Cailaux verhaften lässt, weil dieser im Krieg eine Verständigung mit den Deutschen suchte.

Russland dagegen, welches schon im Vertrag von Brest-Litowsk mit den Deutschen Frieden geschlossen hatte, nähert sich mit Hilfe der deutschen kommunistischen Partei mehr und mehr der Weimarer Republik. In großer Not wird jede dargereichte Hand freudig ergriffen, so auch von den Vertretern der Weimarer Republik, unter der man das Deutsche Reich in seiner durch die Weimarer

Reichsverfassung vom 11. August 1919 bestimmten Staats- und Regierungsform versteht.

Der Sozialdemokrat Friedrich Ebert, ein ehemaliger Sattler und Redakteur, auf den das gehobene Bürgertum ein wenig mitleidig herabsieht, wird erster Reichspräsident. Er erreicht, dass aus dem Chaos dennoch ein, wenn auch entmachteter, so doch geordneter Staat wird. Der Sozialdemokrat Gustaf Noske wird zum Oberbefehlshaber aller Truppen in Berlin ernannt. Ihm gelingt es den Spartakusaufstand niederzuschlagen.

Der Völkerbund wird 1919 mit dem Ziel gegründet, zukünftige Kriege zu verhindern. Die politischen Verhältnisse scheinen sich zu normalisieren, nicht aber die wirtschaftlichen.

Mein Vater hofft weiterhin aktiv beim Militär bleiben zu können. Die Ermordungen der Linkssozialisten Rosa Luxemburg und Karl Liebknecht entsetzen ihn ebenso wie der Mord an dem bayerischen Ministerpräsidenten Kurt Eisner durch einen Graf Arco.

Unser Haushalt hat sich indessen um einen Diener, einen ehemaligen Burschen (Offiziersdiener) meines Vaters, erweitert und neben unserem Dienstmädchen aus den Hungertagen auch um eine „Teta", ein Kindermädchen. Wir erhalten jetzt öfters Besuch alter Regimentskameraden meines Vaters, manche bringen ein wenig Gebäck mit, manchmal sogar ein Getränk, denn noch ist die Zeit der Hungersnot nicht überwunden.
Auch in Österreich erreicht die Hungersnot dramatische Ausmaße. Die tägliche Brotration, die auf Lebensmittelkarten zu beziehen ist, beträgt 100 Gramm, der Milchverbrauch liegt unter 10 Prozent der Vorkriegszeit.

Am 10. September 1919 schließen die Siegermächte mit Österreich den so genannten „Friedensvertrag von Saint Germaine", der die völlige Zerschlagung der einstmals großen und mächtigen Österreichisch-Ungarischen Monarchie bedeutet. Der französische Ministerpräsident Georges Clemenceau verkündet zynisch: *„Der Rest ist Österreich"*. Zurück bleibt ein damals nicht lebensfähiger

Kleinstaat, dessen Bevölkerung großteils einen Anschluss an Deutschland erhofft. Dieser wird jedoch im Vertrag von Versailles verboten.

Mein Vater trifft sich zu dieser Zeit des Öfteren wieder mit seinen Kameraden, alles Offiziere des Generalstabs, bei Baron Rhemen auf dessen schönem Wasserschloss Wilkinghege bei Münster.

Darüber aus seinen Aufzeichnungen:
Oberstleutnant Freiherr von Oer teilte uns die Bedingungen des so genannten Friedensvertrages mit.
„Sie bedeuten Deutschlands Untergang", führte er aus. „Elsass-Lothringen geht an Frankreich. Posen und ganz Westpreußen kassieren die Polen. Danzig wird zur freien Stadt erklärt und Eupen-Malmedy kommt an Belgien. Dänemark erhält Niederschlesien [Nord-Schleswig] *und die Polen Oberschlesien. Westpreußen ist verloren, Memel, Litauen und sämtliche überseeische Kolonien, die großen Flüsse werden internationalisiert. Das gesamte Saargebiet wird dem Völkerbund unterstellt.*
Deutschland verliert insgesamt 71.000 qkm seines Staatsgebietes mit mehr als sechseinhalb Millionen Einwohnern.
Sie nehmen uns unsere Lebensgrundlagen wie Maschinen und Erzeugungsstätten, auch unsere Handelsschiffe haben sie nicht vergessen, ebenso alle unsere chemischen Produkte, unsere Kohlenförderungen und unser Vieh!
Dazu verlangen sie Ablieferungen, die ein geschlagenes Volk nicht leisten kann. Und – 1921 haben wir 269 Milliarden Goldmark zu bezahlen. Eine Summe, die wir nicht einmal in guten Zeiten aufbringen könnten.
Das sind Wahnsinnige!"

Trotz oder vielleicht gerade wegen all dieser Demütigungen entsteht in Deutschland Patriotismus, der seinen Ausdruck in der Einführung des *„Deutschlandliedes"* als Nationalhymne findet, die mit dem Text beginnt: *„Deutschland, Deutschland über alles, über alles in der Welt"*.
Unter der Bevölkerung entsteht Unruhe und die Kommunisten nützen diese Stimmung für ihre Zwecke. Radikale Linke gründen in

Deutschland die „Rote Armee", der bald über hunderttausend Mann angehören, genau so viele, wie von den Feindmächten Soldaten für die neu gegründete Reichswehr genehmigt wurde. Mit Maschinengewehren, mit Artillerie und sogar mit Panzern ziehen sie durch das Land. Um ihre Armee mit Lebensmitteln zu versorgen, überfallen sie Bauernhöfe. Erst spät bereitet die Reichswehr diesen Gewalttaten ein Ende. Ein Zeichen der politischen Wirren.

Nach wie vor trägt mein Vater seine Uniform, die mir ungeheuer imponiert, besonders die Paradeuniform mit all seinen Orden. Als überzeugter Soldat begrüßt er es, dass die Sowjetunion bereit ist, der neuen deutschen Armee zur Ausbildung Militärstützpunkte in Russland zur Verfügung zu stellen.

Am 3. Mai 1921 bricht in Polen ein Aufstand aus, der durch einen international gültigen Wahlerfolg der Deutschen in Oberschlesien ausgelöst wird, die für den Verbleib Oberschlesiens beim Deutschen Reich stimmen. Durch die Unterstützung von Seiten der französischen Regierung wird daraus ein blutiger Terror. Der hohe Kommissar der Briten, Oberst Percival, erleidet - wie die Zeitungen berichten - wegen seines Unvermögens, gegen die französische Regierung vorgehen zu können, einen Nervenzusammenbruch.

An Deutschland werden weitere Forderungen gestellt: In Oberschlesien spricht man 32.000 Quadratkilometer den Polen zu, die 830.000 deutschen Einwohner macht man zwangsweise zu Polen. Über 100.000 Menschen flüchten. Neben 63 Steinkohlegebieten erhalten die Polen 51 Zink- und Bleigruben, die Hälfte aller Stahl- und Walzwerke, die Mehrzahl der Hochöfen und sämtliche Zinkhütten und damit das größte Industriepotential dieses Gebietes. Vor dem Reichstag in Berlin wird eine riesige Fahne mit Trauerflor mit den Farben Oberschlesiens gehisst.

Nach und nach beginnt man zu bezweifeln, dass jemals eine Besserung der Verhältnisse eintreten wird. Hitler, der 1920 im Münchner Hofbräuhaus sein 25-Punkte-Programm verkündet hat, erhält mehr und mehr Zuspruch. Aber nicht nur er, auch die Kommunisten erhalten großen Zulauf. Die Massenverelendung nimmt beängstigende Ausmaße an. Teil der verzweifelten Stimmung in den Zwanzigerjahren sind die zahlreichen Kirchenaustritte. Lagen die Ehescheidungen 1913 noch bei 17.000, betragen sie 1921 fast 40.000. Die Selbstmordraten steigen beängstigend an.

Aber: *„Not macht erfinderisch"*. Es ist erstaunlich, welche großartigen Leistungen in dieser Zeit deutsche Wissenschafter erbringen, unter ihnen Albert Einstein, der 1921 für seine quantentheoretischen Arbeiten den Nobelpreis für Physik erhält.

In unserem Haus in Münster wird das elektrische Licht eingeleitet, es ist nicht viel heller als das alte Gaslicht. Auch ein Telefon wird montiert, es hängt an der Wand und mit einer Kurbel stellt man die Verbindung zu einem Wähl-Amt her. Da nur wenige Private ein Telefon besitzen, sind die Möglichkeiten zu telefonieren nicht groß. Onkel Paul in Nieder-Olm bei Mainz besitzt ein solches. Um mit ihm telefonieren zu können, muss ich auf einen Stuhl steigen.

Zu meinem Geburtstag schenkt mir mein Vater einen „Detektor", einen kleinen Kasten mit einem Kopfhörer und zwei Metallfedern, auf der einen Seite ein Stift, auf der anderen ein Kristall – das erste *„Radio"*. Bei Berührung des Stiftes mit dem Kristall kann man Musik empfangen. *„Ich höre etwas"*, sind die Zwischenrufe und *„Jetzt hab ich es!"*

So streng und zur Bescheidenheit ich erzogen werde, meine Geburtstage sind stets ein großes Ereignis. Sei es ein von einer Militärkapelle angeführter Kinderumzug im Park des Schlosses in Münster, das mein Uhrahn erbaut hat oder ein kleiner Fackelumzug durch die umliegenden Straßen – für mich sind diese Feste unvergessene Erlebnisse.

Zu meinen schönsten Kindheitserinnerungen zählen die sommerlichen Reisen mit meinen Eltern an die Nordsee. Mein besonderes Interesse gilt hier den Strandfotografen, die mit ihren großen hölzernen Fotoapparaten, welche auf mächtigen Stativen befestigt sind, Badegäste, meistens in Gruppen, aufnehmen. Die Herren tragen schwarze oder gestreifte „Matrosenhäute", das sind ganzteilige

Badeanzüge, die Damen kurze Röcke und Trikots. Sobald ich so eine Gruppe sehe, setze ich mich unaufgefordert zwischen die Fremden, zu denen ich schnell Kontakt finde. Die Aufnahme selbst interessiert mich wenig. Das Erstaunen meiner Eltern ist groß, mich auf den im Ort ausgestellten Fotos, inmitten völlig Unbekannter, zu entdecken.

Meines Vaters größter Wunsch erfüllt sich. Er wird in das von den Alliierten genehmigte „Hunderttausend-Mann-Heer" aufgenommen und glaubt an seine neue berufliche Zukunft.

Wie ein Schock trifft ihn die Entscheidung des so genannten „Londoner Vertrages", welcher bestimmt, dass all jene Offiziere, die dem Großen Generalstab angehört haben, das Heer verlassen müssen. Mein Vater, der erst gegen Ende des Weltkrieges Mitglied des Großen Generalstabs wurde, will dies nicht zur Kenntnis nehmen. Er verklagt den Reichspräsidenten Ebert, der wahrhaftig nicht der Schuldige war.

Das Unwahrscheinliche geschieht - er gewinnt den Prozess; allerdings mit einem Vorbehalt. Zwar muss er das Heer verlassen, doch das Gericht anerkennt, dass er getäuscht worden sei und ihm dadurch ein andauernder finanzieller Schaden erwachsen würde. Daher erhält er auch als pensionierter Offizier auf Lebenszeit weiterhin jenes Gehalt, das er als aktiver Offizier bezogen hatte. Außerdem wird ihm das Tragen der jeweils aktuellen Uniform genehmigt. Er gibt jedoch seinen Wunsch, wieder aktiver Offizier zu werden, nicht auf, was Jahre später zu einer verhängnisvollen Entscheidung führt.

Die Vereinigten Staaten von Amerika haben offenbar wenig Lust sich weiterhin an der unglückseligen Entwicklung in Deutschland mitschuldig zu machen. Mit großer Sorge sehen sie, ebenso wie Großbritannien, die rigorosen Maßnahmen der französischen Regierung. Die Vereinigten Staaten schließen im Jahr 1921 einen Sonderfrieden mit Deutschland ab.

Deutschland ist ausgeblutet. Die Regierung bittet daher die Alliierten um Zahlungsaufschub für das laufende Jahr sowie für 1923 und 1924. Wie immer uneinsichtig, lehnt die französische Regierung dieses Ansuchen ab. Sie will sich sogar der deutschen Produktionsmittel bemächtigen. Nach Ansicht der Briten gefährden derartige Eingriffe in die deutsche Wirtschaft die deutsche Währung. Daher leisten sie gegen alle geplanten Maßnahmen energischen Widerstand, was zum Bruch mit der französischen Regierung führt. Premierminister Lloyd George verteidigt seine Meinung, dass ein friedliches Europa nur durch eine Aussöhnung mit Deutschland möglich sei. Meinen Vater erinnert er an den „Eisernen Kanzler" Fürst Bismarck, der seinerzeit ausgerechnet gegenüber Frankreich die Aussöhnungsgeste vertreten hatte.

Mein anglophiler Vater, mit seiner Vorliebe für englischen Senf und „Mixed Pickles", die sein englischer Vetter, der ebenfalls Offizier ist, ihm regelmäßig schickt, teilt jedem mit: *„Die Engländer sind bessere Menschen"*. Die Franzosen, die er als kunst- und feinsinniges Volk kennt, versteht er nicht mehr.

Schon seit 1920 hat die Sowjetunion mit Deutschland eine enge wirtschaftliche und militärische Zusammenarbeit angestrebt. Am 16. April 1922 werden die Befürchtungen der Briten und Amerikaner, Deutschland könne sich zu eng an das Sowjetreich binden, durch den zwischen den beiden Ländern abgeschlossenen „Vertrag von Rapallo" bestätigt. Dieser beinhaltet den gegenseitigen Verzicht auf alle finanziellen Forderungen und die sofortige Aufnahme diplomatischer Beziehungen.

Die Vorstellung, dass im Herzen Europas durch Deutschland ein zweiter sowjetischer Staat entstehen könnte, ist für viele eine Horrorvision. Radikale Kräfte wissen dies für ihre Zwecke zu nützen.

In Italien geht man einen anderen Weg. Hier findet der „Marsch auf Rom" statt, ein Staatsstreich der Faschisten. Der König ernennt Benito Mussolini zum Ministerpräsidenten.

In meinem Elternhaus nimmt man dies nicht sonderlich zur Kenntnis, denn faschistische Regierungen oder Diktaturen sind für diese Zeit nichts Ungewöhnliches. So gibt es etwa in Spanien eine Diktatur unter Miguel Prima de Rivera und Chiles Diktator heißt General Carlos Ibanez.

Tante Anny Schlüter, die Schwester meiner Mutter, eine erfolgreiche Konzertsängerin und Konzertpianistin, besucht uns. Sie ist eine der neuen emanzipierten Frauen, gebildet und berufstätig. Auch sie trägt den modischen Kurzhaarschnitt und - nach Ansicht meines Vaters - erschreckend kurze Röcke.
Aber auch die Männer passen sich der Mode an. Vater trägt ein Jackett im so genannten „Pfeffer- und Salzmuster" und dazu „Breecheshosen". Auch „Knickerbocker", das sind Hosen deren Hosenbeine pludernd knapp unter dem Knien enden und sportliche Hemden, ergänzen seine Garderobe.
Wir beschäftigen einen Schneider, der aus alten Kleidern neue näht. Er sitzt mit untergeschlagenen Beinen auf einem Tisch in meinem Kinderzimmer und sieht genau so aus, wie das „Tapfere Schneiderlein" in den Büchern der Gebrüder Grimm.

Es ist die Zeit der „Goldenen Zwanzigerjahre", die Zeit des „Art Déco". Kriegsgewinnler schaffen es durch geschickte geschäftliche Manipulationen zu sehr viel Geld zu kommen. Eine Bar, ein Kabarett nach dem anderen entsteht, man feiert und tanzt.
Es ist in Wahrheit ein Tanz auf dem Vulkan.

Die Währung wird auf das zehn- bis hundertfache entwertet. Im Jahr 1923 kostet zum Beispiel eine Schachtel Zigaretten 70.000 Mark. Angestellte holen sich die Gehälter mit Koffern ab. Jeder versucht das Geld rasch auszugeben, denn einige Tage später ist es wiederum viel weniger wert. Schließlich rechnet man in Billionen.

Die Sowjetunion erkennt die Gunst der Stunde. Sie erteilt bedeutende Aufträge an die deutsche Industrie, womit sie weiteren Einfluss auf die Politik zu nehmen versucht. Nicht zuletzt durch diese Annäherungen wird die kommunistische Partei in Deutschland erheblich gestärkt.
Im Freistaat Sachsen bildet sich eine kommunistische Regierung und es kommt zu blutigen Straßenschlachten.
Auch in Hamburg gibt es einen kommunistischen Aufstand.

In München putscht ein Mann namens Adolf Hitler zusammen mit General Erich Ludendorff, einem verbissenen Gegner der

Kommunisten. Dieser Putsch misslingt und Hitler wird zur Festungshaft verurteilt, wo er sein berühmt-berüchtigtes Buch „Mein Kampf" verfasst. Ein Jahr später kehrt er gestärkt ins politische Leben zurück.

Wegen der verheerenden Wirtschaftslage wird ein geringer Rückstand der Reparationsleistungen, ein kleiner Rest der Kohlelieferung verspätet an Frankreich abgeliefert. Dies dient der französischen Regierung als Vorwand zu behaupten, Deutschland verstoße wissentlich gegen den Versailler Vertrag. Sie lässt mit über 60.000 französischen und belgischen Soldaten, unterstützt von Panzern und Kanonen, das ganze Ruhrgebiet besetzen.

Meine Eltern und ich erleben diese Zeit bei meinem Großvater auf unserem Stammsitz in Arnsberg, im westfälischen Sauerland. Es wird berichtet, dass die Soldaten, viele davon Schwarzafrikaner, vor denen sich die Deutschen meist unbegründet fürchten, zahlreiche Geschäfte und Wohnungen beschlagnahmen und die Inhaber vertreiben.

Nach Münster zurückgekehrt, nehmen auch meine Eltern ein geflüchtetes jüdisches Ehepaar mit ihren zwei Kindern und ihrem Kindermädchen bei uns auf.

Zu den Ereignissen schreibt das Central-Volksblatt für den Regierungsbezirk Arnsberg:

„UNTERBRINGUNG VERTRIEBENER"
Für die durch die Gewaltmaßnahmen der Franzosen aus dem Ruhrgebiet ausgewiesenen Familien sind im hiesigen Kreise Quartiere erforderlich, bis die Bedauernswerten zu ihrer weiteren Unterbringung in weiter östlich gelegenen Gegenden untergebracht werden können.
Es handelt sich also um vorübergehende Notquartiere. Ich richte daher an alle Kreiseingesessenen, die nach ihren Wohnungsverhältnissen in der Lage sind, durch Ausweisung hart getroffene Familien vorübergehend bei sich aufzunehmen, die dringende Bitte zu ihrem Teile mitzuhelfen, dass diesen Bedauernswerten für kurze Zeit wieder eine Unterkunft geschaffen wird.

Die Not der Bedrängten fordert mitfühlende und mittätige Hilfe, die nichts anderes ist, als ein Gebot der Nächstenliebe und heiliger Menschenpflicht.
Entsprechende Anmeldungen nehmen die Herren Bürgermeister und Amtmänner im Kreise entgegen.
Arnsberg, 16. März 1923
Der k. Landrat Schenking

Aufrufe dieser Art werden in allen Zeitungen des Landes veröffentlicht. Eine Welle der Solidarität geht durch die deutsche Bevölkerung und es gelingt erstaunlich schnell und in verhältnismäßig kurzer Zeit, die Vertriebenen unterzubringen. Die zahlreichen Übergriffe der Besatzungsarmee führen zu immer größerem Widerstand unter der Bevölkerung, der sich in verbalen Attacken äußert.

Aus dem amtlichen Kreisblatt des Kreises Arnsberg:
Soest, 21. März
NOCH UNTER DEM HUND
Folgendes Gespräch charakterisiert so recht die tiefe Verachtung, die sich die Franzosen durch ihre brutale Vergewaltigung unseres Volkes zugezogen haben.
Eine hiesige Dame äußerte einem Herrn gegenüber, man solle alle deutschen Hunde mit dem Namen des französischen Generals Degoutte belegen, worauf ihr die Antwort zuteil wurde:
„Ach nein, dafür sind die lieben Tiere doch zu gut, eine solche Schmach dürfen wir den deutschen Hunden nicht antun."

Die Rufe nach einem starken Mann werden immer lauter. Von Deutschlands Presse haben sich 444 Zeitungen „rechts" etabliert, 160 sind so genannte „demokratische", die keine bestimmte politische Linie verfolgen, 142 Zeitungen sind sozialdemokratisch und 20 Zeitungen kommunistisch. Mein Vater arbeitet für kurze Zeit an der konservativen Zeitschrift „Der deutsche Wille" mit.

Die britische Regierung und die amerikanische sehen im Chauvinismus des französischen Ministerpräsidenten eine Gefahr für ganz Europa. So machen es die beiden Länder möglich, dass die „Papiermark" im Verhältnis eins zu einer BILLION (!) gewechselt und durch die Rentenmark ersetzt wird. Für die Wirtschaft eine sehr nützliche Regelung, aber für Menschen, welche vom Vermögen mit festem Geldwert gelebt hatten, bedeutet diese Regulierung oft schwerste Verluste. Selbstmorde sind an der Tagesordnung. Zwei meiner unverheirateten älteren Tanten schämen sich über ihre neue Armut dermaßen, dass sie, anstatt die Familie um Hilfe zu bitten, in ihrer Wohnung verhungern. In den nächsten Jahren treten für die gesamte Wirtschaft weitere Rückschläge ein und die Arbeitslosigkeit steigt beängstigend.

Mein Vater sieht für mich kaum Berufsaussichten. Dem Adel stehen, der damaligen Auffassung nach, nur wenige Berufe zur Verfügung, an erster Stelle der des Offiziers, gefolgt vom Diplomaten, dem Geistlichen oder dem Juristen, jedoch nur als Richter, nicht als Notar oder Rechtsanwalt. Kein Beruf durfte ergriffen werden, durch den man gezwungen war, Geld von Privaten zu nehmen. Als überzeugter Militarist ist es zwar meines Vaters sehnlichster Wunsch, dass ich in seine Fußstapfen trete, jedoch scheint ihm das neue Hunderttausendmann-Heer, das wenig Aufstiegsmöglichkeiten bietet, keine erstrebenswerte Basis zu sein. Meine Eltern glauben jedoch eine kaufmännische Begabung bei mir entdeckt zu haben. So sieht mein Vater seinen Sohn bereits als zukünftigen Industriellen. Ungeachtet der Familientradition beschließt er eines Tages: *„Ich kaufe eine Automobilfabrik."*

Meine Mutter ist sprachlos, sie ist von der Geschäftstüchtigkeit meines Vaters wenig überzeugt. Also nimmt er nur mich zur Besichtigung des Fabrikgeländes mit. Vom Generaldirektor und seinen Mitarbeitern werden wir mit ausgesuchter Höflichkeit empfangen. Man zeigt uns das Verwaltungsgebäude und die Produktionsstätten für verschiedene Automobilteile. Einer der Direktoren überreicht mir ein Lenkrad. Schließlich wird uns ein komplettes Automobil vorgeführt. Ich bin überwältigt, zumal wir kein eigenes Automobil besitzen. Auf meinen Vater, Besitzer eines Führerscheines, macht gerade dieses Fahrzeug einen miserablen Eindruck.

"Ist das eines der Automobile, die Sie derzeit erzeugen?", fragt er.
"Natürlich nicht, das ist unser ältestes Modell."
Vierzehn Tage später ist mein Vater Besitzer der Automobilfabrik. Nach wenigen Wochen stellt er fest, dass die Firma vor dem Ruin steht. Er zahlt die Schulden und schließt die Fabrik. Der Verkauf der Maschinen, der Gebäude und Grundstücke, die gottlob unbelastet sind, mindert den Schaden. Auf die Frage meiner Mutter, warum er sich nicht über die Bonität der Verkäufer erkundigt habe, antwortet mein Vater empört:
"Ich kann doch nicht von allen Menschen annehmen, dass es sich um Kriminelle handelt."
"Immerhin", meint meine Mutter spöttisch, *"ist dir ein Lenkrad geblieben!"*
"Nein", antwortet er, *"das gehört Wolf Egon!"*
So bleibe ich alleiniger Nutznießer dieser „gewaltigen geschäftlichen Transaktion" meines Vaters.

In Frankreich melden sich erstmals Stimmen gegen die Maßnahmen ihrer Regierung gegenüber Deutschland. Weite Kreise der Bevölkerung sind keineswegs mit den Gewaltmaßnahmen ihrer Regierung einverstanden. Die Zeitung „L'Oevre" schreibt 1923 unter anderem, was die bisherige Ausbeutung Deutschlands tatsächlich Frankreich eingebracht habe:
"Die öffentliche Meinung Frankreichs muss aufwachen und sich fragen, ob das Spiel an der Ruhr einen Wert hat und ob es nicht merkwürdige Verschwendung bedeutet, für 1000 Waggons Kohle und Koks 100 Millionen Franken (Besatzungskosten) *zu bezahlen. ‚Deutschland', erklärt Poincaré, ‚hat uns zu lange an der Nase herumgeführt und es musste ihm gezeigt werden, dass wir ihm in die Wolle kommen können.'*
Ganz recht! Aber dieser Zorn kann uns teuer zu stehen kommen, wenn wir nicht schleunigst den Völkerbund, das heißt ganz Europa um Hilfe angehen. Also - statt in der Wolle, sitzt Frankreich im - Dreck."

Im „Central-Volksblatt" für den Regierungsbezirk Arnsberg erscheint am 22. März 1923 folgender Artikel:
UM DIE EISENBAHNEN
In Düsseldorf und Duisburg sind Schienensprengungen erfolgt, die

den Betrieb 3 bis 4 Tage stillgelegt haben. *Die Belgier haben daraufhin (deutsche) Geiseln festgenommen und mit ihrer Erschießung gedroht, wenn derartige Fälle sich wiederholen sollten.*
Die Empörung, dass wegen eines Sabotageaktes unschuldige Geiseln erschossen werden sollen, ist groß. Gedichte wie dieses erscheinen in den Zeitungen:

WITTEKIND
Wittekind, du weißer Herzog, deine Sachsen sind in Not!
Frankenbrut, die stets getrogen,
Schwur uns Untergang und Tod!
Du, versteckt mit deinem Heere
In geheimer Höhlen Pracht,
Brich, gleich sturmgepeitschter Meere,
Aus der Berge tiefem Schacht!

Füll mit deinen Helden-Skalden,
Sachsens Täler, Sachsens Höh'n,
Lass auf unsren Heil'gen Halden
Deine frommen Barden steh'n
In des Himmels ew'gen Weiten,
Dass die Engel mit uns streiten,
Fränk'schem Übermut zum Trutz!

Weißer Herzog, lichter Herzog,
Deine Sachsen sind in Not!
Höre deines Volkes Stimme!
Seht! Schon glüht ein Morgenrot
Um die Himmel! Aus den Bergen
Ziehen Scharen – lenzgeschwind! –
Und vorauf – Spott allen Schergen! –
Sachsens Herzog: Wittekind!

Margarete von Gottschall

Deutsche Separatisten, deren Abtrennungsversuche vom Rheinland die französischen und belgischen Regierungen seit 1919 unterstützen, wollen eine „Rheinische Republik" im Rahmen des Deutschen Reiches errichten. Sie haben in Koblenz bereits eine Regierung installiert, die vom französischen Oberkommissar Tirard anerkannt wird.

Aus dem Tagebuch meiner Vaters 1923: *„Die Separatisten dringen unter dem Schutz französischer Soldaten in öffentliche Gebäude ein, zerschlagen Scheiben und verwüsten Amtsstuben. Schwarze französische Soldaten und französische Gendarmerie halten die empörte deutsche Bevölkerung zurück. Wir müssen etwas unternehmen!"*

1924 stirbt mein Großvater, 1848 geboren und noch im Geist der Biedermeierzeit erzogen. Er war ein gestrenger Mann. Um ihn zu sehen, musste ich, wie bei einer Audienz, stets im Vorzimmer warten. Mein Vater hat sich, als ältester Sohn und damit Majoratsherr, um den Nachlass zu kümmern. Das Erbe wird unter den vier Brüdern und zwei Schwestern aufgeteilt. Da mein Vater finanziell nicht in der Lage ist alle Geschwister auszubezahlen, muss der Stammsitz in Arnsberg verkauft werden. Ein Frauenkloster übernimmt das Anwesen. Damit ist die Familie, für die Arnsberg das Zentrum war, auseinander gebrochen. Ein Schicksal, das viele alte Adelsfamilien trifft.

Wenig später lerne ich die französische Besatzung „näher" kennen. Meine Mutter und ich fahren mit dem Zug nach Mainz. Mit Stolz trage ich meine Pfadfinder-Uniform mit einer an einem Gürtel hängenden Schaufel und einem Pickel. Als ich von meiner Mutter einen Augenblick lang auf dem Bahnhof allein gelassen werde, nimmt mich ein Angehöriger der französischen Militärpolizei mit auf die Bahnhofswache, wo mich meine aufgeregte Mutter bald darauf findet. Der Kommandant soll ihr erklärt haben: *„Unser Soldat hat der Anordnung Folge geleistet, Menschen die Uniform tragen und bewaffnet sind, zu verhaften. Ich gebe zu, Madame, dieser junge Mann ist zu klein, um gefährlich zu sein. Es tut mir leid, Sie in Unruhe versetzt zu haben."*

Amerikaner und Briten sind weiterhin bemüht, die politischen Verhältnisse in Deutschland nicht eskalieren zu lassen. Der Amerikaner Charles Gates Dawis, Rechtsanwalt und Bankier, im Krieg Brigade-General, ist Vorsitzender der internationalen

Sachverständigen-Kommission. Diese ist beauftragt festzustellen, wie viel Deutschland in der Lage ist an Wiedergutmachung zu bezahlen. Sein Plan sieht schließlich vor, dass Deutschland zu den bisherigen Sachleistungen jährlich 1,2 Milliarden Mark zu zahlen hat, welche bis zum Jahr 1928 auf 1,75 Milliarden ansteigen und ab dann 2,5 Milliarden betragen sollen und das auf unbegrenzte Zeit. Dieser Plan überschätzt jedoch bei weitem die Leistungsfähigkeit der deutschen Wirtschaft. Die Summen sind für die deutsche Bevölkerung unvorstellbar hoch, noch dazu ist die Wirtschaft schwer angeschlagen. Durch Krankheiten gehen mehr als 13,4 Millionen Arbeitstage verloren. Massenweise lassen Frauen, aus Angst vor der ungewissen Zukunft, illegal Abtreibungen durchführen. Der Beruf der „Engelmacherin" wird populär. 78.000 Geisteskranke füllen die Anstalten, jährlich werden es um 25.000 mehr. Die Zahl der Selbstmorde erreicht ein Rekordhoch.

Adolf Hitler, aus der Festungshaft entlassen, stürzt sich sogleich in den politischen Kampf. Die Zeit ist reif für seinen Populismus. Wladimir Iljitsch Lenin, Begründer des Bolschewismus und der Sowjetunion, Diktator des Riesenreiches, stirbt. Ihm folgt Jossip Wissarionowitsch Stalin, einer der blutigsten Machthaber der Geschichte. Auch er ist bestrebt Einfluss auf die Politik in Deutschland zu nehmen.

Indessen erlebe ich den alten Glanz der vergangenen Kaiserzeit. Der letzte preußische Kriegsminister, Generaloberst von Einem, 1853 geboren, feiert seinen Geburtstag. Zu Scharen erscheinen die Münsteraner auf dem Schlossplatz. Der Feldherr erscheint auf dem Balkon des Schlosses. Er ist prächtig anzuschauen in seiner weißen, gold betressten Kürassieruniform, dem silbernen Brustharnisch und dem mit Silber und Gold geschmückten Helm. Neben ihm stehen mein Vater in einer blauen Uniform mit roten Aufschlägen und ich in einem Rüschenbesetzten weißen Hemd und in einer kurzen beigefarbigen Samthose, wie dies adelige Knaben in Westfalen zu feierlichen Anlässen tragen. Die Damen halten sich im Hintergrund. Meine Mutter ist unter ihrem breitkrempigen Hut kaum zu erkennen. So sieht sie wie die Kaiserin auf dem Foto aus, das auf ihrem Schreibtisch steht.

Das Traditionsregiment des Garde du Corps, welches vom Preußenkönig Friedrich II. gegründet wurde, reitet auf den Schlossplatz ein. An der Spitze das Musikkorps zu Pferde. Die Soldaten tragen fast identische Uniformen mit der des Generalobersten. Die Sonne spiegelt sich in den silbernen Helmen mit den aufgesetzten goldenen Adlern und in den silbernen Brust-Harnischen. Die Schlegel der Paukenschläger wirbeln durch die Luft auf die Pauken nieder, die jeweils rechts und links auf den Pferderücken angebracht sind. Kommandos erschallen. Nachdem dem Feldherrn Meldung erstattet wird, spielt die Musik – PREUSSENS GLORIA!

Unter den Zuschauern herrscht Totenstille. Ungläubigkeit und Betroffenheit darüber, dass die alten Werte endgültig vorbei sind. Die Menschenmenge verlässt stumm den Schlossplatz. Wenn auch die Vergangenheit nicht immer voll „Glanz und Gloria" war und ihr eher eine Gloriole, ein Heiligenschein, im Nachhinein aufgesetzt wurde, so ist sie zweifellos die „gute alte Zeit" im Gegensatz zu dem gegenwärtigen Elend.

Ich besuche in Münster die erste Klasse der Volksschule und lerne sehr rasch. Doch die ständigen Wiederholungen langweilen mich. Wir üben die schräge Kurrentschrift mit den dünnen Auf- und kräftigen Abstrichen.
Zwei Jahre später wird die von Sütterlin entworfene Steilschrift eingeführt und erst im Gymnasium erlerne ich die moderne lateinische Schrift.

Bei Ungehorsam werden die Schüler geschlagen, was ich entwürdigend finde, zumal mir Schläge aus meinem Elternhaus unbekannt sind.
Unser Lehrer Asshof pflegt die Hände der Delinquenten mit der Innenfläche nach oben auf seine Hand zu legen und schlägt mit einem dünnen Rohrstäbchen zu. Als auch ich bestraft werden soll, ziehe ich schnell meine Hände zurück und der Stab saust auf Asshofs Handinnenfläche. Ich kann mich nicht erinnern, dass er diese Art der Stockschläge je wiederholt hätte.

Auch in anderer Weise bin ich aufmüpfig. Ungerechte Behandlungen oder das, was ich dafür halte, ertrage ich nicht. *(Eine Eigenschaft, die mir manch Ärger eintragen wird).* So verordnet etwa unser Lehrer wegen zweier Übeltäter der gesamten Klasse Nachsitzen. Zur Strafe sperrt er uns nach Schulschluss in den Klassenraum ein. Für mich eine Ungerechtigkeit gegenüber den Unschuldigen, zu denen auch ich mich zähle. Ich verleite meine Mitschüler das im Hochparterre gelegene Klassenzimmer durch die Fenster zu verlassen. Als mein Vater von meinem Streich erfährt, bleibt das erwartete Donnerwetter überraschenderweise aus. Er erklärt mir jedoch, dass ich falsch gehandelt habe. *„Hinterher hättest du dich beschweren können. Man untergräbt nicht die Autorität eines Vorgesetzen, der Achtung verdient."* Weil ein französischer Knabe von einigen meiner Mitschüler mit dem Zuruf *„Franzose mit der roten Hose"* gehänselt wird *(einige Regimenter der französischen Armee trugen zum blauen Rock rote Hosen),* wird mein Vater bei der Schulleitung vorstellig. Kinder sind manchmal unbarmherzig, auch wenn die Liebe zu den Franzosen begreiflicherweise nicht groß ist.

Auf welch schwachen Füßen zu dieser Zeit die medizinische Betreuung steht, beweist folgender Fall. Nach einer rasch überstanden Lungenentzündung magere ich, zur Sorge meiner Eltern, stark ab. Unser Hausarzt behauptet, ich sei lungenkrank und weist mich in die Prinzregent-Luitpold-Kinderheilstätte für lungenkranke Kinder in Scheidegg im Allgäu ein. Tatsächlich bin ich durch und durch gesund, so gesund, dass ich den wochenlangen Aufenthalt unter schwerkranken Kindern - teils mit offener TBC - ohne mich anzustecken, überstehe. Etwa wie der „Liebe Augustin", der in die Pestgrube fiel und gesund überlebte.

Mit dem so wundersam „geheilten" Sohn machen meine Eltern Urlaub an der Nordsee. Wir wandern über die Sanddünen oder entlang des menschenleeren Strandes, sammeln Muscheln, unternehmen Ausflüge auf die Inseln Borkum und Sylt und abendliche Streifzüge durch Norderney.

Meine erste „berufliche" Tätigkeit übe ich hier als Balljunge bei dem in Mode gekommenen Tennissport aus. Als ich meinem Vater mein erstes selbst verdientes Geld zeige, ist er empört, weil ich mich für eine so genannte „Hilfeleistung" - und als diese betrachtet er das Aufheben und Reichen der Tennisbälle - bezahlen ließ. Gemeinsam mit ihm muss ich das Geld zurückgeben. Ich erinnere mich, dass die Spieler weniger gekränkt, als eher sprachlos waren.

Auf Norderney befindet sich ein Flugplatz, obwohl es noch nicht viele Passagierflugzeuge gibt. Mein unternehmungslustiger Vater erklärt, dass er dort einen Piloten kennen gelernt habe, der mit einem Focker Hochdecker-Flugzeug mit einem 360-PS-Motor 1800 Kilometer in nur 10 Stunden geflogen sei. Er habe sich entschlossen, dass wir mit diesem Piloten nach England fliegen werden. Einen Tag später sitzen wir mit zwei weiteren Passagieren in einem Junkers-Flugzeug. Meine Aufregung ist groß und die meiner Eltern wohl kaum geringer. Es dauert lange, bis der mit der Hand angeworfene Propeller den Motor anspringen lässt. Schließlich rollt das Flugzeug über das Flugfeld und hebt ab.

Wir fliegen. Ein seltsames, unbeschreibliches Gefühl. Die Häuser unter uns werden winzig klein, der große Leuchtturm von Norderney entschwindet unseren Blicken. Bald darauf verdunkelt sich der Himmel. Wind kommt auf, Blitze jagen über den Himmel und unter Donnerschlägen bricht ein wolkenbruchartiger Regen herab. Das Flugzeug wird von einem aufkommenden Sturm heftig hin und her geschüttelt.

Der Pilot will auf dem nahen Strand eine Notlandung versuchen. Die vom Sturm aufgepeitschten Wellen kommen gefährlich näher. Dann folgt ein heftiger Aufschlag. Wir werden unsanft in die Sitze gepresst. Das Flugzeug ist gelandet - im Wasser. Wir hören, wie die Wellen an den Flugzeugrumpf klatschen. Es sei nichts geschehen, beruhigt uns der Pilot, nur der Ausstieg werde etwas feucht werden. Über die Tragflächen des Flugzeuges rutschen wir ins Wasser, das so seicht ist, dass es mir nur bis zur Wade reicht. In einem nahe gelegenen einsamen Fischerhaus finden wir über Nacht Unterschlupf. Natürlich gibt es kein Telefon. So berichten am Morgen die Zeitungen, unser Flugzeug sei vermisst. Am nächsten Tag ist der Empfang, den man uns in Norderney bereitet, triumphal. Viele Zeitungen berichten mit

Bild über unsere „Rettung". Ich komme mir berühmt vor und beschließe Pilot zu werden.

Aus dem Flug nach England wird allerdings nichts mehr. Meine Eltern sind nach diesem Erlebnis nie mehr geflogen. Mitte der Zwanzigerjahre verkehrt bereits ein Flugzeug zwischen Berlin und Wien. Auf dieser Strecke serviert der Co-Pilot, wie man berichtet, Kaffee. Es sei schwül in den Maschinen, doch fächle man den Passagieren durch einen Schlauch Frischluft zu. Im Jahr 1926 wird die „Deutsche Lufthansa" gegründet und die Entwicklung des Luftverkehrs macht in den folgenden Jahren rasante Fortschritte.

Indessen strömen immer mehr Menschen zu Hitlers Veranstaltungen, immer größer werden die Säle, in denen er auftritt. Er wird begleitet von einer Ordnertruppe, die sich später zur SA (Sturmabteilung) entwickelt. Hitler spricht den meisten Deutschen aus der Seele, wenn er die Schande des Versailler Vertrages aufzeigt. Man schöpft wieder Hoffnung. Die französische Regierung sorgt durch weitere Hetze gegen Deutschland dafür, dass seine Worte ernst genommen werden.

Aber auch die Kommunisten gewinnen immer größeren Einfluss, sogar im Deutschen Reichstag. Extremisten von links und rechts veranstalten fast täglich Demonstrationen, die oft in Straßenschlachten ausarten. Besonders in den Schichten des gehobenen Bürgertums entsteht eine gefährliche Stimmung. Die Rechte scheint für sie die einzige Initiative zu sein, um Recht und Ordnung zu schaffen und die Gefahr des Bolschewismus zu bannen. Reichskanzler Luther und Außenminister Stresemann verhandeln zunächst geheim, ob man die Deutschnationalen in die Regierung nehmen soll. Diese sind eine Rechtspartei, mit der mein Vater wie viele Offiziere sowie ein Großteil des gehobenen Bürgertums sympathisieren. Es gibt Tumulte unter den Kommunisten, welche in den Deutschnationalen eine große Gefahr für sich sehen. Doch diese Entwicklung ist weder aufzuhalten, noch will man sie aufhalten.

Zwischen Großbritannien und Frankreich kommt es zu einem ernsten Zerwürfnis. Es geht um die entmilitarisierte Zone, die auf 50 Kilometer östlich des Rheins begrenzt ist und in welcher Deutschland keine Truppen stationieren darf. Um die ständigen Provokationen von links und rechts beherrschen zu können, bittet Deutschland um die Aufhebung dieser Bestimmung und findet bei den Briten Verständnis. Die französische Regierung indessen scheint an den Unruhen in Deutschland Interesse zu haben und entschließt sich, ohne die Briten vorher zu konsultieren, ihre Maßnahmen gegen Deutschland fortzusetzen.

Mein Vater beobachtet diese Zustände mit wachsender Sorge und einem Gefühl der Ohnmacht gegenüber den sichtbaren Gefahren, in der sich unsere Heimat befindet. Vielleicht ist es der Wunsch die Ereignisse von einer gewissen Distanz aus zu beobachten oder sie gar nicht mehr zur Kenntnis nehmen zu müssen, der den Plan zu einer „Flucht" reifen lässt.

Wie schon so oft, verbringen meine Eltern und ich ein Wochenende auf dem Wasserschloss des Barons von Rhemen. Seine Familie stammt ursprünglich aus Österreich-Ungarn. Baron Rhemen weiß, dass es meinen Vater in den Süden zieht, außer Reichweite der unerträglichen politischen Entwicklung in Deutschland, daher macht er meinen Vater auf ein Inserat im „Wiener Journal" aufmerksam: *„Schloss, samt einem der größten Weingüter der Weststeiermark, mit weiten Obstanlagen, Wirtschaftsgebäude und Gebäude für den Gutsverwalter, umständehalber günstig zu verkaufen. Der Gutsverwalter kann übernommen werden."*

Der Gedanke, „im Süden Europas" eine Sommerresidenz zu besitzen, fasziniert meinen Vater, meine Mutter hingegen weniger, da sie sich ihren Mann weder als Industriellen, noch jetzt als Gutsbesitzer vorstellen kann. Doch er beruhigt sie: *„Man kann sich den Besitz wenigstens einmal ansehen."*

Kurz drauf reisen wir mit der Bahn nach Österreich, in das kleine steirische Städtchen Deutschlandsberg, nahe der steirischen Hauptstadt Graz und unweit der jugoslawischen Grenze. Die letzte Strecke fahren wir mit einer Kleinbahn, die mein Vater den *„feurigen Elias"* nennt. Sie speit während der Fahrt Glut und Asche aus dem Schornstein, einem feurigen Schweif gleich, der - wie uns Mitreisende berichten - nicht selten das Heu und sonstiges trockenes Gewächs auf den Feldern in Brand steckt. Auf dem Bahnsteig werden wir von einem Agenten erwartet, mit dem wir unter abenteuerlichen Bedingungen die Reise in einer Kutsche fortsetzen. Die Straße ist so steil und derart desolat, dass wir und der wild agierende Kutscher mehrmals befürchten müssen, mit dem Wagen umzukippen.

Auf der Anhöhe angekommen, deutet der Agent auf eine Villa und sagt: *„Das ist das Schloss"*.
„Das nennen Sie ‚Schloss'?", mein Vater ist empört.
„Na was denn, ist das vielleicht kein Schloss?"
„Kein Schloss", sagt mein Vater, *„sondern eine Villa."*
„Aber eine schlossähnliche Villa", beharrt der Agent.
Ich bemerke Erleichterung im Gesicht meiner Mutter. Sie hofft, dass dieser Kelch an ihr vorübergeht.

Das „schlossähnliche" Villengebäude ist gut erhalten, das Wirtschaftgebäude, samt Wohntrakt für den Verwalter und das Gesinde, befindet sich ebenfalls in einem guten Zustand. Die Weingärten sind gepflegt, ebenso die sich auch im Tal befindlichen Obstgärten. Da der Besitzer der Bürgermeister von Deutschlandsberg ist, wird die Villa nach seinen Namen „Strutz-Villa" benannt.

Ich bin begeistert und sehe mich bereits durch die Wälder und Wiesen, über die Hänge der Weingärten streifen und Pfirsiche, Weintrauben und Feigen nach Herzenslust essen. Schließlich führt man uns in einen großen Weinkeller. Einige Fässer überragen meinen Vater. Der Verwalter schiebt einen Weinheber in eines der Fässer und lässt über seine Finger Wein in ein Glas laufen, das er meinem Vater reicht. Der nimmt einen Schluck – und verzieht das Gesicht. *„Sie haben das Essigfass erwischt"*
„Aber Herr Baron!", rufen Verwalter und Agent wie aus einem Munde. (Viele Jahrzehnte nach dieser Begebenheit entwickelt sich jedoch der „Schilcher" zu einer Edelperle).
Wieder in die Villa zurückgekehrt, fragt mein Vater: *„Was meinst du Elly"?* Die Begeisterung ihrer beiden Männer ist trotz des „Essigfasses" nicht zu übersehen.
„Meine Herren", beginnt mein Vater, fast feierlich, *„so schlecht kann*

ihr Schilcher nicht sein", er macht eine Pause, *"als dass ich diesen schönen Ansitz nicht kaufen würde."*
Die Erleichterung der beiden Verkäufer ist sichtbar. In dieser Zeit einen solchen Besitz zu verkaufen ist ungeheuer schwierig. Die Preise sind daher außerordentlich niedrig.

Vater ist entschlossen, die Villa zu einem Schlösschen umbauen zu lassen. Noch bleibt es beim Planen. Wir wohnen einige Wochen in einer sehr südeuropäisch wirkenden Landschaft, unter einer Bevölkerung, die uns Westfalen so fremd ist, wie möglicherweise heute ein „ozeanisches" Volk. Die Menschen sind durch die Zerschlagung der Österreichisch-Ungarischen Monarchie bettelarm geworden. Zahlungsmittel ist noch die „monarchistische Krone", die bald darauf vom „Schilling" abgelöst wird.

Alles was das Herz eines heranwachsenden Knaben begehrt, ist hier im Übermaß vorhanden. Ich baue mir einen Hochstand, um „mein Reich" wie ein Feldherr zu überblicken, ein Reich so groß, dass es an einem Tag nicht erforscht werden kann. Das beruhigende Klappern der „Klapotetz", das sind aus Holz geschnitzte Windräder auf hohen Stangen, die in den Weingärten die reifenden Trauben vor gierigen Vögeln schützen, begleitet mich. Ich spiele mit den Hunden, Katzen, Kaninchen, Schildkröten, Ziegen, Enten, Hühnern und mit einem Kolkraben, dem größten Rabenvogel und dem frechsten Tier, das mir je in meinem Leben begegnet ist.

Mit den Nachbarkindern aus armen Keuschlerfamilien, das sind Kleinstbauern, die bestenfalls neben einem kleinen Weingarten ein paar Hühner und Ziegen besitzen, verstehe ich mich prächtig. Ich trage wie alle Buben der Gegend Lederhosen und laufe bloßfüßig. Meine Eltern allerdings müssen erst lernen sich umzustellen, in einem Land, dessen Bewohner kaum Wesensähnlichkeiten mit den Menschen in Westfalen aufweisen. Während die deutschen Bauern immer noch verhältnismäßig gut leben, ist der Lebensstandard der bäuerlichen Familien in unserer weststeirischen Umgebung mehr als bedrückend. Eine Armut, die meinen Eltern in diesem Ausmaß bisher fremd war.
In Deutschland hat sich eine neue Verschärfung in den Beziehungen

zwischen Frankreich und Deutschland ergeben und zwar durch den französischen Ministerpräsidenten Clemenceau. Er besteht durch einen Zusatzparagraphen im Versailler Vertrag darauf, dass die Besatzungszeit um weitere 15 Jahre verlängert werden soll, wenn die Garantien für eine „deutsche Friedfertigkeit" nicht ausreichen. Ein Gummiparagraph, der nach Belieben ausgelegt werden kann. Außerdem sieht der Antrag vor, dass die Nichterfüllung der Reparationsverpflichtungen eine sofortige Wiederbesetzung des Rheinlandes, welches zu dieser Zeit noch besetzt ist, zur Folge habe. Weiterhin fordert die französische Regierung für Frankreich alle Kohlebergwerke entlang der neuen Grenze. Großbritanniens Premierminister Lloyd George verlangt dem hingegen sogar eine Verkürzung der Besatzungszeit.

Die innenpolitischen Ereignisse nehmen am 28.2.1925 durch den Tod des deutschen Reichspräsidenten Ebert einen neuen Verlauf. Zur Wahl stehen der ehemalige Reichskanzler Wilhelm Marx von der Zentrumspartei, der Kommunist Thälmann und der bereits sehr betagte Generalfeldmarschall von Hindenburg, der den Ehrentitel „Sieger von Tannenberg" trägt. Er wird von den Deutschnationalen unterstützt und mit 14 Millionen Stimmen zum Reichspräsidenten gewählt. Der Kommunist Thälmann erhält 2 Millionen Stimmen, eine große Anzahl, wenn man bedenkt, dass Hitler zu diesem Zeitpunkt lediglich 27.000 Parteimitglieder um sich scharen kann. Die Angst vor dem Kommunismus wächst. Vielen erscheint daher nunmehr der Nationalsozialismus eine denkbare Alternative zum Kommunismus.

Zwar hat sich mein Vater entschieden, Münster endgültig zu verlassen, aber die damals wirtschaftlich rückständige Steiermark als ausschließlichen Wohnsitz zu wählen, erscheint ihm doch zu riskant. Massendemonstrationen in Österreich durch die so genannten „Austromarxisten", radikale besonders linke Sozialdemokaten, tragen nicht gerade zur Beruhigung bei. In Opposition zur Regierung bilden sich überdies paramilitärische Verbände, wie der marxistische „Republikanische Schutzbund". Auf der anderen Seite bekommen der regierungstreue Heimatschutz und die Heimwehrverbände starken Zulauf. Im Sommer 1927 gerät eine Demonstration der Linken in Wien außer Kontrolle und die Teilnehmer setzen den Justizpalast in

Brand. Sie versuchen die Feuerwehr an den Löscharbeiten zu hindern. Polizeipräsident Schober lässt auf die Demonstranten schießen. Es gibt zahlreiche Tote.

Seine „Flucht" in einen friedlichen Süden hatte sich mein Vater anders vorgestellt. Meine Eltern wählen daher sicherheitshalber als Zweitwohnsitz die reizvolle alte württembergische Stadt Tübingen. Ich habe Heimweh nach Münster, vermisse unter vielem anderen den Prinzipalmarkt, den wunderschönen Zoo, dem einst der legendäre Professor Landuar vorstand, Schloss Wilkinghege und nicht zuletzt das prächtige Schloss in Münster, das von meinem Ahnen General Johann Schlaun von Linden, Baumeister und Architekt, erbaut wurde. Meine Eltern unternehmen mit mir in der neuen deutschen Heimat ausgedehnte Fahrten mit einer Pferdekutsche durch das schöne schwäbische Hügelland, der Heimat des Dichters Ludwig Uhland.

In westfälischen und preußischen Adelskreisen ist es üblich, neben dem eigentlichen Beruf sich in handwerklichen Fähigkeiten ausbilden zu lassen, um, wie mein Vater sagt, *„Dem goldenen Boden des Handwerks seine Reverenz zu erweisen."* So soll der Deutsche Kaiser die Tischlerei gewählt haben, ebenso wie mein Vater. Ein Meistertitel war nie vorgesehen. Meine Vorliebe für Süßigkeiten kennend, lassen mich meine Eltern bei der berühmten Konditorei Pfuderer als Konditor „ausbilden".

Eines Nachts bekomme ich hohes Fieber und breche vor Schwäche zusammen. Der von meinen entsetzten Eltern herbeigerufene Arzt teilt ihnen mit, dass ich an Typhus erkrankt sei. Aus heute unverständlichen Gründen unterlässt der Arzt die Meldung an die Behörden und untersagt meinen Eltern lediglich den Kontakt mit der Außenwelt, was sich nur bedingt durchführen lässt. Meine robuste Natur setzt sich jedoch durch und ich erhole mich, zur Überraschung aller, verhältnismäßig schnell.

In Tübingen wird ein Stadtviertel von den so genannten „Gogen" bewohnt. Die ärmlichen Bewohner stammen angeblich von einem barbarischen Volk aus dem 9. Jahrhundert ab und gelten bei der übrigen Stadtbevölkerung als Außenseiter. Unser Tübinger

Dienstmädchen, das aus diesem Stadtteil stammt, nimmt mich eines Tages in ihr Wohnviertel zu den mittelalterlichen Fachwerkgebäuden und engen Gassen mit. Sie wohnt mit ihren Eltern in einem dieser alten Gebäude, dessen winzige Räume nur dürftig durch kleine Fenster erhellt werden. Die Gegend ist am Tage romantisch, in der Nacht unheimlich. Sie erinnert mich an die Schilderungen in Charles Dickens Roman „Oliver Twist".

Kriegsspiele unter Kindern sind üblich. Hier sind sie unter der Bezeichnung „Tübinger Kinderschlachten" Tradition, über die sogar ein Buch geschrieben wurde. Also ziehen meine Freunde unter meiner „Generalität" eines Tages aus dem Viertel des Bürgertums in das Gogenviertel ein, um es zu „besetzen". Die Provokation hat den gewünschten Effekt und es kommt zu einer Rauferei mit den Gogenkindern. Die bald daraufhin eintreffende Polizei macht dem Spuk ein Ende. Da sich die Polizisten möglicherweise selbst als Buben an den Kinderschlachten beteiligt hatten, lassen sie mich ziehen. Mein Vater, der von meinem Abenteuer erfährt, erklärt mir, dass ein Soldat nicht dazu da ist ein anderes Land zu überfallen. Seine Aufgabe sei es, die Bevölkerung des eigenen Landes, unter Einsatz seines Lebens, gegen einen Angriff zu schützen. Der Beruf eines Soldaten sei daher wohl einer der ehrenhaftesten Berufe.

In Tübingen werde ich in das humanistische Gymnasium aufgenommen. Das große und repräsentative Schulgebäude liegt in der Nähe des Neckar-Flusses, direkt an einer Allee, die zu einem Park führt. Meine überaus gebildete Mutter und mein wissenschaftlich auf vielen Gebieten geschulter und belesener Vater, beziehen mich schon frühzeitig in ihre Gespräche über Geschichte, Politik und Kunst ein. Diese Stunden sind das bedeutende Fundament meiner geistigen Entwicklung. Mein Vater schließt sogar die Militär- und Kriegswissenschaft nicht aus. Im Alter von 11 Jahren kann ich bereits zwischen Strategie und Taktik sehr wohl unterscheiden. Ich bekomme Napoleons Autobiographie in der Originalausgabe zu lesen, ebenso die des Preußenkönigs Friedrich II. Vielleicht stammt daher auch meine spätere Liebe zu antiken Büchern. Nur das Fremdsprachentalent meiner Eltern erbe ich nicht. Meine Mutter spricht neben englisch und französisch auch russisch, mein Vater besitzt das Dolmetscher-Diplom für Französisch und Englisch, liest lateinische Bücher und versteht Alt-Griechisch.

Der Unterricht im Gymnasium ist für mich nur teilweise von Interesse. Als „Aristokrat" unter den zwar gut betuchten, aber bürgerlichen Mitschülern, werde ich zum Ziel von Hänseleien. Ein typisches Beispiel des Ausgrenzens. Zwar gibt es diese auch im Tierreich, nur mit dem Unterschied, dass der geistig höher entwickelte Mensch schmerzhaftere Methoden anzuwenden versteht. Eines Tages spüre ich während des Unterrichts Nadelstiche in meinem Rücken. Da man mir beigebracht hatte, dass nur „Verräter" petzen, halte ich still. Erst beim abendlichen Bad entdeckt meine Mutter auf meinem Körper die zahlreichen kleinen roten Pünktchen. Nach kurzer Befragung kommt die Wahrheit ans Licht. Mein Vater ist außer sich. Er schimpft nicht über die Missetäter, er schimpft über mich! Von ihm, der stets gepredigt hat, dass ein wohlerzogener Junge sich nicht zu „prügeln" habe, folgt eine für mich erstaunliche Aufforderung: *„Du wirst das nächste Mal diese Burschen so windelweich verprügeln, dass sie ein Leben lang daran zurückdenken werden."*
Am nächsten Tag besucht meine Mutter das Gymnasium. Es findet soeben die große Pause statt. Vor dem Schulgebäude beobachtet sie, wie eine Gruppe Schüler einen Knaben mit Rufen anfeuert, der auf zwei sich unter ihm befindliche Buben einschlägt. Als meine energische Mutter den Gewalttäter packt und wegzerrt, sieht sie, dass sie ihren Sohn am Kragen hat, ihren wohlerzogenen Sohn, der sich nicht prügeln sollte! Sie ist entsetzt - mein Vater wird strahlen. Sein Sohn ist keine Memme, sondern ein ganzer „Mann".

Unvergesslich ist mein erster Kinobesuch. Die Vorstellung findet in einem kleinen, verdunkelten, mit schwarzem Tuch ausgeschlagenen Saal statt. Vorne neben der Leinwand steht ein Klavier, auf dem ein Pianist musikalisch die Handlung des schwarzweißen Stummfilms begleitet. Die Bilder flattern unruhig über die Leinwand, unterbrochen von wenigen Texteinschaltungen. Die Gestik der Schauspieler ist so dramatisch, dass das Geschehen auch ohne Text recht gut verstanden wird. Ich erinnere mich genau an den Film mit dem Titel „Omas Junge" mit Charlie Chaplin und mit dem damals bekannten Schauspieler Harald Loyd.

Auf Grund der politischen Situation in Deutschland entschließen sich meine Eltern nun doch zum endgültigen Umzug auf unseren Sommersitz nach Deutschlandsberg. Somit beginnt für uns ein völlig neuer Lebensabschnitt. Die große Armut der weststeirischen Kleinbauern bedeutet für meine Muter eine ungeheure seelische Belastung, während ich mit den Kindern - die ihr Elend nicht so empfinden - spiele, ihre Welt mit ihnen teile. Viele meiner Spielgefährten haben erfrorene Zehen, da sie auch im Winter ohne Schuhe durch den Schnee in die Schule gehen müssen. Meine Mutter, ständig besorgt den Armen zu helfen, kauft allen Nachbarkindern Schuhe. Nie sehe ich die Menschen betteln. Bis auf ein einziges Mal enttäuschen sie uns nie. Ausgerechnet unser eigenes Winzerpaar versucht körbeweise Obst zu stehlen. Von einer Entlassung sieht mein Vater ab, sie hätte den Untergang der Familie bedeutet.

Ich schlafe in einem Zimmer im Turm. Ein großer Raum, in dem auch die Sammlung meines Vaters an alten Waffen untergebracht ist. Hin und wieder weckt mich ein samt Ankerung zu Boden gefallener schwerer Vorderlader. Eine Heizung gibt es in diesem Zimmer nicht. An manchen Wintermorgen ist das Wasser im Lavabo (Tischwaschbecken) eingefroren. Nur ein Wohnzimmer und gelegentlich die Gesellschaftsräume, werden mit großen, mit Holz geheizten Kachelöfen erwärmt. Zur Beleuchtung verwenden wir Petroleumlampen. Bei besonders festlichen Anlässen erstrahlen zahlreiche Kerzen, wie etwa in der großen Halle, in deren Mitte ein Reiterstandbild des Fürsten von Hohenzollern steht. Neben dem aus Holz geschnitzten Treppengeländer stehen zwei fast lebensgroße bronzene Figuren, Landsknechte darstellend. Sie halten Lanzen auf deren Spitze ein bronzener Kranz mit Kerzen befestigt ist. In die inneren Rahmen der Fenster in der Halle lässt mein Vater bunte Butzenscheiben mit den Wappen unserer Familien einsetzen. Das „japanische Zimmer" meiner Mutter und ihre umfangreiche Porzellansammlung treffen aus Deutschland ein.

Die meiste Zeit verbringe ich aber im Freien, in den Weinbergen, auf den Obstwiesen und bei Nachbarn, deren Lebensweise mich fasziniert und die so ärmlich ist, dass sich die Vorstellung in einer anderen Welt zu leben, noch verstärkt.

1928 - 1933

"Deutschland erwache!", riefen die Nationalsozialisten. Man glaubte ihren Parolen. Hatte Sehnsucht nach Frieden und Wohlstand. Glaubte an eine demokratische Entwicklung. Sah Repressalien als Übergriffe.
Öffnete einem Messias die Tür – und ließ den falschen herein.

Ende der Zwanzigerjahre sieht mein Vater ein Licht am politischen Horizont und zwar durch die relativ gute Entwicklung einiger Industriezweige. Die Deutsche Republik scheint sich zu festigen und die Sozialdemokraten erweisen sich als bekennende Gegner des Kommunismus.

Im Jahre 1928 kommt es zur Reichstagswahl, zu der 31 Parteien antreten, 14 davon ziehen in den Reichstag ein. Die „Deutschnationale Volkspartei" (DNVP), mit welcher auch mein Vater sympathisiert, hat starke Stimmenverluste zu verzeichnen. Sie wählt daher den ehrgeizigen und vermögenden Industriellen und Vorsitzenden des Direktoriums der Firma Krupp, Alfred Hugenberg zu ihrem Vorsitzenden. Er ist Inhaber des Hugenberg-Konzerns, zu dem unter anderem der große Scherl-Verlag gehört, die Telegraphen Union und die den Markt beherrschende Film-Produktionsfirma UFA. Hugenberg ist der Meinung, dass eine radikalere Opposition zur schwachen Regierung notwenig sei. Die bedingungslose Befolgung des Versailler Vertrages sowie das Nachgeben gegenüber den Franzosen, findet in weiten Kreisen heftige Ablehnung.
Dem Kapitalisten Hugenberg fehlt jedoch das politische Charisma und es gelingt ihm nicht die breite Masse für sich zu gewinnen. Der dafür geeignete Demagoge steht bereits zur Verfügung – Adolf Hitler. In ihm sieht Hugenberg eine Stütze und beide beschließen 1929 den gemeinsamen Kampf gegen die unerträglichen Reparationszahlungen und gegen den immer stärker werdenden Kommunismus.

Mein Vater hält von dem „Anstreichergesellen" Hitler, dessen ehemalige Beschäftigung als Maler er mit der eines Anstreichers verwechselt, nicht viel und sieht eine Gefahr in dessen radikaler Einstellung.

Der Amerikaner Owen D. Young wird beauftragt, eine Verbesserung des Dawis-Plans auszuarbeiten. Die britische Regierung ist der Ansicht, dass die deutsche Wirtschaft gestärkt werden muss, um die riesigen Reparationszahlungen zu ermöglichen und um gleichzeitig den Lebensstandart der Deutschen zu verbessern.
Im Jahr 1929 tritt der Young-Plan in Kraft. Den Deutschen wird eine Frist bis 1988 gegeben, um in jährlichen Raten von 1,2 bis 1,5 Milliarden Mark die 105 Milliarden Goldmark zu zahlen, eine zu jener Zeit unvorstellbar hohe Summe. Die Höhe der Zahlungen ist kurzfristig, als auch langfristig, immer noch unerfüllbar hoch. Die wirtschaftlichen Auswirkungen sind katastrophal. Die Bankzinsen steigen auf mehr als 20 %. Viele Kreditnehmer können ihren Verpflichtungen nicht mehr nachkommen. Zahlreiche kleine Banken geraten in Schwierigkeiten. Die Not der Bevölkerung nimmt ein erschreckendes Ausmaß an.

Man richtet „Volksküchen" ein, um die Menschen nicht verhungern zu lassen. Die bereits aufkeimende Hoffnung nach einer wirtschaftlichen Erholung zerbricht. Zu alledem erfolgt durch den am 24.10.1929 an der New Yorker Börse ausgelösten Kurssturz, weltweit eine schwere Wirtschaftskrise. Fast 6 Millionen Menschen sind in Deutschland arbeitslos. Aber auch diejenigen, die noch über Geld verfügen, kaufen nur das Allernotwendigste und verschärfen damit die Situation. Kommunistische Versammlungen und Aufmärsche finden statt, in Berlin gibt es blutige Unruhen. Die Nationalsozialisten erhalten großen Zulauf.

Unser Lebensstil ändert sich dagegen nicht, denn mein Vater erhält weiterhin sein Gehalt, als sei er noch aktiver Offizier. Noch dazu ist die in Schilling umgewechselte Mark in Österreich weitaus zahlungskräftiger als in Deutschland. Auch wird der Bedarf unseres täglichen Lebens durch unseren großen Gutsbesitz gedeckt. Mein

Vater beschäftigt sich mit Plänen zur Vergrößerung unseres Domizils in der Steiermark. Er beauftragt einen Baumeister aus Wien, aus der Villa ein Schlösschen zu machen. Dass der Architekt und Baumeister keine fachbezogenen Fragen an meinen Vater stellt, macht meine Mutter, die keineswegs so vertrauensselig wie mein Vater ist, misstrauisch. Dennoch erhält der Baumeister die gesamte Bausumme bereits vor Baubeginn ausbezahlt. Seine Erklärung, er könne in diesen schlechten Zeiten den Bau nicht vorfinanzieren, leuchtet meinem Vater ein.

*

Es wird mir ein Rätsel bleiben, warum mein Vater ausgerechnet jetzt mit mir nach Afrika reist. Die Bauaufsicht überlässt er meiner Mutter. Ich erhalte, ebenso wie mein Vater, eine tropentaugliche Kleidung samt Tropenhelm und sehe mich als Wüstenforscher auf den Spuren Karl Mays wandeln. Zunächst geht die Fahrt mit dem Zug nach Venedig. Ich kenne die Stadt von einer früheren Reise mit meinen Eltern. Damals schliefen wir in einem Hotel, dessen Betten mit Moskitonetzen überspannt waren. Die Insektenplage und der Gestank der Kanäle schienen unerträglich. Am Morgen lagen tote Ratten und Unrat in den schmalen Gassen. Unzählige Straßenhändler und Bettler bevölkerten die Stadt und belästigten die Besucher. Wie erstaunt sind wir nun, den überall sichtbaren Wandel zum Positiven zu sehen. Mussolinis Bemühungen, Italien zu einem modernen Land zu machen, zeigen in Venedig sichtbaren Erfolg.

Per Schiff geht es von Venedig nach Athen. Ich erinnere mich an lange Fußmärsche durch die Stadt und in die nähere Umgebung. Auf der Akropolis begegnen wir einer Reisegruppe orthodoxer Juden. Mich faszinieren die eigenartige Haartracht, die Hüte und Kaftane. Die nächste Station ist Konstantinopel. In dieser Stadt hatte mein Großonkel Hermann, Bruder meines Großvaters, jener vom Sultan ernannte Pascha, in einem Palast am Bosporus residiert. Vom asiatischen Teil der Stadt, von Üsküdar aus, wandern wir nach Haidar, besteigen dort die Bahn und fahren nach Ismir. Weiter geht die Reise über Angora nach Burssa oder Brussa, einer Stadt, die über 70.000 Einwohner hat und die ein wahrer Blütenhain umgibt. Zahlreiche

Silber- und Bleigruben haben sie zu einer reichen Handelsstadt gemacht.

Man kommt uns Deutschen außerordentlich freundlich entgegen. Mein Vater, der als Militarist alle Nationen nach militärischen Gesichtspunkten betrachtet, schätzt die Türken sehr. Sein Ausspruch, *„Die Türken sind gute Soldaten",* ist mir heute noch gegenwärtig.

Nach einem Zwischenstopp in Malta, eine für mich staubige und trostlose gelbe Insel, fahren wir weiter nach Tunis. Am Hafen werden wir von einem Schwarm Händler umringt, denen wir nur schwer entkommen. Zu Fuß erkunden wir die Stadt. Wir gelangen zu einem Gebäude, in dem ein langer Gang zu einem Innenhof mit einem wunderbaren Säulengang führt. Als mein Vater und ich den Innenhof betreten wollen, stürzen sich etwa zehn Araber auf uns und zerren uns mit lautem Geschrei, trotz empörter Abwehr meines Vaters, aus dem Gebäude. Wir glauben aus ihren erregten Rufen das Wort „Marabut" heraus zu hören. Als wir den deutschen Botschafter besuchen und ihm von dieser Begebenheit berichten, erzählt er uns, dass vor nicht allzu langer Zeit ein Franzose, welcher ebenfalls das Gebäude betreten hatte, von aufgebrachten Einheimischen ermordet wurde. Es handle sich bei dem Gebäude um ein so genanntes „Marabut", die Grabstätte eines Heiligen, welche durch das Betreten von „Ungläubigen" entweiht werde. Hätten die französischen Kolonialherren die damaligen Täter nicht zum Tode verurteilt - wer weiß, was mit uns passiert wäre.

Mit dem Zug fahren wir weiter nach Sidi-bou-Said, nicht weit von der Stadt Tunis entfernt. Die Waggons sind innen rundum mit Bänken ausgestattet, auf denen wir zusammen mit den Einheimischen sitzen, Schafe und Ziegen werden in der Mitte untergebracht. Es ist heiß, die Luft stickig und der Gestank unerträglich. Unser Fußmarsch durch die Wüste beginnt in Tropenkleidung und mit Tropenhelm. Der Anblick dieser Landschaft mit so vielen Hadschis Halef Omars, lässt mich durchhalten, trotz qualvoller Hitze und Wüstensand zwischen den Zähnen. Hin und wieder taucht ein Beduine auf, der uns etwas zuruft – wahrscheinlich die Frage, ob wir verrückt geworden wären. Zu meinem Glück bekommt der Fußmarsch auch meinem Vater schlecht und wir kehren am gleichen Tag, spät in der Nacht, nach Tunis zurück. Unsere weitere Route führt uns heimwärts. Zunächst geht es mit dem Schiff nach Neapel. Wir bleiben einige Tage in Pozzuoli, wo, wie mir mein Vater erzählt, bereits Johannes der Täufer seinen Urlaub verbracht haben soll. Von Genua aus reisen wir mit dem Zug zurück nach Deutschlandsberg.

Der Gedanke an unser Haus verursacht meinem Vater ein schlechtes Gewissen, hat er doch meine Mutter alleine mit dem Hausumbau zurückgelassen. Nichts aber kann sein Entsetzen beim Anblick seiner sich im Umbau befindlichen Villa beschreiben. Das Dach und die Hälfte des Hauses sind abgerissen, die restlichen Mauern ragen wie die Ruinen von Jericho zum Himmel empor. Der Baumeister hatte nur zum Schein mit dem „Bau" begonnen, indem er Teile des Gebäudes abriss, um dann mit dem gesamten Betrag, den ihm mein gutgläubiger Vater übergeben hatte, zu verschwinden. Mein Vater droht ihm mit einer Betrugsanzeige. Daraufhin meldet sich der Neffe, ebenfalls ein Architekt und Baumeister. Er erklärte sich bereit den Schaden wieder gutzumachen, nachdem sein Onkel insolvent geworden sei. *„Ein anständiger Mann",* sagt mein Vater.

Natürlich hat auch der Neffe in dieser Zeit des Elends kein Geld. Dass Onkel und Neffe gemeinsame Sache machen könnten, auf diesen Gedanken kommt mein Vater nicht. Also bezalt er nochmals, allerdings nur mehr nach Baufortschritt. Schließlich wird aus der Villa doch so etwas Ähnliches wie ein kleines Schloss, mit zwei Türmen und einem Turm-Rundumgang. In einem Teil des riesigen Kellers wird ein Baderaum mit einem in den Boden eingelassenen Becken eingerichtet, zu dem Marmorstufen hinunterführen. Eine Reminiszenz an unsere Tage im Orient.

*

Auf Anregung meiner Mutter, einer begabten Hobby-Bildhauerin, beginnt mein Vater, der ein vorzüglicher Zeichner ist, zu schnitzen. Er entpuppt sich als großes Talent und gestaltet neben dem gesamten Treppenhaus viele Täfelungen, Möbel und Rahmen. Arbeiten, die auch von Kunstkennern bewundert werden.

Die armen Keuschler um uns herum sehen neidlos all diesen Verwandlungen zu. Allesamt Sozialisten und Kommunisten. Ihre freundliche Einstellung verdanken wir dem karitativen Wirken meiner Mutter. Für die kinderreiche Familie Muri, bekannte Kommunisten, übernimmt meine Mutter sämtliche Kaufmannskosten. *(Österreichs Vorsitzender der Kommunistischen Partei namens Muri, erzählte angeblich nach dem Krieg, dass ohne die Hilfe der Baronin von Schilgen, sie alle verhungert wären).*

Von nun an beobachten meine Eltern die politische Situation in Deutschland zwar mit Interesse, jedoch mit einer gewissen Distanz. Dort überschlagen sich die Ereignisse. Gab es vor den Wahlen vom September 1930, 12 nationalsozialistische Abgeordnete, ziehen jetzt 107 Nationalsozialisten in den Reichstag ein. Französische Truppen verlassen vereinbarungsgemäß die zweite Rheinlandzone. Zwischen Großbritannien und Deutschland kommt es zum „Liquidierabkommen" und zum „Kriegsschuldenabkommen" mit Amerika. Eine spürbare wirtschaftliche Erleichterung.

Als „beinahe" Österreicher freuen wir uns, dass durch die „Haager Konferenz" für Österreich eine fast vollständige Aufhebung der Reparationszahlungen erreicht wird. Hier hat sich eine katholisch-autoritäre Regierung gebildet. Die so genannte „Heimwehr" steht unter der Führung des Fürsten Rüdiger Starhemberg. Er und seine Gefolgsleute versuchen verstärkt eine neue österreichische Identität aufzubauen, wegen der schlechten Lebensverhältnisse mit nur geringem Erfolg.

In den Niederlanden wird eine faschistische Partei gegründet, eine Diktatur besteht bereits in Rumänien. Auch der ungarische rechtsradikale Ministerpräsident Gyula Gömbös verfolgt eine faschistische Politik und in Portugal wird Salazar Ministerpräsident, der einen faschistischen, korporativen Staat gründet. Bis 1968 wird er im Amt bleiben. In vielen Ländern gibt es stark wachsende faschistische Bewegungen, sogar in Übersee, wie die brasilianischen „Grünhemden". So ist es nicht verwunderlich, dass man in meinem

Elternhaus die faschistischen Bestrebungen eines Adolf Hitler nicht allzu tragisch nimmt.

Noch immer hofft mein Vater in seinen Beruf als Offizier zurückkehren zu können und die Ereignisse des Jahres 1932 scheinen ihm Recht zu geben. Der gerade erst zustande gekommene Young-Plan wird auf der „Reparationskonferenz von Lausanne" außer Kraft gesetzt. Dies bedeutet das Ende der Reparationszahlungen. Jetzt zeigt man sich mit einem Schuldschein über 3 Milliarden zufrieden. Diese Einsicht kommt zu spät. Die deutsche Wirtschaft ist auf das Schwerste geschädigt. Bisher wurden Reparationszahlungen in Höhe von 53 Milliarden Mark geleistet, die noch offenen Forderungen hängen wie ein Damoklesschwert über jeder wirtschaftlichen Initiative, nicht gerechnet sind die zahlreichen Lieferungsverpflichtungen. Man erinnert sich an die Kohlelieferungen, wegen derer verspäteter Ablieferung unter anderem Frankreichs Armee in Deutschland einmarschierte. „Lausanne" hält den Zusammenbruch verschiedener Großbanken nicht auf, wie etwa den der Nationalbank, der Darmstädter Bank oder in Österreich jener der Creditanstalt.

Der Österreicher Adolf Hitler wird deutscher Staatsbürger und in Braunschweig zum Regierungsrat ernannt. Viele deutsche Industrielle unterstützen ihn, da sie, sollte er an die Macht kommen, auf erhebliche Subventionen hoffen. Sie sehen in ihm den Garant, der den kommunistisch-sowjetischen Vormarsch in Deutschland zu stoppen vermag. Nicht nur in Deutschland, auch im Ausland hört man nicht ungern Hitlers Brandreden gegen den Kommunismus.

In Österreich gelingt es Bundeskanzler Engelbert Dollfuß dagegen, die Kommunisten unter Kontrolle zu halten. Er erreicht unter dem Verzicht eines Anschlusses an Deutschland eine Völkerbundanleihe.

Hindenburgs siebenjährige Amtszeit geht zu Ende. Es kommt zu Neuwahlen. Mein Vater wählt den Generalfeldmarschall, der auch von den Sozialdemokraten und anderen kleinen Parteien unterstützt wird. Weitere Kandidaten sind Adolf Hitler und der Kommunist Thälmann. Diese Wahl kündigt bereits eine entscheidende Wende an. Am 10.

April 1932 erhält Hindenburg 19,4 Millionen Stimmen, Hitler kann erstaunliche 13,4 Millionen Stimmen auf sich vereinigen. Auf Betreiben des Reichwehrministers von Schleicher entzieht Hindenburg als neuer Reichspräsident der Regierung seine Unterstützung, worauf diese zurücktritt. Franz von Papen, welcher dem rechten Flügel der Zentrumspartei zugerechnet wird, bildet als neuer Reichskanzler das „Kabinett der nationalen Konzentration".

Das Ergebnis der Reichstagswahl vom 21. Juli bringt für die NSDAP (Nationalsozialistische-Deutsche-Arbeiter-Partei) mit 37 Prozent Stimmenanteil das bisher beste Ergebnis. Sie lassen die Sozialisten mit 21,6 Prozent weit hinter sich zurück. Am 13. August fordert daher Adolf Hitler die Übergabe der Regierungsgewalt. Hindenburg, obwohl von verschiedenen Kreisen dazu gedrängt, lehnt ab. Der Reichstag wird aufgelöst. Die neuerliche Wahl bringt zur allgemeinen Überraschung einen Rückgang des Stimmenanteils der NSDAP und Gewinne für die Kommunisten. Sie werden von vielen Arbeitslosen gewählt, denen man vormacht, dass es im Vaterland des „Proletariats" reichlich Arbeit gibt. Die Kommunisten erhalten im Reichstag einhundert Sitze bestätigt.

Meine Eltern sehen sich „weit vom Schuss". Aber vieles, was wir in unserer engeren Umgebung erleben, ist makaber und Schauder erregend, Spiegelbilder der großen Not, in denen die Menschen leben müssen, Ausdruck menschlicher Verwirrungen und des brutalen Egoismus. Hilflosigkeit und Hoffnungslosigkeit sind die Auslöser. Meine Mutter hilft, wo sie kann, opfert viele Stunden am Tag und in der Nacht, um dort zuzupacken, wo die Not am größten ist.

Was kann man gegen einen „Brauch" unternehmen, der die auf das Altenteil gehenden Eltern langsam durch Beimischung von Arsen in das Essen zu Tode bringt? Die Höfe sind zu klein, die Pflege der Alten eine zu große Belastung. Arsen bekommt man in der Apotheke für die Pferde, welche dadurch ein schönes Fell und ein feuriges Temperament erhalten. Ein auf das Altenteil gesetzter Nachbar vertraut sich weinend meiner Mutter an. Er hat Angst „abgefuttert" zu werden, wie man diese Art des Tötens nennt, so wie dies mit seiner

kürzlich verstorbenen Frau geschehen sei. Mutter ist entsetzt, spricht mit meinem Vater. Dieser lässt den Gendarmeriekommandanten zu sich kommen: *„Sie müssen sofort veranlassen, dass die Staatsanwaltschaft den Leichnam der Frau exhumieren lässt, um ihn auf Arsenspuren zu untersuchen."*
„Aber Herr Baron", antwortet der Beamte, *„dann müssten wir alle verstorbenen alten Leute ausbuddeln lassen."*

Dennoch erstattet mein Vater Anzeige. Den Kindern des alten Mannes lässt er ausrichten, dass sie nicht nur Haus und Hof, sondern auch ihr Leben riskieren, wenn ihrem Vater etwas zustößt. Es gibt die Todesstrafe in Österreich. Der Todesfall der Frau unseres Nachbarn wird nicht untersucht. Manchmal ruft man anstelle des Arztes, den sich die Kleinbauern nicht leisten können, meine Mutter. So auch in einem Fall, als ein Baby zu ersticken droht, weil man ihm Ronen (rote Rüben) in Ermangelung anderer Babynahrung zu essen gegeben hat. Kinder werden „ruhig" gestellt, in dem man den Schnuller in Schnaps (Slibowitz) taucht. Nachbarn, die nur auf Säcken schlafen, bringen wir Decken, zum Dank küssen die Frauen den Rocksaum meiner Mutter und mir meine Hände.

Eine böhmische Hebamme ist auch als „Engelmacherin" bekannt, die illegal Abtreibungen vornimmt. Aber wer wollte es den armen Frauen zum Vorwurf machen, wenn die Not es nicht erlaubt, ein weiteres Kind großzuziehen. Sie betreibt auch eine kleine „Buschenschenke", in der für kurze Zeit nach der Weinernte selbst produzierter Wein ausgeschenkt werden darf. Als Zeichen des Ausschanks hängt ein Büschel Weinlaub an der Haustüre. Der in der Gegend hergestellte „Schilcher"-Wein, schwer belastet durch das Spritzen der Trauben mit Kupfervitriol und Bestäuben mit Schwefel, macht, wie man behauptet, Trinker rabiat. Mit dem Spruch *"Heut' muss noch einer hin werden"*, zieht mancher Gast einer Buschenschank sein Feitel (Taschenmesser), das an der Seite der Lederhose steckt und stößt es unter die Tischplatte. Das ist nicht nur eine Drohgebärde, denn leider finden häufig Messerstechereien statt.
Bei einer dieser Streitigkeiten stürzt der Knecht des Bürgermeisters mit dem Kopf unglückseligerweise gegen eine Mauer. Halb benommen torkelt er nach Hause. Seine Schwester, sie ist eines

unserer Dienstmädchen, erzählt folgende Geschichte: Ihr Bruder sei spät zum Hof des Bürgermeisters zurückgekommen. Er hätte sich nicht mehr allein ausziehen können, so besoffen wäre er gewesen, hat der Bürgermeister zunächst geglaubt. Dann haben sie sich ins Bett gelegt. Auf die erstaunte Frage meines Vaters, warum beide im selben Bett schlafen, antwortet sie: *„Ja mei, wir haben mehr Leut' als Betten. Da müssen halt einige zusammen in einem Bett liegen."*
So hat der Bürgermeister friedlich neben einem Toten geschlafen.
Hier ist es auf dem Land Sitte, die Toten bereits am nächsten Tag zu bestatten. Ich werde zum Begräbnis geschickt. Am Grabe höre ich plötzlich, wie die Mutter des Toten schluchzend sagt:
„I werd' des G'fühl net los, der Bua lebt no."
„Wie kommen sie denn darauf?", frage ich.
„Wie's den Sargdeckel drauf g'mocht hob'n, da hot er si no b'wegt."
„Mein Gott", flüstere ich, *„dann muss man sofort den Sarg öffnen!"*
„Na", antwortet sie, *„jetzt geht des nimmer."*

In unserer Nähe wohnt ein kleiner Keuschler (Kottenbesitzer) mit seinen zwei Schwestern. Neben der Arbeit in seinem Weingarten verdingt er sich als Bauarbeiter. Da kaum mehr gebaut wird, verliert er seine Stelle. In seiner Verzweiflung erschießt er sich. Am Tag darauf findet man seine zwei Schwestern. Sie hatten sich erhängt.

*

Mein Vater unterrichtet mich zu Hause. Er gefällt sich in der Rolle des Lehrmeisters, ich mich in der Rolle des Schülers umso weniger. Als Kind hatte ich auf spielerische Weise vom großen Wissen meines hoch gebildeten Vaters profitiert, nun ist seine Erwartungshaltung an mich einfach zu groß. Seine Lehrmethoden überstrapazieren meine Aufnahmefähigkeit. Auch vermisse ich den Umgang mit Kindern einer anderen Gesellschaftsklasse. Meine Bitten, mich in ein Internat zu geben, haben keinen Erfolg. Eines Tages liest mir mein Vater hintereinander 20 Seiten aus dem Buch „Geometrie und Planimetrie" vor und verlangt: *„Wiederhole!"*
Meine Erwiderung, *„Ich bin doch nicht Einstein"*, lässt die Stirnadern meines zum Jähzorn neigenden Vaters bedrohlich anschwellen. Die Schrecksekunde nützend verschwinde ich in den Weinbergen. Später

sucht mich meine Mutter: *"Vater hat es sich überlegt, du darfst in ein Internat."*

Für sie ist es mit Sicherheit wohl eine der schwersten Entscheidungen ihres Lebens. Ihr Dasein in der Abgeschiedenheit der Weststeiermark, umgeben von der unfassbaren Armut der Bevölkerung, die Eigenbrötlerei meines Vaters, all das ist für meine Mutter nur durch die Anwesenheit ihres „Jungen", wie sie mich liebevoll nennt, erträglich.

Nach langer Suche nach einem geeigneten Internat, bringt mich mein Vater in einem der bestrenommierten Internate der Obersteiermark unter. Bereits am ersten Tag lerne ich im wahrsten Sinne des Wortes „spielerisch", dass die Macht im Leben der Menschen eine große Rolle spielt. Nach der Definition von M. Weber bedeutet Macht, die Chance innerhalb einer sozialen Beziehung den eigenen Willen auch gegen Widerstreben durchzusetzen, gleichviel worauf diese Chance beruht. Nach dem Abendessen entsteht unter den Zöglingen ein Streit, wer den beliebten Billardtisch bespielen darf.
"Wir sollten unserem Neuen den Vorrang lassen, immerhin ist er ein Herr Baron", sagt ein Zögling zynisch, der seiner Größe wegen „Großer" genannt wird und offensichtlich der Anführer der anderen Buben ist. Als ich zu spielen beginne, stößt er mich, so dass ich den Ball verfehle.
Ich finde das nicht lustig. *"Das gefällt mir nicht"*, sage ich zornig.
"Ach nein, dem Herren Baron gefällt etwas nicht. Und was soll das sein, Euer Hoheit?", antwortet er, wobei er sich in der Runde umsieht. Alle grinsen devot.
"Das kann ich dir draußen im Hof deutlicher erklären", gebe ich zur Antwort.
Das Endergebnis kostet meinen Vater einiges Geld und zwar für den Ersatz des Vorderzahnes des „Großen". Womit ich ihm sozusagen die Macht abgekauft habe.

In diesen erbärmlichen Zeiten ist die Internatsleitung für jeden Schüler dankbar, man verweist mich daher nicht von der Schule. Die Bezahlung der Professoren ist schlecht. Mein Klassenvorstand erhält neben Unterkunft und Verpflegung 20 Schilling monatlich. Als

Beispiel: Für ein komplettes Menü in einem Speisehaus bezahlt man einen Schilling. Die Zigaretten bekommt der Lehrer von mir. Ich bin 15 Jahre alt geworden und rauche, weil man mit 15 rauchen darf und ich keineswegs für jünger gehalten werden möchte.

Achim, ein auffallend magerer Mitzögling wird mein Freund. Wir schlafen zu acht in einem großen Schlafsaal, zusammen mit dem Klassenvorstand, dessen Schlafabteil mit Tüchern abgeschirmt ist. Nächtens sehen wir im Schein der Leselampe seinen Schatten. Eines Nachts wache ich durch eine große Unruhe im Raum auf und sehe wie der Lehrer sich über Achims Bett beugt, worauf er rasch den Raum verlässt. Ich gehe zu Achims Bett. Er blickt mich bewegungslos mit starren Augen an. Am nächsten Tag erfahre ich, dass Achim tot ist.

Die Versorgung in der Schule wird immer schlechter. Es wird kaum noch geheizt, das Essen ist kümmerlich. Aus Übermut und Leichtsinn organisiere ich daher die „Flucht" meiner Klasse auf unser Anwesen. Mit Erfolg. Die von der Schulleitung alarmierte Gendarmerie findet uns nicht. Bei unserem Erscheinen glauben meine Eltern ihren Augen nicht zu trauen.
Den damaligen wirtschaftlichen Verhältnissen entsprechend, bittet die Internatsleitung meinen Vater dringend um mein Wiederkommen. Man fürchtet, dass andere Eltern ebenfalls ihre Kinder aus dem Internat nehmen. Also kehre ich wieder zurück. Nach drei Monaten verlasse ich mit dem Einverständnis meiner Eltern endgültig die Schule.

Als ich viele Jahre später als Soldat, in schmucker Fliegeruniform, das Internat besuche, stellt man mich den kleinen Zöglingen als ehemaligen braven und lieben Schüler vor an dem man sich ein Beispiel nehmen soll. So ist das Leben.

Zu Hause bereite ich mich jetzt als „Externist" für die Matura (Abitur) vor. Mein Vater nimmt wohl an, ich hätte im Internat genügend Richtlinien mitbekommen und könne mir mein Studium selbst einteilen.

*

Am 30. Januar 1933 ernennt Reichspräsident von Hindenburg den auf demokratischen Weg gewählten Adolf Hitler zum Reichskanzler. Hitler schwört der Reichsverfassung die Treue. Außer ihm sitzen lediglich zwei Nationalsozialisten in der Regierung. Alle Parteien im deutschen Reichstag, ausgenommen die SPD, stimmen am 23. 3. 1933 dem Ermächtigungsgesetz zu (Gesetz zur Behebung der Not von Volk und Reich), mit dem die gesamte Staatsgewalt dem Reichskanzler Adolf Hitler überantwortet wird. Schon vor ihm hatten demokratische Regierungen mit Notstandsverordnungen und Notstandsgesetzen vorübergehend mit diktatorischen Vollmachten regiert, so dass diese Regelung kaum auf Widerstand stößt. Der Weg zur Diktatur ist damit vorbereitet. Viele Kommunisten und Sozialisten wandern entweder zur schweigenden Mehrheit oder treten der NSDAP bei. Mit höchster Geschwindigkeit beginnen in Deutschland die Reformen, gleichzeitig aber auch der Terror, den die Bevölkerung in der Begeisterung über „Deutschlands Erwachen" nicht wahrnehmen will. So kommt es zur Errichtung der ersten Konzentrationslager, zunächst „nur" zur Einlieferung der Staatsfeinde, zusammen mit Kriminellen. Die Nationalsozialisten bezeichnen sich selbst als Arbeiterpartei und begründen damit die Auflösung der Gewerkschaften. Ihr folgt das Ende aller politischen Parteien.

Im Wissen, dass in vielen anderen Ländern ebenfalls diktatorisch regiert wird, schließen sich meine Eltern der vielfachen Meinung an, dass harte Zeiten harte Maßnahmen erfordern. Keine Zustimmung finden bei ihnen die radikalen Parolen von Hitlers skrupellosem Reichsminister für Volksaufklärung und Propaganda, Josef Goebbels. Man ist der Meinung, dass Hitler nicht mit allem, was in seinem Namen durchgeführt wird, einverstanden ist. Man hört immer wieder den Satz: „Wenn das der Führer wüsste!"

Die nationalsozialistische Führung ruft zur Blockade der jüdischen Geschäfte auf. Jüdischen Ärzten und Anwälten gilt der gleiche Boykott. Deutschen Unternehmern wird empfohlen, jüdische Angestellte zu entlassen. In unserem Bekanntenkreis werden diese Maßnahmen zwar heftig kritisiert, an ernsthaftem Widerstand erinnere ich mich nicht. Meine Eltern hoffen, wie vermutlich eine große Zahl der Bevölkerung, dass es sich um vorübergehende Übergriffe durch einige Radikale handelt. Aufkommende Unruhe wird oftmals dadurch entkräftet, dass amtliche Maßnahmen gegen Juden in einigen Fällen wieder aufgehoben werden.

Ein für mich eindrucksvoller Festakt ist der „Tag von Potsdam", den ich im Kino in der „Wochenschau" miterlebe. Hitler feiert ihn zusammen mit dem greisen Feldmarschall und Reichspräsidenten von Hindenburg am Grabe Friedrich II. des Großen. Das Ereignis wird auch durch Zeitungen und das Radio bestens kommentiert.

Adolf Hitler spricht unter anderem am 31. März 1933 am „Tag von Potsdam":
„Der Welt gegenüber wollen wir, die Opfer des Krieges von einst ermessend, aufrichtige Freunde sein eines Friedens, der endlich Wunden heilen soll, unter denen alle leiden."

Adolf Hitler als Reichkanzler am 1. Mai 1933:
„Wir bitten nicht den Allmächtigen: Herr mach uns frei!
Wir wollen und müssen selbst arbeiten und kämpfen. Wir wollen brüderlich miteinander ringen, damit wir einmal vor den Herrn hintreten können und sagen: Herr, Du siehst, wir haben uns geändert..."

Der Reichstag steht in Flammen. Der Brand führt zu Gewaltmaßnahmen gegen die Kommunisten, von denen behauptet wird, dass sie das Feuer gelegt haben. Ein anderes Gerücht besagt allerdings, dass die Nationalsozialisten den Reichstag selbst angezündet hätten. Im gleichen Jahr wird Hitler international durch den Viererpakt bestätigt, in dem Italien, Deutschland, Großbritannien und Frankreich sich zusammenschließen.
In Norwegen bildet sich die „Nasjonal Samling", die faschistische Partei des Vidkun Quisling. In Großbritannien gründet Sir Oswald Mosley die britische „Schwarzhemden"-Bewegung. In diesem Jahr wird in den USA der Demokrat F.D. Roosevelt Präsident.

Die Österreicher sehen über ihre Grenze hinweg ein plötzlich wirtschaftlich aufblühendes Deutschland. Viele Arbeitslose haben durch den Bau der Autobahn Arbeit gefunden, großzügige Kredite werden an Unternehmen verteilt, die wiederum Leute einstellen. Die Mark wird nicht abgewertet, um nicht den Eindruck einer Inflation hervorzurufen, während die Löhne niedrig gehalten werden. Eine strenge Devisenkontrolle tut das Übrige. Österreichs Bundeskanzler Dollfuss kann ohne Widerstand der Parteien das Parlament ausschalten. Er regiert von nun an als Diktator, gestützt auf die christdemokratische Partei und die als faschistisch zu bezeichnende Heimwehr. Der italienische Diktator Mussolini stellt sich an die Seite der Dollfussregierung.

Sogar die Wiederaufrüstung Deutschlands beunruhigt nicht einmal das Ausland. Es ist vielen verständlich, dass die daniederliegende Militärmacht wiederhergestellt wird. Am 23. 11. 1933 schreibt Generaloberst von Einem, der ehemalige kaiserliche Kriegsminister, an meinen Vater:
„...Endlich ist es bei uns in Deutschland auch wieder hell geworden. Wenn man auch nicht mit allem, was geschieht einverstanden sein kann, so bin ich doch hoch beglückt über die außerordentliche Kraftnatur des Führers Hitler... Ich denke, bei Ihnen in Österreich wird es auch bald tagen...".

Hitler versichert der Wehrmacht, die ihm nach wie vor skeptisch gegenüber steht, seine Treue. Aus dem Brief an den damaligen Reichswehrminister von Blomberg.
„Herr Generaloberst!
Heute nach der erfolgreichen Bestätigung des Gesetzes vom 1. August durch das deutsche Volk, will ich Ihnen und durch Sie der Wehrmacht Dank sagen, für den mir als Führer und Oberbefehlshaber geleisteten Treueeid. So, wie die Offiziere und Soldaten der Wehrmacht sich dem neuen Staat in meiner Person verpflichten, werde ich es jederzeit als meine höchste Pflicht ansehen, für den Bestand und die Unantastbarkeit der Wehrmacht einzutreten, in Erfüllung des Testaments des verewigten Generalfeldmarschalls und getreu meinem eigenen Willen, die Armee als einzigen Waffenträger in der Nation zu verankern."
Gez. Adolf Hitler
Führer und Reichskanzler

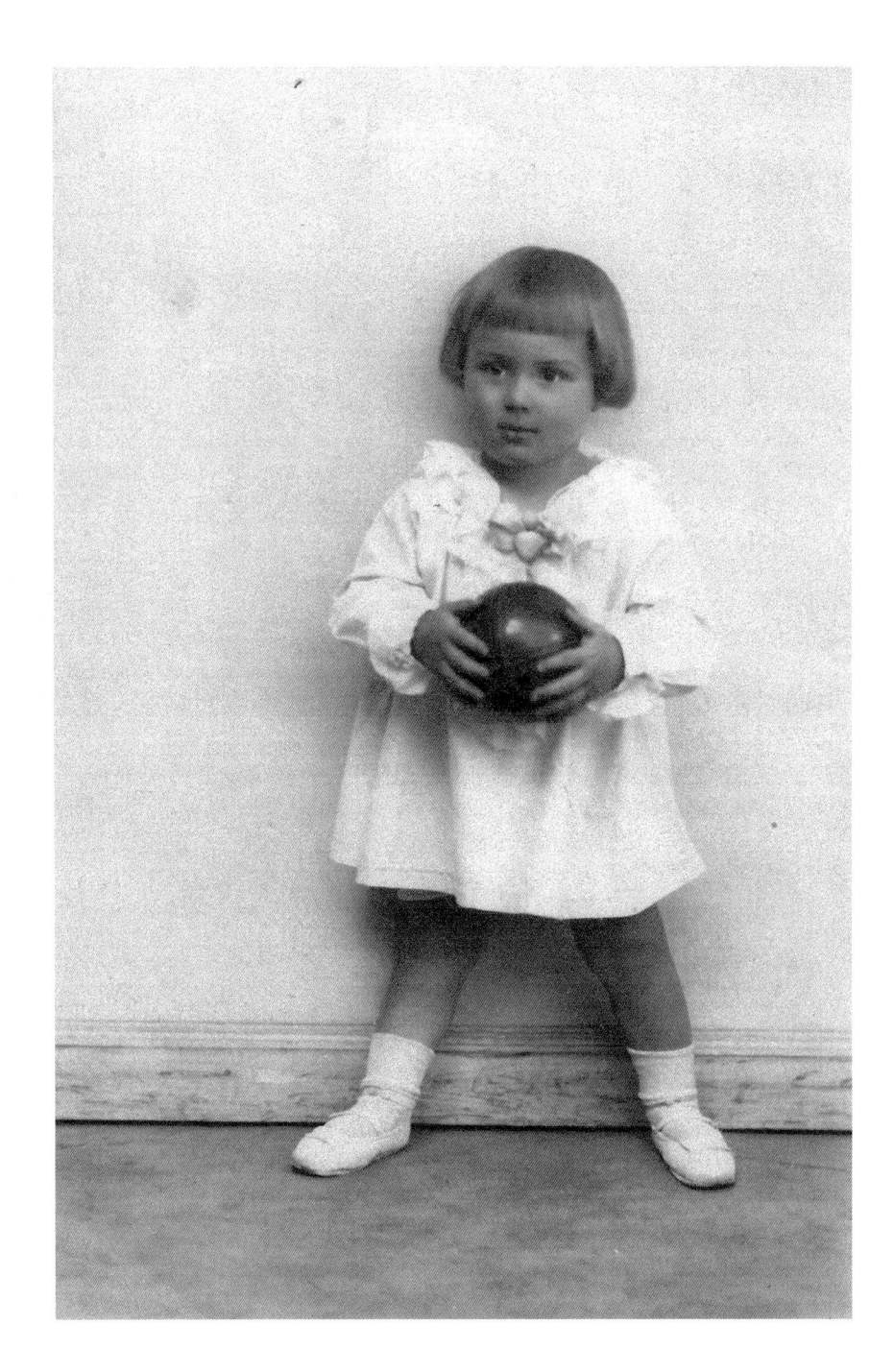

Wolf-Egon Friedrich von Schilgen
1919 in Münster/Westfalen

*Militärmusik im Schlosspark zu Münster.
Vorne links das Geburtstagskind*

*Geburtstagsfest
Wolf von Schilgen
auf seinem Esel*

Auf Norderney, inmitten fremder Kinder

Central-Volksblatt

Amtliches Kreisblatt für den Regier...

Für den Monat April
haben als Bezugspreis festgesetzt:

Kölnische Volkszeitung	10 500 Mark
Tremonia-Dortmund	6 000 Mark
Westdeutsche Volksztg.-Hagen	6 000 Mark
Westfäl. Volksfreund-Hamm	6 000 Mark
Soester Kreisblatt	4 300 Mark
Münsterscher Anzeiger	4 000 Mark
Patriot-Lippstadt	3 500 Mark

Diese Preiserhöhungen sind eine Folge der abermaligen Steigerung sämtlicher Herstellungskosten. Der Papierpreis, der für Februar rund 12 Millionen für die Ladung betrug, ist für März auf 15½ Millionen Mark erhöht worden. Hinzu kommen für März noch ganz bedeutende Lohnerhöhungen sowie eine neue Verteuerung der Druckfarbe, Kohle, elektrischer Strom usw. Die gesamte Presse kam deshalb an einer Preiserhöhung nicht vorbei.

Den Preis für das Central-Volksblatt haben wir ...

Neues in Kürze

Der als Geisel in Essen festgenommene Abg. Dr. Quaartz ist wieder freigelassen.

Die Franzosen in Witten haben das Kopfgeld für ermittelte Schupobeamte auf 500 000 Mark erhöht.

Der Papst hat den Nuntius Pacelli beauftragt, Material über die Vorgänge im Ruhrgebiet zu sammeln.

Die deutsche Reichsregierung hat erklären lassen, daß sie nicht daran denke, Verhandlungen anzubahnen.

Die Militärgerichte der Raubstaaten verhängten wieder schwere Strafen über eine Reihe deutscher Beamter.

Dollar am 20. März = 20 832.

Verantwortlicher Redakteur: B. Mommert in Arnsberg.

Unterbringung Vertriebener.

Für die durch die Gewaltmaßnahmen der Franzosen aus dem Ruhrgebiet ausgewiesenen Familien sind im hiesigen Kreise Quartiere erforderlich, in die die Bedauernswerten bis zu ihrer weiteren Unterbringung in weiter östlich gelegenen Gegenden untergebracht werden können. Es handelt sich also überwiegend um vorübergehende Notquartiere.

Ich richte daher an alle Kreiseingesessenen, die nach ihren Wohnungsverhältnissen in der Lage sind, durch Ausweisungen hart betroffene Familien vorübergehend bei sich aufzunehmen, die dringende Bitte, zu ihrem Teile mitzuhelfen, daß diesen Bedauernswerten wenigstens für kurze Zeit wieder eine Unterkunft geschaffen wird.

Die Not der Bedrängten fordert mitfühlende und mittätige Hilfe, die nichts anderes ist als ein Gebot der Nächstenliebe und heiliger Menschenpflicht.

Entsprechende Anmeldungen nehmen die Herren Bürgermeister und Amtmänner im Kreise entgegen.

Arnsberg, 16. März 1923.
Der k. Landrat: Schencking.

Soest, 20. März. Auf dem Viehmarkt waren am Montag aufgetrieben: 2 Pferde und 16 Schweine. Bei Beginn des Marktes kosteten 6–8 Wochen alte Ferkel zirka 60–80 000 Mark; sie stiegen später wegen starker Nachfrage bis zu 120 und 18500 Mark. Der Verkauf war mäßig.

Geschäftliches.

Unter Hinweis auf die in unserem Blatte veröffentlichten Bekanntmachungen bringen wir unseren Lesern nochmals die wichtigsten Einzelheiten, die der Interessent wissen muß.

Dollarschatzanweisungen des Deutschen Reiches, von der Reichsbank garantiert.

Höhe der Anleihe 50 Millionen Dollar, Zeichnung bis zum 24. d. M. bei den bekannten Banken und Girozentralen. Zeichnungspreis 100 Prozent.

Einzahlung in amerikanischen Dollar und anderen Devisen, ...

Stückelung: 5, 10, 20, 50 und 100 Dollar.
Rückzahlung nach 3 Jahren zu 120 Prozent in Dollar oder Gold, mit einer Verzinsung von über 6 Prozent.
Beleihbarkeit: Die Dollarschatzanweisungen werden bei den Darlehnskassen beliehen zu 60 Prozent des Börsenkurses.

Französische Soldaten einquartiert bei seinem Onkel Paul in Nieder-Olm bei Mainz

Der erste Schultag

Im Kinderauto mit seinem Vetter Helmut

*Wolf - Egon Friedrich
Baron von Schilgen
nach einem Gemälde
von Wilhelm Fresel 1927*

*Abschluss der Privatvolksschule Tübingen 1926
Wolf von Schilgen im weissen Matrosenanzug*

Das Schloss zu Münster

*Links Mutter mit Sohn Wolf - Egon,
dahinter Frau von Einem,
davor Generaloberst von Einem bei einer Parade 1925.*

*Auf der Galatabrücke in Konstantinopel
Mai 1931*

Aufnahme eines Straßenfotografen in Konstantinopel 1931

*Im Vordergrund
der Autor in Tunis
wie damals üblich,
mit Tropenhelm*

*Die
„Monte Rosa",
das Schiff
nach Afrika*

3.
DIE DIKTATUR

STAATSFORM, DIE AUF DER
UNEINGESCHRÄNKTEN MACHT EINES
EINZELNEN ODER EINER PARTEI RUHT.
HÄUFIG MIT
DEM SCHEIN DER AUFRECHTERHALTUNG
DEMOKRATISCHER EINRICHTUNGEN

1934 - 1937

Krisenzeiten erfordern besondere Maßnahmen. Zeitlich begrenzte Notgesetze waren auch in Demokratien üblich. Hitler missbrauchte sie für den Übergang in die Diktatur. Der folgende wirtschaftliche Aufschwung ließ Kritiker im In- und Ausland verstummen, zumal Diktaturen in jener Zeit nichts Ungewöhnliches waren.
Sportler der Welt trafen sich in Berlin.
Hitlers Rassenwahn war vergessen.

Nach dem Ende des ersten Weltkrieges hatten sich viele Österreicher einen Anschluss an Deutschland gewünscht. Ein Überleben des kleinen Rumpfstaates hielt man weder aus politischer noch wirtschaftlicher Hinsicht für möglich. Im Versailler Vertrag wurde jedoch ein Zusammenschluss Deutschlands mit Österreich ausdrücklich verboten, obwohl es im Gesetz über die Staats- und Regierungsform von Deutschösterreich lautet: *„Deutschösterreich ist ein Bestandteil der Deutschen Republik".*

Doch jetzt sind weder alle Deutschen noch alle Österreicher an einem Zusammenschluss übermäßig interessiert. Auch mein Vater ist ein entschiedener Gegner einer Vereinigung. Er begründet dies allerdings nur mit der Unterschiedlichkeit der Mentalität und der Lebensformen beider Völker, eine Vereinfachung dieser bedeutenden staatspolitischen Entscheidung.

Mich berühren die politischen Ereignisse nur wenig. Mein hauptsächliches Interesse ist auf das Angebot meines Vaters gerichtet, für ein Jahr die Leitung des Gutsbesitzes zu übernehmen. Ich soll lernen Verantwortung zu tragen. So stehe ich Tag für Tag im Weingarten, schneide die Reben, spritze Kupfervitriol, verstäube Schwefel und veranlasse Regulierungen, das sind Sprengungen des

steinigen Bodens für Neuanpflanzungen. Das Ergebnis ist eine hervorragende Weinernte, zumal das Wetter meinen Bemühungen entgegenkommt. Auch die Obsternte fällt gut aus. Herr Windisch, unser Nachbar - ein kleiner Weinbauer - unterstützt mich. Er soll meine Aufgaben im nächsten Jahr übernehmen, denn Vater hat für mich nicht den Beruf eines Gutsbesitzers, sondern den eines Offiziers vorgesehen.
Die Preise für den Wein sind äußerst gering. Für den Liter Schilcher, ein lichter, rosafarbener Wein, bekommt man ab „Presse" vierzig Groschen bezahlt und ab „Fass" einen Schilling. Die Keuschler (Kottenbesitzer) können mit ihren kleinen Weingärten von diesen Einnahmen nicht leben und sind auf zusätzliche Gelegenheitsarbeiten angewiesen. Wenn es ihnen gelingt, für kurze Zeit nach der Lese eine „Buschenschank" (genannt nach den vor der Haustür aufgehängten Buschen aus Weinlaub) zu eröffnen, bedeutet dies eine für sie beachtliche Zugabe.

Die Nachrichten aus Deutschland melden eine neuerliche unerfreuliche politische Entwicklung. Wegen einer angeblich geplanten Revolte wird der Stabschef der SA Ernst Röhm und andere hohe SA-Führer auf Befehl Hitlers erschossen. Dass bei dieser Gelegenheit Regimegegner wie General Schleicher und dessen Frau ermordet werden, hält die Öffentlichkeit für ein „Missgeschick", wie dies auch amtlicherseits dargestellt wird.
Viele unserer Bekannten sind geradezu begeistert, dass Hitler dem Rabaukentum der unbeliebten SA ein Ende setzt. Es erscheinen in Österreich Plakate in Form von Traueranzeigen, auf denen die Namen der Ermordeten des so genannten „Röhm-Putsches" in großen Lettern angeführt werden, um zu zeigen, wie Hitler mit seinen eigenen Leuten umgeht. Mir gelingt es so ein Plakat zu erhalten.

In diesem Jahr stirbt Reichspräsident von Hindenburg. Der Weg für Hitler ist frei. Er nennt sich als Nachfolger des Reichspräsidenten von nun an „Führer und Reichskanzler". Über seinen zukünftigen Regierungsstil lässt er eine Volksbefragung durchführen. Eine überwältigende Mehrheit stimmt der Diktatur zu, denn in Deutschland geht es, für alle sichtbar, bergauf.

Hitler beruhigt manche Zweifler im In- und Ausland mit Sätzen etwa wie: *„Die Nationalsozialistische Revolution ist abgeschlossen. Als Dauererscheinung führt sie zur Anarchie."*

Die politischen Veränderungen in Österreich lassen meinen Vater erkennen, dass seine „Flucht" aus Deutschland vor dem Trubel eines politischen Wandels nicht gelungen ist. Österreichische Arbeiter, Mitglieder des „Republikanischen Schutzbundes" erheben sich gegen den „klerikalen Austrofaschismus", wie sie das Regierungssystem nennen. Polizei, Militär und Heimwehr versuchen den Aufstand niederzuschlagen. Die klerikal-ständische Verfassung Österreichs ist autoritär. Doch schwere Zeiten verlangen eine straffe Führung, meint mein Vater.

In Österreich dringen Nationalsozialisten in das Bundeskanzleramt ein und ermorden Bundeskanzler Engelbert Dollfuß. Für meinen Vater, der sich ein Leben im friedlichen Österreich erwartet hatte, abermals eine bittere Enttäuschung.
Meine Mutter vermisst unsere westfälische Heimat, ihre Geschwister und ihre alten Bekannten, während ich mich bereits in der Steiermark heimisch fühle.

Als ich mich zufällig vor dem Gebäude der Bezirkshauptmannschaft in unserem kleinen Städtchen Deutschlandsberg befinde, vor dem zu meinem Erstaunen bewaffnete Nationalsozialisten postiert sind, gerate ich in eine bewaffnete Auseinandersetzung zwischen den Nationalsozialisten und der regierungstreuen „Heimwehr" Starhembergs. Beim Heranmarschieren einer Abteilung des Heimatschutzes entbrennt ein Gefecht zwischen den Nationalsozialisten und den Angehörigen der Heimwehr.

Ich flüchte über die Bahngeleise in einen nahen Park. Erstmals spüre ich wie es ist, einer akuten Gefahr ausgesetzt zu sein. Wie wild laufe ich einer Allee entlang, stolpere, kämpfe mich durch eine Hecke, begleitet von dem Geräusch der Schüsse, bis ich außer Reichweite der Geschosse bin.

Die politischen Verhältnisse in Österreich ändern sich. Nachfolger von Kanzler Dollfuß wird Kurt von Schuschnigg. Er gründet die „Vaterländische Front" und versucht den Nationalsozialismus durch die Wiedereinsetzung der gestürzten Habsburg-Dynastie auszuschalten (Legitimismus). Seine Bemühungen scheitern. Doch sein politischer Führungsstil unterscheidet sich von dem seines Vorgängers vorteilhaft.

In Europa entstehen immer mehr Diktaturen, so wird in Lettland ebenfalls eine autoritäre Regierung gebildet.

*

Nach wie vor besteht mein Vater darauf, dass ich eine militärische Laufbahn einzuschlagen habe. So wähle ich als Waffengattung die Luftwaffe. Neben der „Offiziers-Tauglichkeitsprüfung" habe ich zusätzlich eine „Flieger-Tauglichkeitsprüfung" in meiner Geburtsstadt Münster abzulegen. Bei meinem Onkel Franz kann ich wohnen, dem jüngsten Bruder meines Vaters, zu dieser Zeit Oberst der Luftwaffe.

Für sich sehr sparsam, hat mich mein Vater für die Reise großzügig mit Geld versorgt. Da Karnevalszeit ist, bleibe ich einen Tag in München, um beim lustigen Treiben mitzumachen. Weiter geht es über Köln - der Hochburg des Karnevals, wo ich zwei Tage verbringe - bis nach Münster. Hier wird der Karneval mit großer „Ernsthaftigkeit" begangen. In den Geschäften sind die Verkäufer maskiert, sogar der Bürgermeister nimmt die Amtshandlungen gelegentlich kostümiert vor.

Als Gastgeschenk bringe ich meinem Onkel Franz ein, wie ich meine, interessantes Geschenk mit, nämlich das österreichische Plakat mit den Todesanzeigen der ermordeten SA-Führer sowie des Generals Schleichers und seiner Frau. Mein Onkel ist entsetzt mich im Besitz eines in diesen Zeiten in Deutschland, seiner Meinung nach, gefährlichen Dokumentes zu wissen und rät mir, das Plakat sofort zu vernichten. Es herrsche hier eine Diktatur, die mit dem verhältnismäßig harmlosen Austrofaschismus in Österreich nicht zu vergleichen sei.

Ich halte ihn für überängstlich.

Mein Prüfungstermin wird verschoben. Für mich eine kleine Katastrophe, da meine Finanzen durch die Karnevalseskapaden ziemlich geschrumpft sind. Daher bewerbe ich mich bei einem Bergwerksunternehmen, um als Bergmann auf begrenzte Zeit zu arbeiten. Ich werde als zu jung für diese Arbeit abgelehnt, doch man gibt mir den Rat, es bei einer Holzfällerfirma zu versuchen. Dort stellt man mich für eine Akkordarbeit ein. Ein erfahrener Holzfäller werde mich von der Wohnung meines Onkels abholen, um mich in den „Busch" mitzunehmen.

Die westfälischen Wälder gleichen einem Urwald aus riesigen Eichenbäumen. Dass ich keine Ahnung von dieser Arbeit habe, scheint niemanden zu stören. Die dafür notwendige Kraft traut man mir zu, trotz meiner erst 17 Jahre. Tags darauf, noch beim Frühstück mit Onkel, Tante und den Kindern Ann und Ernst, meldet das Dienstmädchen, dass ein wild aussehender Bursche vor der Tür stehe, der mich abholen wolle. Ich erkläre meinem überraschten Onkel die Umstände. Mein Entschluss gefällt ihm und er lässt mich ziehen. Die Arbeit ist hart. Nach zwei Tagen sind die Innenflächen meiner Hände blutig. Ich arbeite weiter, denn diese Tätigkeit wird gut bezahlt und ich kann meine Reisekasse wider erwarten gut auffüllen. Doch nach einer Woche kann ich weder Säge noch Axt halten. Rasch finde ich eine neue Tätigkeit auf einem großen bäuerlichen Anwesen. Frühmorgens frühstücke ich mit den Knechten. Es gibt den in Fett herausgebackenen Pumpernickel mit Speck. Den Tag verbringen wir auf den Feldern und abends sitze ich mit dem Gesinde vor dem Kamin, der mit blauen holländischen Kacheln umrahmt ist und in dessen geschwärztem Rauchfang große Schinkenkeulen hängen. Die Mägde spinnen an ihren Spinnrädern und singen dazu. Das „Arbeitsbuch", das man damals haben musste, besitze ich heute noch.

Endlich erhalte ich die Termine zu den zwei Prüfungen. Die Flieger-Tauglichkeitsprüfung bestehe ich mit Erfolg, bei der Offiziers-Tauglichkeitsprüfung falle ich mit „Bomben und Granaten" durch. Später erfahre ich von meinem Onkel, dass meine Eigenwilligkeit und die Eigenschaft, mich nicht unterordnen zu wollen, dafür verantwortlich waren. Charaktereigenschaften, die für einen Beruf, der bedingungslosen Gehorsam verlangt, völlig ungeeignet erscheinen.

Jahre später schickt man mich dennoch auf die Luftkriegsschule (Offiziersschule) nach Dresden-Klotsche.

In diesem Jahr wird die Hakenkreuzfahne zur alleinigen Reichsflagge Deutschlands erhoben. Mein Vater, im Herzen immer noch Monarchist, hat schon die republikanische „schwarz-rot-goldene" Flagge als „Vereinsfahne" bezeichnet, ebenso jetzt die Hakenkreuzfahne, welche aussieht wie die Armbinden der SA oder der SS. Ihn stört, bei aller Anerkennung des überwältigenden wirtschaftlichen Aufbaues in Deutschland, die politische Durchdringung des Alltags. Allerdings nimmt er patriotisch zur Kenntnis, dass das Saarland wieder zu Deutschland kommt. 91% der Saarländer haben für den Anschluss gestimmt. Die Wahl unterstand einer internationalen Kontrolle.

Wieder zurück in Graz, wo ich meine Maturaprüfungen (Prüfungen zum Abitur) abzulegen habe, bildet sich die Mähr, ich sei anlässlich meiner Offiziersprüfung Leutnant geworden und das mit siebzehn Jahren! Mein Versagen bei der Prüfung erwähne ich nicht und meiner Beteuerung, ich sei kein Offizier, schenkt man keinen Glauben. Man vermutet, dass ich schweige, um nicht als aktiver deutscher Offizier in Österreich Schwierigkeiten zu bekommen. Bei der Witwe Flick, einer liebenswürdigen älteren Dame, finde ich Unterkunft. Sie bietet mir ein Zimmer an, durch das allerdings ein zweiter Untermieter durchgehen muss, um in das seine zu gelangen. Dennoch ist diese Unterkunft beinahe standesgemäß, denn in Zeitungen kann man zahlreiche Inserate finden, durch die „Bettburschen" gesucht werden. Darunter versteht man die Vermietung eines Bettes für die Nacht, ohne Tagesaufenthalt. Frau Flick versorgt mich mit einfacher steirischer Hausmannskost. Oft gibt es das Nationalgericht der Steirer, den Sterz, der aus Maismehl hergestellt wird. Meine nächste Zeit gilt der Vorbereitung auf die Matura. Als Externist muss ich für jedes Fach eine Prüfung ablegen. Vor jeder Prüfung fahre ich nach Hause, schließe mich im Turmzimmer ein und lerne Tag und halbe Nächte.

Die wirtschaftlichen Verhältnisse in Deutschland entwickeln sich so überraschend gut, dass man in Österreich vom „Deutschen

Wirtschaftswunder" spricht. So erfolgen auch bei der Einführung der „Nürnberger Gesetze" keine energischen Gegenreaktionen, weder in Deutschland noch im Ausland. Jüdische Mitbürger dürfen ab nun nicht mehr Reichs- und Gemeindebürger sein, Eheschließungen zwischen Ariern und Juden, Zigeunern und Negern sind durch das „Blutschutzgesetz" verboten. Die Nationalsozialisten berufen sich auf ähnliche Gesetze aus früherer Zeit. Mein Vater, der Hitler sehr kritisch beurteilt, sagt: *„Dieser Mann ist gefährlich."*

In Deutschland wird die allgemeine Wehrpflicht eingeführt, die auch mich betrifft, da ich deutscher Staatsbürger bin. Ebenso wird die zivile Bevölkerung altersmäßig militärisch organisiert in „Jungschar", „Hitler-Jugend", „NS-Frauenschaft", in Motor- und Reiterverbände, SA, SS und in viele andere Organisationen.

Im Kino erlebe ich durch die „Wochenschau", wie 52 000 Angehörige des Reichs-Arbeitsdienstes unter dem Motto „Triumph des Willens" aufmarschieren. Sie präsentieren ihre Spaten, die in der Sonne blitzen. Ein überwältigender Anblick und es bedarf keiner Gehirnwäsche, um nicht beeindruckt zu sein. Die Aussicht, dass auch ich in wenigen Jahren auf Grund der Arbeitsdienstpflicht für ein halbes Jahr dazu gehören werde, begeistert mich allerdings wenig.

In Portugal wird ebenfalls eine faschistische Verfassung eingeführt und in Belgien die faschistische Red-Partei gegründet. Auch Jugoslawien befindet sich auf dem Weg in einen faschistischen Staat. In Moskau finden große politische Schauprozesse statt. Sie bedeuten nichts anderes als die Liquidierung der leninistisch-bolschewikischen „Alten Garde" durch Stalin. Polen, welches seit 1926 eine Diktatur ist, verfestigt diese in der Verfassung

Die österreichischen Nationalsozialisten, deren Partei verboten ist, geben sich durch das Tragen von weißen Stutzen (Halbstrümpfe) zur Lederhose, als solche erkennbar. Daraufhin verbietet die österreichische Regierung weiße Stutzen zu tragen. In meinen Augen und in denen meiner Grazer Freunde ist eine solche Anordnung lächerlich und reif für einen „Schabernack".

„Du bist doch Reichsdeutscher", sagen meine Freunde, unter ihnen auch zwei jüdische, *„dir können sie nichts anhaben. Zieh du die Stutzen an und dann gehen wir gemeinsam über den Bummel und warten ab, was geschieht."*

Also marschiere ich in Lederhose und weißen Stutzen, zum Gaudium der Studenten, durch die Allee vom Bismarckplatz bis zur Oper, in Graz „Bummel" genannt, in der Hoffnung, dass ein Polizist auftaucht. Wir müssen nicht lange warten. Er lächelt nachsichtig und sagt: *„Kommen Sie einmal mit."*

Auf der Polizeidirektion werde ich einvernommen. Nach der Feststellung, dass ich „Reichsdeutscher" bin, entlässt man mich mit dem Hinweis, derartigen Unfug in Zukunft zu unterlassen. Woran ich mich halte.

Meine Studienfortschritte scheinen den Erwartungen meiner Eltern nicht zu entsprechen. Eine Maturaschule, die ich abends besuche sowie mein Hauslehrer Dr. Liebenwein sollen Abhilfe schaffen. Gleichzeitig übersiedle ich in die Villa des Grafen Spiegelfeld. Hier lebt man noch nach alter Tradition. Diener Franz bringt mir das Frühstück auf das Zimmer und häufig auch das Abendessen, wobei er hinter meinem Stuhl stehen bleibt, um „nachzuservieren". Mich macht das nervös und ich bitte ihn, mich alleine essen zu lassen. Später stelle ich fest, dass er vor der Türe wartet, um möglichen Befehlen meinerseits sogleich nachkommen zu können. Die Maturaprüfungen, die ich als Externist für die einzelnen Fächer abzulegen habe, bestehe ich, die Noten fallen bescheiden aus. Bei meinen „Intensivstudien" jeweils kurz vor den Prüfungen, war nicht mehr zu erwarten. Auf unserem Ansitz in Deutschlandsberg werde ich trotzdem feierlich empfangen. Mein Vater hält eine kleine Ansprache und verkündet, dass ich „so oder so" Offizier werden müsse. Er ahnt nicht, dass mein Berufswunsch sich unterdessen geändert hat. Ich habe zu schreiben begonnen. Einige Zeitungen veröffentlichen bereits meine Artikel und nichts scheint mir erstrebenswerter, als Schriftsteller zu werden. Mein Vater ist einverstanden, dass ich bis zu meiner Einberufung zum Militärdienst in Graz mit dem Studium der Germanistik beginne. Als außerordentlicher Hörer besuche ich auch die medizinische Fakultät, da ich der Meinung bin, dass Geist und Körper eine Einheit bilden.

Nach einer kurzen Mitgliedschaft bei einer „schlagenden" Studentenverbindung, den Taurisken, wechsle ich zum „Österreichisch-Ausländischen Studentenklub", der in der eleganten Elisabethstrasse im repräsentativen Palais Bruselle logiert. Den Ehrenschutz des Klubs hat der steirische Landesstatthalter und Landesführer des Heimatschutzes, Barthold Graf Stürgkh inne, seine Eminenz Kardinal Innitzer ist Ehrenpräsident. Meine Freunde im Klub sind unter anderen Erwin Martischnigg, ein späterer Primararzt und Fritz Mühlbacher, der als Jurist nach dem Krieg zeitweise Berater des Papstes und später Industrieller in Italien wird. Ein weiterer Freund ist Viktor Loewi, der Medizin studiert, er ist der Sohn des Physiologen und Pharmakologen, Nobelpreisträger Professor Dr. Otto Loewi. Auch Käthe Erlacher, eine hochintelligente Medizinstudentin, Tochter eines Universitätsprofessors und sehr bekannten Mediziners ist Mitglied des Clubs. Sie wird meine erste Liebe.

Durch ein deutsch-österreichisches Abkommen, das unter anderem die Auflösung der Heimwehr fordert, wird der Nationalsozialismus in Österreich gestärkt. Auf der Universität bemerke ich zahlreiche illegale Anhänger der Nationalsozialisten. Sogar Käthes Bruder ist Mitglied der illegalen Hitlerjugend geworden, allerdings weiß er nicht, dass seine Mutter Halbjüdin ist.

Im selben Jahr beginnt in Spanien ein Bürgerkrieg zwischen General Franco und der kommunistischen Volksfront, die sich mit Hilfe der Sowjetunion gebildet hat. Hitler schickt zur Unterstützung Francos einen Teil der neuen deutschen Luftwaffe, die sich „Legion Condor" nennt, nach Spanien. In Europa breitet sich der Kommunismus weiter aus. In Frankreich erhalten sie anstelle von bisher 10 Sitzen im Parlament, 72 Sitze. In Griechenland wird unter General Metaxa eine diktatorisch geführte Regierung gebildet.

In unserem Club gibt es jedoch nur ein Tagesgespräch, die Olympiade in Berlin 1936. Hitler benützt sie zu einem riesigen Propagandaspektakel. Der „Reichsbühnenbildner" hat die Berliner Prachtstrasse „Unter den Linden" in einen Fahnenwald verwandelt, der durch die ganz Stadt bis hin zum Olympiastadion reicht. Die

Eröffnung der Spiele findet mit einem Festgottesdienst im Berliner Dom statt.

Die bekannte deutsche Regisseurin und Schauspielerin Leni Riefenstahl wird beauftragt, einen Film über die Olympiade zu drehen, der ein unglaublicher Erfolg wird. In einer Filmsequenz ist Hitler zu sehen wie er, gleich einem römischen Kaiser bei Gladiatorenkämpfen, hoch oben auf einer Tribüne steht. Die vorbeimarschierenden Athleten aus aller Welt grüßen ihn mit erhobenem rechtem Arm. Als auch die französische Mannschaft Hitler mit dem Gruß der Nationalsozialisten begrüßt und die Fahnen vor ihm senkt, bricht ein unbeschreiblicher Jubel im Stadion aus. Lediglich die britische und japanische Mannschaft ersetzen den „Hitler-Gruß" durch Winken. Der deutschen Mannschaft gelingt es die meisten Medaillen zu erringen, Österreichs Sportler erkämpfen 13 Medaillen. Das Selbstbewusstsein der Deutschen wächst. Auch wir in Graz gewinnen den Eindruck, dass die Welt Hitler akzeptiert.

Im Laufe des Jahres 1936 wird der Kreis meiner Bekannten, die einen Anschluss Österreichs an Deutschland befürworten, immer größer, dies auch ohne Anhänger des Nationalsozialismus zu sein. In der verstärkten Propaganda der Nazis sieht die österreichische Bundesregierung eine Gefahr. Der österreichische Bundeskanzler Kurt von Schuschnigg bittet daher den italienischen „Duce" Mussolini um Unterstützung gegen die Wühlarbeit der NSDAP. Mussolini, der zuvor auf Österreichs Seite stand, lehnt ab. Das Verhalten des Auslands vermittelt uns den Eindruck, dass man sich mit der Diktatur Hitlers abgefunden hat.

In Graz besuchen Käthe und ich indessen Kabaretts, Theateraufführungen, Konzerte, betreiben viel Sport. Wir tanzen in renommierten Nachtklubs. Die Herren tragen Smoking, die Damen elegante Cocktailkleider. In den gutbürgerlichen Kreisen, in denen wir uns bewegen, verläuft das Leben in fast normalen Bahnen. Bis eines Tages im Studentenklub ein Mann anruft, der mich persönlich unter vier Augen zu sprechen wünscht. Neugierig geworden schlage ich als Treffpunkt das Kaffee Thalia vor. Dort finde ich ihn in Begleitung eines weiteren Herrn. Es stellt sich heraus, dass es sich um zwei illegale österreichische SS-Männer handelt. Ein mir „wohlgesinnter" Kommilitone hätte sie auf meine Verbindung zu Käthe Erlacher, die Jüdin sei, aufmerksam gemacht. Wütend antworte ich: *„Erstens ist Fräulein Erlacher nach Ihren Vorstellungen keine Jüdin, da Vierteljüdin. Zweitens, auch wenn sie Volljüdin wäre, mein Privatleben geht Sie nichts an."* Tatsächlich höre ich nichts mehr von ihnen. Käthe verschweige ich meine Begegnung. Ich möchte sie nicht beunruhigen.

Hitlers Rassenwahn erregt im Club Heiterkeit. Eines Abends liest Viktor Loewi einen Bericht aus einer deutschen Zeitung vor, der sich auf einen aus dem 19. Jahrhundert stammenden Artikel beruft:
„Das deutsche Volk setzt sich aus den westlichen alpinen, mediterranen, dinarischen, baltischen, fälischen und vor allem nordischen Rassen zusammen. Die nordische Rasse ist langköpfig, blauäugig und blond.
Ihr muss, ebenso wie der ihr am nächsten stehenden Rasse, der fälischen, der Vorzug gegeben werden, da sie den schöpferischen Geist des deutschen Volkes repräsentieren."
Viktor meint: *„Ich möchte gerne wissen, was die anderen Deutschen dazu sagen, die nicht diesen beiden vollkommenen Rassen angehören. Da wird aber der große Führer selbst in Schwierigkeiten geraten, besonders sein Minister Goebbels."*

Käthe fährt mit ihren Eltern zu den Festspielen nach Salzburg. Diese finden international große Beachtung. Die italienische Kronprinzessin, Mitglieder der Windsor-Familie aus England, die Mutter des amerikanischen Präsidenten und viele Prominente aus dem In- und Ausland nehmen daran teil.

Neben meinem Studium betätige ich mich als Skilehrer in der Skischule Kickel. Bei einer Ski-Tour ziehe ich mir eine schwere doppelseitige Lungen- und Rippenfellentzündung zu. Zwar hat Alexander Fleming das Penicillin bereits 1928 erfunden, aber bei uns wird es noch nicht eingesetzt. Mit Hilfe eines jüdischen Arztes und dank meiner robusten Natur, erhole ich mich von dieser lebensbedrohenden Erkrankung relativ rasch.

1938

„Heim ins Reich!", das wollten die Österreicher bereits nach dem ersten Weltkrieg. Sie durften es nicht. Jetzt war es so weit. Von vielen bejubelt. Österreich wurde zur deutschen Ostmark. Und das Ausland bestätigte es. Das österreichische Volk uniformiert sich. Vom Kind bis zum Greis.
Manche verließen das Land. Wichen der Gewalt, die sich gegen sie richtete. Gewalt gegen die jüdische Bevölkerung, Gewalt gegen Kommunisten, Roma und Sektierer. Gewalt gegen jene, die sich nicht umarmen ließen und die ahnten, wohin der Weg führte. Es waren wenige. Und wenige waren es, die ihren Mitbürgern halfen, die in Not gerieten.

Als wir erfahren, dass der österreichische Bundeskanzler Dr. Kurt von Schuschnigg Hitler in Berchtesgaden aufgesucht hat, ist mein Vater zutiefst beunruhigt. Er erkennt die Gefahr, die Österreich droht. Er will nicht „heim ins Reich", wie es jetzt heißt, dieses „Reich" das er bewusst verlassen hatte.

Unter vorgehaltener Hand geht das Gerücht, Hitler habe sich Schuschnigg gegenüber wie ein Vorgesetzter benommen, der einen Untergebenen zum Befehlsempfang zu sich befohlen hat.

Dem österreichischen Außenminister Guido Schmidt, einem außerordentlich geschickten Diplomaten, den deutschen Verhandlungspartnern weit überlegen, sei es jedoch gelungen, die Forderungen Hitlers auf jene Konzessionen zu reduzieren, die Österreich zu akzeptieren bereit war. Als Folge dieser Gespräche wird der Österreicher Arthur Seyss-Inquart, der den Nationalsozialisten nahe steht, als Innen- und Sicherheitsminister akzeptiert. Man sieht die Verhandlungen vom 12. Februar 1938 noch als Anerkennung der österreichischen Souveränität an.

Dennoch: Deutsche Truppen marschieren an Österreichs Grenzen auf, um, wie es heißt, die Vereinbarungen zwischen Deutschland und Österreich zu sichern. Die österreichische Regierung ordnet jedoch eine Teilmobilmachung an, um seine Grenzen zu schützen. Heer und Polizei sind von den Nationalsozialisten bereits unterwandert. Viele der österreichischen Soldaten tragen Hackenkreuzbinden. Die politische Situation spitzt sich zu. Seyss-Inquart drängt darauf, Österreichs Bundeskanzler zu werden, Bundespräsident Miklas weigert sich ihn zu berufen. Als Schuschnigg eine Volksbefragung über *„ein freies und deutsches, unabhängiges und soziales, für ein christliches und einiges Österreich"* erwägt, lässt Hitler seine Truppen in Österreich einmarschieren. Am 11. März tritt Schuschnigg zurück und Seyss-Inquart wird Bundeskanzler. Das österreichische Bundesheer erhält den Befehl, sich zurück zu ziehen. Militärischer Widerstand ist auf Grund der Truppenstärke der Deutschen nicht möglich und hätte nur sinnloses Blutvergießen bedeutet.

Zusammen mit meinen Eltern höre ich im Radio die Worte eines zutiefst erschütterten Bundeskanzlers: *„Der Herr Bundespräsident beauftragt mich, dem österreichischen Volk mitzuteilen, dass wir der Gewalt weichen."* Er schließt mit den Worten: *„So verabschiede ich mich in dieser Stunde von dem österreichischen Volk mit einem deutschen Wort: GOTT SCHÜTZE ÖSTERREICH!"*

Am 12. März 1938 verliest Reichspropagandaminister Joseph Goebbels folgendes Führermanifest:
*„Deutsche! Mit tiefem Schmerz haben wir seit Jahren das Schicksal unseres Volkes in Österreich erlebt. Eine ewige geschichtliche Verbundenheit, die erst durch das Jahr 1866 gelöst wurde, fügt Österreich seit jeher ein in die deutsche Volks- und Schicksalsgemeinschaft. Das Leid, das diesem Lande zugefügt wurde, empfanden wir als unser eigenes, so wie wir umgekehrt wissen, dass für Millionen Deutschösterreicher das Unglück des Reiches die gleiche Ursache der gleichen Bekümmernis und Teilnahme war.
Panzertruppen, Infanteriedivisionen und die SS-Verbände auf der Erde und die deutsche Luftwaffe am blauen Himmel werden – selbst gerufen von der neuen, nationalsozialistischen Regierung in Wien - Garant dafür sein, dass dem österreichischen Volk nunmehr endlich in*

kürzester Frist die Möglichkeit geboten wird, durch eine wirkliche Volksabstimmung seine Zukunft und damit sein Schicksal selbst zu gestalten. Hinter diesen Verbänden aber steht der Wille und die Entschlossenheit der ganzen deutschen Nation! Ich selbst als Führer und Kanzler des deutschen Volkes werde glücklich sein, nunmehr wieder als Deutscher und freier Bürger jenes Land befreien zu können, das auch meine Heimat ist. Die Welt aber soll sich überzeugen, dass das deutsche Volk in Österreich in diesen Tagen Stunden seligster Freude und Ergriffenheit erlebt. Es sieht in den zu Hilfe kommenden Brüdern die Rettung aus tiefster Not.
Es lebe das nationalsozialistische Deutsche Reich! Es lebe das nationalsozialistische Österreich!"
Adolf Hitler

Der Anschluss wird am 13. März 1938 vollzogen. Am 15. März 1938 jubeln auf dem Heldenplatz in Wien tausende Menschen Adolf Hitler zu. Für viele ist der Anschluss eine logische Folge der am 12. November 1918 ausgerufenen Republik „Deutsch-Österreich". Denn im Absatz 2 AS des Gesetzes über die Staats- und Regierungsform stand: *„Deutsch-Österreich ist ein Bestandteil der Deutschen Republik"*. Erst später wurde auf Druck der Entente (Tschechoslowakei, Rumänien, Jugoslawien) im Friedensvertrag von Saint Germaine vom 21. November 1919 der Name auf „Republik Österreich" geändert.

Gespannt beobachten wir die Reaktion des Auslandes. Frankreich und England schicken Protestschreiben, doch aus Italien erfolgt keine Reaktion. Englands Unterstaatssekretär im Foreign Office, Sir Alexander Cadogan zeigt ein gewisses Verständnis für den Anschluss. Er bezieht folgende Stellung zum Verbot, welches im Versailler Vertrag festlegt, dass Österreich und Deutschland sich nicht zusammenschließen dürfen:

„*Ich sage Unrecht* (Verbot des Zusammenschlusses), *weil die Klauseln der Friedensverträge, die die österreichische Unabhängigkeit gewährleisten sollen, ehrlich gestanden nicht von irgendwelchen erhabenen, uneigennützigen Motiven herrührten. Österreich war keiner unserer tapferen Verbündeten. Ganz im Gegenteil: durch seine Ungeschicklichkeit hat uns Österreich in den Krieg von 1914 gestürzt."*

Am 10.4.1938 lässt Hitler durch eine Volksabstimmung den Anschluss billigen. Da dieser auch völkerrechtlich anerkannt wird, sind auch die Zweifler an der Rechtmäßigkeit des Anschlusses beruhigt.

*

Mich hält es nicht länger zu Hause. Ich will in Graz „hautnah" mit meinen Freunden die neuen Verhältnisse erleben. Überall herrscht Aufbruchsstimmung. Käthe holt mich vom Grazer Hauptbahnhof ab. Es herrscht ein reges Treiben. Auch Herrn Spitz, den jüdischen Inhaber des großen Schuhhauses „Stiefelkönig", treffen wir hier. Er macht einen derart niedergeschlagenen Eindruck auf mich, dass ich seinen Namen bis heute nicht vergessen habe. In diesem Augenblick verlässt er, wie so viele andere, Österreich für immer. Meine Freundin erzählt mir, dass in den letzten zwei Wochen viele ihrer jüdischen Freunde, Kaufleute, Anwälte und Ärzte sich ins Ausland abgesetzt hätten. Sie hält dies für eine Überreaktion. In der Wohnung ihrer Eltern arbeiten wir an einer Rede über die gemeinsame Geschichte von Österreich und Deutschland, die ich auf Bitten des Generalkonsuls des Deutschen Reiches, Dr. Drubba vor den Mitgliedern des „Bund der Reichsdeutschen" halten soll. Ich habe keine Bedenken diese Rede zu halten, weiß ich doch, dass der Zusammenschluss beider Staaten bereits nach dem ersten Weltkrieg ein Wunsch vieler Staatsbürger war.
Die Stimmung in unserem Studentenklub ist gedrückt. Viktor Loewi ist verhaftet worden. Wir wissen, dass er Jude ist, einen Grund für seine Verhaftung können wir nicht erkennen. Immerhin üben viele jüdische Mitbürger noch ihre Berufe aus. Viktors Vater, Universitätsprofessor Dr. Otto Loewi war in eine so genannte Schutzhaft genommen worden, aus der er bald wieder frei kam. Er wanderte umgehend nach London aus.
Ich möchte Viktor helfen. Aus der Zeit in Deutschlandsberg kennen meine Eltern und ich einen Gendarmeriebeamten, einen freundlichen und sehr hilfsbereiten Mann. Im März 1938 stellt sich heraus, dass dieser Mann ein illegaler Nationalsozialist war. Meinen Eltern erklärt er stolz, zur Polizeidirektion nach Graz versetzt worden zu sein und zwar zur GESTAPO, der geheimen Staatspolizei. Ihn rufe ich an, um

für Viktor einen Freigang unter meiner Begleitung zu erwirken. Mein Plan ist es, ihn an die Schweizer Grenze zu begleiten und zu behaupten, er wäre ohne mein Wissen geflüchtet. Meine Freunde halten mein Vorhaben für undurchführbar. Mein Anruf bei unserem Gestapobeamten verläuft ergebnislos. Viktor sei verlegt worden heißt es, den Aufenthalt könne man mir nicht mitteilen. Hilfe erhoffe ich auch von dem deutschen Generalkonsul Dr. Drubba zu bekommen. Dieser spricht von Übergriffen und davon, dass, soweit ihm bekannt sei, alle bislang Verhafteten freigelassen worden wären. Ich habe den Eindruck, dass er es vermeiden will, sich in die Angelegenheit einzumischen. Er erwähnt den Namen Hess. Rudolf Hess ist mir aus den Zeitungen als ausgleichende und einflussreiche Persönlichkeit bekannt, außerdem ist er in München, in erreichbarer Nähe. Im deutschen Generalkonsulat lässt man mich mit dem Büro Hess telefonieren und ich erhalte überraschenderweise einen Termin.
Rudolf Hess residiert in München im „Barlow Palais". Durch Anbauten erweitert, wird man es später das „Braune Haus" nennen. Man führt mich umgehend in das Arbeitszimmer von Hess, dem Reichsminister „ohne besondere Aufgaben". Er begrüßt mich mit Handschlag und macht auf mich einen sympathischen Eindruck. Ich berichte ihm, dass mein Freund und Kommilitone, der Medizinstudent Victor Loewi verhaftet worden sei, den ich als völlig unpolitischen Menschen kenne. Meine Freunde und ich würden annehmen, dass er nur deshalb verhaftet worden sei, weil er Jude ist. Hess lächelt und versichert mir, dass meinem Freund nichts geschehen werde. Wo gehobelt wird, so meint er, fallen Späne. *„Lassen Sie seine Adresse hier. Ich werde mich um ihn kümmern. Was haben Sie in Zukunft vor?"*
„Ich werde in drei Wochen zum Reichsarbeitsdienst eingezogen und möchte anschließend zur Luftwaffe, um Flugzeugführer zu werden."
Er wünscht mir viel Erfolg. Ich bin entlassen. Ein Gefühl der Unsicherheit und Skepsis bleibt. Viktors Schicksal ist ungewiss. Bisher war ich noch immer der Meinung, dass sich diese Ariertümelei, wie ich sie nenne, legen werde. Meine Sicht der politischen Entwicklung beginnt sich zu ändern.

Drei Wochen später bekomme ich den Stellungsbefehl zum Reichsarbeitsdienst. Käthe begleitet mich eine kurze Strecke lang auf meiner Bahnfahrt ins Arbeitsdienstlager ins deutsche Weismain. Im Lager werde ich zunächst „eingekleidet" und erhalte eine Hakenkreuzarmbinde. Bereits am nächsten Tag marschieren wir „neuen Arbeitsmänner" unter einem Vormann, der dem militärischen Rang eines Gefreiten entspricht, auf ein trostloses Feld, durch das sich ein tiefer Graben zieht. Unsere Aufgabe ist es, den Graben weiter zu schaufeln. Nicht nur mich, der ich von Deutschlandsberg her an landwirtschaftliche Tätigkeiten gewöhnt bin, sondern auch meine Kameraden strengt diese Art der Grabung erheblich an. Ich ruhe mich aus. *„Worüber denken Sie nach?"*, ruft der Vormann.

Tatsächlich denke ich darüber nach, was ich unternehmen könnte, um mich dieser Art Arbeit zu entziehen. Bereits einige Tage später habe ich Glück. Beim morgendlichen Appell wird gefragt, wer Medizin studiert habe. Ich vergesse die mir mitgegebene Regel meines Vaters, sich niemals freiwillig zu einer Aufgabe zu melden, da die „Freiwilligkeit" meist mit einer Gefahr verbunden sei.

„*Ich!*", rufe ich, eingedenk meines nicht ins Gewicht fallenden Studiums als außerordentlicher Hörer der medizinischen Fakultät in Graz. Schließlich wurde nicht nach einem Arzt gefragt.

Im Lager befindet sich eine so genannte „Heilstube", die aus einem Behandlungsraum und zwei Krankenzimmern besteht. „Chefarzt" ist ein Angehöriger des Arbeitsdienstes, mit der Bezeichnung „Heilgehilfe". Falls ein Patient tatsächlich der Hilfe eines Arztes bedarf, ist dieser aus dem nahe gelegenen Ort hinzuzuziehen. Meine Haupttätigkeit als Heilgehilfe besteht darin, Verletzungen zu behandeln und die Blasen an den Füßen meiner Kameraden aufzuschneiden, die sie sich in Folge langer Fußmärsche zuziehen. Der Reichsarbeitsdienst verpflichtet nicht nur zur Arbeit, sondern auch zu einer militärischen Vorschule. Ich selbst bin von solchen Märschen befreit.

Als ein Kamerad mit einem geschwollenen und gelblich gefärbten Unterschenkel eingeliefert wird, rufe ich den zuständigen Arzt an. Er verschreibt lediglich Umschläge. Doch das Bein schwillt weiter an und ich erkenne, dass es sich um eine Phlegmone, eine Zellgewebsentzündung, handeln muss. Ohne den Arzt nochmals zu Rate zu ziehen, veranlasse ich die umgehende Einlieferung des Patienten in ein Krankenhaus. Meine „Diagnose" wird dort als richtig bestätigt. Von meinen Vorgesetzten werde ich mit viel Lob bedacht. Über meiner Uniform trage ich jetzt einen weißen Mantel. Niemand erhebt Einspruch, im Gegenteil, sogar Feldmeister, der Rang entspricht dem eines Offiziers, vertrauen sich nun meinen „medizinischen Kenntnissen" an. Bei aller Anerkennung ist mir diese Tätigkeit auf Dauer lästig. Als beim Abendessen gefragt wird, wer Musik spielen könne – hebe ich abermals meine Hand.

Man versetzt mich nach Kulmbach zum Gruppenspielmannszug. Ich hatte zwar angegeben, dass ich trommeln könne, jedoch beschränkt sich diese Fähigkeit lediglich auf den Preußischen Grenadiermarsch, den mir mein Vater als Kind auf einer Militärtrommel beigebracht hatte. Die Prüfung der Aspiranten findet im Turnsaal des Arbeitsdienstlagers statt. Der Spielmannszugführer, im Range eines Truppführers, der dem Dienstgrad eines Unteroffiziers der Wehrmacht entspricht, drückt jedem Prüfling zwei Trommelstöcke in die Hand, damit dieser auf einem hölzernen Schemel sein Können durch ein von ihm selbst gewähltes Stück beweisen soll. Ich beobachte, wie die Unbegabten nach links zu treten haben und die Könner rechts Aufstellung nehmen müssen. Mir ist nach den Leistungen meiner Vortrommler nicht sehr wohl zu Mute. Als ich an die Reihe komme, klingt mein Trommeln nicht nur in meinen Ohren erbärmlich, zumal ich den Grenadiermarsch nur zur Hälfte in Erinnerung habe. Der Spielmannszugführer sieht mich zunächst sprachlos an. Dann kommt seine Frage: *„Warum zum Teufel, haben Sie sich gemeldet?"*
„Ich habe von meinem Vater das Trommeln gelernt. Ich trommle gerne."
„Dacht' ich's mir", sagt er und ich fürchte, dass meine Frechheit mir Schwierigkeiten bereiten wird. *„Rechts raus!"*
Ich glaube meinen Ohren nicht zu trauen. Ich bin angenommen. Vielleicht ist es Sympathie oder der Glaube an mein noch unausgebildetes Talent.
In den nächsten Wochen trommeln wir stundenlang in der Turnhalle auf Holzschemeln. Zusätzlich erlerne ich das Trompetenblasen. Alle meine Kameraden sind Berufsmusiker, ich dagegen kenne keine einzige Note. Verzweiflung und Eitelkeit treiben mich dazu, meine Aufgaben so gut wie die anderen zu erfüllen. Unser erster öffentlicher Auftritt erfolgt zusammen mit dem Musikzug. Vorweg marschiert der Spielmannszugführer mit dem Tambourstock, dann wir Trommler und

die Flötisten. Klatschend steht die Bevölkerung von Kulmbach am Straßenrand. Ich denke daran, was mein Vater dazu sagen würde. Zu weit entfernt ist diese Tätigkeit von der eines Generalfeldmarschalls, als den er mich gerne sehen würde.

Die Lagerleitung lädt zu einem Tanzabend ein. „Schnucki", ein Mädchen aus dem nahe gelegenen Arbeitsdienstlager für „Arbeitsmaiden" wird meine Tanzpartnerin. Sie kommt aus Südafrika. Ihr Vater ist Besitzer einer Diamantmine. Als überzeugte und begeisterte Nationalsozialistin kam sie freiwillig nach Deutschland zum Dienst im Reichsarbeitsdienst.

Eines Tages, ich bin bereits ausgebildeter Trommler und Tompeter, wird der beste Trommler aus den verschiedenen Spielmannszügen gesucht. Er soll der Wache vor dem Schloss in Würzburg, dem Sitz des Generalarbeitsführers, als „Gaustabstrommler" zugeteilt werden, um dort täglich den Generalmarsch zu trommeln. Die Wahl fällt, zu meinem größten Erstaunen, auf mich. Tagtäglich trommle und trompete ich von nun an auf dem Schlossplatz, freundlich bedankt von Generalarbeitsführer Heinrici, ein General aus dem ersten Weltkrieg und den klatschenden Zuschauern. Doch plötzlich tritt Unerwartetes ein – ich bin stumm. Man liefert mich in ein Krankenhaus ein. Dort stellt man Stimmbandpolypen fest. Eine Operation muss durchgeführt werden, der später eine weitere folgt. Anschließend verlegt man mich in ein Stabslager, in welchem eine Heilstube untergebracht ist. Mein Zimmergenosse Peter ist ebenfalls ein Arbeitsdienstmann, die übrige Belegschaft des Lagers besteht nur noch aus wenigen Verwaltungsbeamten.
Das Essen im Lager ist schlecht. So beschließen eines Tages mein Kamerad und ich im nahe gelegenen Dorf eine Wirtschaft aufzusuchen. Unbemerkt verlassen wir am Abend das Lager, indem wir über einen Zaun klettern. Peter trinkt übermäßig viel. Es ist Mitternacht, als wir uns auf den Heimweg begeben.
„*Das Leben ist eine ‚Sau',*" schluchzt Peter und hält sich an mir fest.
„*Das Leben ist im Augenblick nur besoffen!*", antworte ich.
Er erzählt mir, dass er der Totenkopfeinheit der SS angehöre und Bewacher in einem Anhaltelager (Konzentrationslager) sei. Die Zustände dort seien miserabel. Auf meinen Einwand, dass es doch

besser sei, sich in einem Lager frei bewegen zu können, als in einer Zelle zu hocken, antwortet er: *„Hast du eine Ahnung!"*
Die Meinung, dass diese Lager einen humanen Strafvollzug darstellen, teile ich zu diesem Zeitpunkt mit vielen Menschen.

Nach meiner Genesung werde ich zusammen mit meiner alten Arbeitsdiensteinheit zum Bau des „Westwalls" eingesetzt, der im Fall eines zukünftigen Krieges als Verteidigungsring dienen soll. Doch ohne meine Mithilfe – beschließe ich, zumal ich die Möglichkeit eines Krieges, nach den Erfahrungen, die die Welt aus dem Weltkrieg und seinen Folgen gezogen hat, als absurd einschätze.

Auf dem Weg zum Westwall machen wir zunächst in einer Kleinstadt Station, wo wir die Nächte in der örtlichen Turnhalle auf Strohballen verbringen. Vorerst wird unsere Einheit zur Gurkenernte eingesetzt. Das Einsammeln der Gurken auf dem Feld bekommt meinem Kreuz nicht gut. Man versetzt mich wunschgemäß an ein Laufband in die Gurkenfabrik. Hier müssen die Gurken händisch der Größe nach sortiert werden. Mir überträgt man die Aufgabe, die „Krüppel" unter den Gurken auszusortieren, welche Tätigkeit mir den Spitznamen „Krüppelbaron" einbringt.

Meine Bitte um eine Versetzung wird erstaunlicherweise wiederum erfüllt, allerdings zu einer Tätigkeit, die weitaus unangenehmer ist. Ich soll in einer Halle arbeiten, in welcher in zwei riesigen Kesseln Gurken gekocht werden. Der Gestank ist bestialisch. Ich kann meinen Feldmeister davon überzeugen, als „Landwirt" auf unserem Besitz Gurken gezüchtet zu haben und die bisherigen Tätigkeiten nicht meinen Fachkenntnissen entsprechen. Was er nicht weiß, diese Tätigkeit beschränkte sich auf ein einziges Beet, welches ich mit Gurken bepflanzt hatte. Sei es, dass er in mir einen zukünftigen Miternährer des Deutschen Volkes sieht oder mein waches Interesse an einer Gurkentätigkeit ihn leitet, er führt mich in den ersten Stock der Fabrik, wo wieder ein laufendes Band drohend an mir vorüber zieht. Offene Konservendosen stehen darauf, in denen sich Gurken verschiedener Art befinden, wie „Saure Gurken", „Halbsüße Gurken", „Essiggurken" und die Spezialität dieser Fabrik, die kleinen „Hansagurken". Erhöht und vor einem Tische sitzend, in der Mitte der laufenden Bänder, sitzt seine Majestät, der Gewürzmeister. Auf mich macht er den Eindruck eines Galeerenmeisters, der durch Hammerschläge die Ruderer zu gleichmäßiger Arbeit antreibt. Von Zeit zu Zeit reicht man ihm ein Glas mit Gurken, deren Geschmack er überprüft. Man beauftragt mich, aus welchen Gründen auch immer, seine Aufgabe zu übernehmen. Es ist müßig zu sagen, dass ich noch viele Jahre danach keine Gurken mehr essen konnte.

Zu meiner großen Überraschung erreicht mich hier ein Brief von Viktor Loewi. Er formuliert diesen vorsichtig, da er befürchtet, dass die Post kontrolliert wird.

Lieber Wolf!
In einigen Tagen verlasse ich dieses Land – meine Heimat – für immer. Ich will und kann es nicht tun, ohne mich von Dir, wenigstens schriftlich, zu verabschieden. Von uns beider befreundeter Seite erfuhr ich, dass Du während meiner langen Erkrankung (er umschreibt so seinen Gefängnisaufenthalt) *im Frühjahr diesen Jahres mich, beziehungsweise die mich behandelnden – besser gesagt: nicht behandelnden - Aerzte besuchen wolltest. Ich bin froh, daß man Dich davon abgehalten hat - die Luft in dem Spital* (Gefängnis) *ist doch z u ansteckend, selbst für Dich. Für mich gilt in diesem Falle der Wille für die Tat. Aber nicht eigentlich dafür wollte ich Dir danken: Du würdest einen Dank dafür vielleicht auch nicht verstehen, da Dir ja das, was Du tun wolltest, selbstverständlich schien. Unter a n d e r e n Umständen wäre es auch mir selbstverständlich vorgekommen, aber heute sind derlei Selbstverständlichkeiten recht rar geworden. Nein, danken will ich Dir und allen meinen Freunden – nämlich denen, die es überhaupt jemals waren - dafür, daß mir (im Gegensatz zu den allermeisten meiner Mitpatienten) neben all dem, was ich in den letzten Monaten mitmachte, jegliche p e r s ö n l i c h e Enttäuschung erspart blieb. Ihr seid es, die mir den Glauben an Freundschaft und Kameradschaft, den so viele jetzt verlieren mussten, nicht nur nicht nahmt, sondern sogar stärktet. Dies ist das wertvollste, das ich mitnehme und dafür wollte ich Dir, lieber Wolf danken, bevor ich weggehe.*
Persönliches Dir mitzuteilen, ist unmöglich, da die Zukunft für mich selbst noch vollkommen unklar ist und die Vergangenheit, soweit sie

von Interesse ist, Dir ja bekannt sein dürfte. Unbekannt wird Dir sein, daß ich kürzlich hier (in Graz) *zum Dr. med. promoviert wurde. Lieber Wolf, nach allem hoffe ich, daß wir uns im Leben einmal wieder sehen, wenngleich es mir auch noch völlig unklar ist, wie, wann, wo. Auf alle Fälle sage ich Dir nicht ‚Leb wohl', sondern – ‚AUF WIEDERSEHEN'.*
Viktor

Viktor konnte sein Medizinstudium noch unter den Nationalsozialisten beenden, ob durch Hilfe von Rudolf Hess, haben weder Viktor noch ich erfahren.

Ich werde ihn nie wieder sehen. Er wandert nach Buenos Aires aus und gründet dort als Arzt eine neue Existenz. Bis zu seinem Tod 1997 bleiben wir brieflich in Verbindung. Der Kontakt mit seiner Frau Vivianne besteht heute noch.

Meine voran gegangene „Karriere" im Reichsarbeitsdienst und deren „Krönung" als Gewürzmeister, hinterlassen bei meinen Vorgesetzten offensichtlich Eindruck. Man macht mir den Vorschlag, die Feldmeisterlaufbahn einzuschlagen, die einer Offizierskarriere beim Militär entspricht. Ich denke an meinen Vater, der die Laufbahn eines Feldmarschalls gewiss der eines Feldmeisters vorzieht und lehne vorerst ab.
Als man mir das Angebot macht, den Rest meiner Arbeitsdienstzeit in einer so genannten „Führerschule" zu verbringen, sage ich zu. Diese Schulen sind nicht mit den nationalsozialistischen Führerschulen zu verwechseln. Wir sollen zu zukünftigen Führungskräften im Reichsarbeitsdienst ausgebildet werden. Nationalsozialistische Politik steht erstaunlicherweise nicht auf dem Lehrplan.

Zu meiner Überraschung verleiht man mir den so genannten „Westwallorden", obwohl ich den Westwall nie gesehen habe. Für mich sollte er richtigerweise „Gurkenorden" heißen, als Gewürzmeister hätte ich sogar das „Großkreuz des Gurkenordens" verdient. Adolf Hitler wäre stolz auf mich gewesen.

*

Nach Ende der Ausbildung und nach einem kurzen Zwischenstopp bei meinen Eltern, werde ich zur Erfüllung meiner zweijährigen Wehrdienstpflicht zur Luftwaffe nach Kaufbeuren eingezogen. Als ich mich bei der Jagdgruppe 1/233 in Bad Aibling befinde, erreicht mich ein Schreiben des Reichsarbeitsdienstes mit der Mitteilung, dass ich die Führerschule bestanden habe und zum Truppführer und Führeranwärter befördert worden sei. Unterzeichnet vom „Führer des Arbeitsgaues XXVIII, Franken". Ich antworte, dass ich mich indessen entschlossen habe bei der Luftwaffe zu bleiben. Das knappe Antwortschreiben lautet: *„Sie werden antragsgemäß aus der Liste der Führeranwärter gestrichen."*

Mein Kompaniechef in Kaufbeuren ist der kultivierte und freundliche Oberleutnant Freiherr von Schlippenbach. Doch die Art, wie die Rekruten ausgebildet werden, erregt meinen Widerstand. So lässt zum Beispiel einer der Ausbilder die Patronen, die Rekruten beim Kommando „Laden" der Gewehre auf den Boden fallen, mit dem Mund aufheben. Oder es geht ihm stets zu langsam, wenn wir nach dem Robben, auf seinen Befehl: *„Sprung auf! Marsch! Marsch!"* vorwärts stürmen. Für mich ist es ein Anlass zur Rebellion. Als er eines Tages schreit: *„Ihr Kerle habt so lange zu rennen, bis ich ‚halt' rufe!"*, renne ich los. Mein Training während meiner Studienzeit zum Langstreckenläufer der internationalen Klasse kommt mir jetzt zugute. Die Kameraden lasse ich weit hinter mir, undeutlich höre ich das *„Halt!"* des Ausbilders. Ich renne weiter. Verschwinde im nächstgelegenen Wald. Erst nach Stunden kehre ich zurück und werde mit einem Donnerwetter empfangen. Kühn behaupte ich mein Bestes gegeben zu haben, schließlich wäre ich ein trainierter Läufer, so dass ich wegen der großen Strecke zwischen dem Ausbildner und mir, den Befehl nicht gehört hätte. Seinen Blick vergesse ich nie. Einer Strafe entgehe ich. Später erfahre ich, dass er meine Eulenspiegelei seinen Kameraden im Unteroffizierskasino lachend erzählt habe.

Wenn auch die politischen Ereignisse bei den Soldaten im Allgemeinen wenig Beachtung finden, die von Hitler geforderte Einverleibung des deutschen Sudetenlandes der Tschechoslowakei in das Deutsche Reich, sorgt für erhebliche Unruhe. Hitler versucht jedoch das In- und Ausland zu beruhigen, in dem er erklärt, dass dies die letzte Revisionsforderung ist und eine Voraussetzung für einen dauerhaften Frieden in Europa.

Der britische Premierminister Neville Chamberlain und der französische Ministerpräsident Daladier gehen auf den Vorschlag Mussolinis zu gemeinsamen Verhandlungen mit Hitler ein und reisen am 29.9.1938 nach München. Vertreter der tschechoslowakischen Regierung sind nicht eingeladen. Die Westmächte unterzeichnen im so genannten „Münchner Abkommen" ein Dekret, in dem sie Hitler freie Hand geben. Das Sudetenland wird Deutschland überantwortet.

„Peace for our time", ruft nach Abschluss der Verhandlungen ein zufriedener Premierminister Chamberlain und die deutsche Bevölkerung nimmt es nur zu gerne zur Kenntnis. Hitler belässt es jedoch nicht bei der Einverleibung des Sudetenlandes. Er greift nach der ganzen Tschechoslowakei, die er zum Deutschen Protektorat ernennt.
„Es muss wohl seine Richtigkeit haben, schließlich haben alle Westmächte zugestimmt", ist die gängige Meinung unter uns Rekruten.

Während der Ausbildung erfahre ich von Ausschreitungen der SA und SS gegen die jüdische Bevölkerung. Auslöser ist der Mord an dem deutschen Gesandtschaftsrat von Rath in Paris durch einen Juden. In der so genannten „Reichskristallnacht" werden in ganz Deutschland die Fenster und Einrichtungen von Synagogen zertrümmert, viele von ihnen in Brand gesetzt, jüdische Geschäfte zerstört, jüdische Mitbürger misshandelt. Die gemäßigten Kräfte in Deutschland und Österreich sind zutiefst beunruhigt. Diese Gewalttaten gegen Juden stehen in keinem Zusammenhang mit dem Versailler Vertrag und seinen Folgen und sind uns unverständlich. Als Hitlers Propagandaminister Goebbels sich für die Übergriffe entschuldigt, sind wir der Meinung, dass es sich doch nur um eine kleine Gruppe fanatischer krimineller Anhänger gehandelt haben konnte.

1939 - 1941

Eine blühende Wirtschaft. Ein Volk voller Hoffnungen auf eine friedvolle konstruktive Zeit. Deutschland, Deutschland über alles!
Die Jugend gebunden im Reichsarbeitsdienst, in der Wehrmacht und in der Ausbildung. Vaterländische Parolen. Begeisterung. Daneben die Verzweiflung der Verfolgten.
Hitler im Größenwahn. Er will die Welt erobern.
Das Volk gibt ihm den Spitznamen „Gröfax" = „Größter Feldherr aller Zeiten". Es wurde gekämpft, weil man kämpfen musste. Es wurde gesiegt. Die Länder überrollt. Die Neutralität mit Füßen getreten. Die Politik geriet in den Hintergrund. Doch im Untergrund war sie wacher denn je. Sie löschte jeden aus, der über ihre Verbrechen sprach.
Die Großmächte der Welt formierten sich gegen Deutschland. Das Volk blieb auf der Strecke.

Im Februar 1939 findet in Bad Aibling die „Deutsche Luftwaffenmeisterschaft im Abfahrtslauf" statt, zu deren Teilnahme ich auf Grund meiner Skilehrertätigkeit abkommandiert werde. Eine überaus erfreuliche Nachricht, da das Skitraining den militärischen Drill ersetzt. „Gold" bleibt mir verwehrt, doch erreiche ich im Abfahrtslauf einen guten siebenten Platz.

Nach meiner Rückkehr nach Kaufbeuren erhalte ich sehr bald den Marschbefehl zum Ziel meiner Träume, zur Flugzeugführerschule in Neubiberg bei München.

Die politischen Geschehnisse, so spektakulär sie auch in dieser Zeit sind, treten für mich in den Hintergrund. Es sind Ereignisse wie die Besetzung Albaniens durch die Italiener, die dieses Land mit der italienischen Krone vereinigen, was von den Weltstaaten ohne Aufregung gebilligt wird. Die Faschisten in Spanien gewinnen mit deutscher und italienischer Hilfe den spanischen Bürgerkrieg. General Franco ernennt sich zum Diktator und wird von Großbritannien und Frankreich anerkannt. Spanien verlässt den Völkerbund. An die Annektierung des Sudetenlandes und den Anschluss Österreichs hat man sich indessen gewöhnt.

In Neubiberg beziehe ich in der Kaserne ein Zimmer, das ich mit nur einem Kameraden teilen muss. Erstaunt bemerke ich, dass wir als zukünftige Piloten bevorzugt behandelt werden. Das Essen, welches wir von den anderen Soldaten getrennt einnehmen, ist hervorragend, sogar Bier gibt es dazu. Bereits am nächsten Tag nimmt mich mein Fluglehrer, ein Feldwebel, zu einem Rundflug mit. Er zeigt mir einige Kunstflugübungen. Mir scheint es ein Test zu sein um festzustellen, ob der Flugschüler danach noch Lust hat Pilot zu werden. Ich klammere mich während der Rollen und Loopings krampfhaft an meinem Sitz fest, weiß nicht mehr, wo ich bin, schließe die Augen. Trotz dieses Manövers ist mein Wunsch ungebrochen: Ich will Pilot werden!

Auf eine recht spektakuläre Weise versucht man uns die Wahl der „Waffe" zu erleichtern. Es ist ein klarer, wolkenfreier Tag, als wir auf dem Flugfeld antreten und erwartungsvoll zum Himmel schauen. Am Horizont taucht eine Staffel schnittiger Messerschmitt-Jagdflugzeuge auf, sie schießen im Verband auf unseren Flugplatz zu und fegen im Tiefflug darüber hinweg, kaum dass wir sie wahrgenommen haben.

Die nun folgenden Bomber machen auf mich den Eindruck fliegender Festungen. Dann taucht über dem Flugplatz eine Staffel Sturzkampfbomber auf, die so genannten „STUKA", die plötzlich über ihre Tragflächen abkippen und unter ohrenbetäubendem Geheul fast senkrecht auf uns zustürzen. Im letzten Moment schießen sie wieder zum Himmel empor und verschwinden am Horizont.

Ich habe meine Entscheidung getroffen. Weder die schnellen und wendigen Jäger, noch die gewaltigen Bomber haben mein Herz erobert, es sind die wilden Stuka-Maschinen. An einen Kriegseinsatz denken weder ich noch meine Kameraden. Mir gefällt die sportliche Seite.

Im Krieg werden die Stukas zu einer der am meisten gefürchteten Waffe. Ihre Zielgenauigkeit erreichen sie, indem sie in fast senkrechtem Sturzflug auf ihr Ziel zustürzen, in das sie ihre Bomben abwerfen. Zudem wurde die psychologisch verheerende Wirkung eines Stuka-Angriffes noch durch eingebaute Sirenen erhöht.

Zunächst versetzt man mich zum Fliegerhorst Nellingen, der auf einer Anhöhe nahe der Stadt Esslingen liegt. Es ist ein schöner, fast privat wirkender Fliegerhorst. Unsere Schulungsflugzeuge sind bescheidene offene Doppeldecker der Flugzeugfirma Heinkel.
.

Endlich, nach unzähligen Flugstunden durch meinen Fluglehrer und einer harten theoretischen Ausbildung, kommt der heiß ersehnte Tag des Alleinflugs. Den Gashebel nach vorne geschoben! Vollgas! Meine Maschine rollt über die Startbahn, ich ziehe den Steuerknüppel leicht an, sie hebt vom Boden ab. In 1000 Meter Höhe fliege ich die erste Kurve. Sanft steigt das Flugzeug auf 2000 Meter, ich lege die Maschine gerade und drossle das Gas bis auf 1800 Umdrehungen. Unter mir die Erde, über mir der Himmel. Ich bin alleine.

Ein fliegender Mensch! Ein unbeschreibliches Glücksgefühl überkommt mich und ich beginne - zu singen!

Eine Wehrdienstverpflichtung zu meinem Vergnügen und das auf Kosten des Staates! Nach zahlreichen bestandenen Überlandflügen, Nachtflügen, Ziellandungen, Notlandeübungen, Gefahrenflügen, Geschicklichkeitsflügen, Slipeinweisungen und so weiter, werde ich endlich zum Flugzeugführer ernannt und erhalte zusammen mit anderen Kameraden feierlich das Flugzeugführerabzeichen überreicht und als weitere Zierde einen Dolch, der an Stelle des Seitengewehres seitlich am Gürtel getragen wird. Zwar bin ich nur ein einfacher Soldat, doch in meiner eleganten Ausgehuniform sehe ich fast wie ein Offizier aus. Tatsächlich werde ich von jungen Soldaten, besonders von jenen der anderen Waffengattungen, für irgendetwas Höheres angesehen und stramm gegrüßt. Huldvoll grüße ich zurück.

Eines Tages erhalte ich Besuch. „Schnucki", das Arbeitsdienstmädel und die Tanzpartnerin aus meiner Zeit im Arbeitsdienstlager Kulmbach überrascht mich. Ich erhalte einen Urlaubsschein für die folgenden drei Tage. Bei der Luftwaffe, dem Liebling der Nation, weiß man offenbar nicht nur zu leben, sondern auch zu lieben. Schnucki wohnt in einem Hotel in Esslingen. Da ich in der Nacht nicht ohne Schlüssel in das kleine Hotel gelangen kann, klettere ich über ein Vordach, es gelingt mir durch ein Dachfenster ins Haus zu kommen. Vorbeikommende hätten sich gewiss gewundert einen Luftwaffensoldaten auf dem Dach des Hotels zu sehen. Sie bittet mich, nach meiner Militärzeit nach Südafrika zu kommen, ihr Vater wäre nur zu glücklich über einen Schwiegersohn, der die im Familienbesitz befindlichen Diamantminen leiten könne. Nach diesem „deutlichen" Heiratsantrag muss ich ihr beibringen, dass auch mein Vater einen Nachfolger in mir sieht, nämlich als Offizier und Gutsbesitzer. Es wird ein trauriger Abschied.

Meine Kameraden und ich werden unerwartet in den Fliegerhorst Lechfeld bei Augsburg versetzt. Hier treibt man uns im Schnellkursus von einer Ausbildung in die andere. Bald darauf werde ich nach Hurlach verlegt. Da es sich um einen provisorischen Flugplatz handelt, genau genommen ist es eine riesige Wiese, darf ich privat wohnen und finde Quartier in einem nahe gelegenen Schloss. Ich residiere feudal und fühle mich wie „Gott in Frankreich". Eine hübsche Zofe bringt mir sogar das Frühstück an mein Himmelbett.

Die Luftwaffe braucht Schauflieger, um für sich zu werben. Eine der berühmtesten Kunstflugmeister-Staffeln ist die des Kunstfliegers mit dem bezeichnenden Namen „Engel". Man teilt mich zur Kunstflugausbildung ein. Unsere Flugübungen, die mit dem Looping beginnen, mit Seitenflug und Trudeln, werden mit der gesteuerten und gerissenen Rolle fortgesetzt bis hin zum „Männchen", einer schweren Übung. Schließlich wird der Kunstflug im Verband geübt.
Unsere Ausbildung ist bereits sehr fortgeschritten, als wir von einer Stunde auf die andere Hurlach verlassen müssen und zum Flugplatz Lager Lechfeld zurück beordert werden. Unter uns Kameraden breitet sich eine merkwürdige Unruhe aus. Ich beginne ein Tagebuch zu führen.

Eintragung vom 23.8.39
Nichtangriffspakt mit Russland

Eintragung vom 24.8.39
Außenminister Ribbentrop fährt nach Moskau. Nichtangriffspakt wird unterschrieben.
Die polnische Armee steht vor Danzig. So ganz verstehe ich die Lage nicht.

Eintragung vom 25.8.39
Am Abend wird verdunkelt. Gasmasken werden empfangen. Keiner darf den Horst verlassen. Nanu?!
Es sieht so aus, als dauere es zur Explosion nur noch Tage oder gar (nur) Stunden. Zusammenkünfte der militärischen Persönlichkeiten des Reiches mit Stalin.
Japan will bis zum 28.8. ebenfalls Nichtangriffspakt mit Russland schließen. Rumänen bleiben neutral. Sichern nur ihre Grenze gegen Polen.
Wir kleben am Radio! Gut, dass Russland unser Freund ist. Ob es so bleibt?
Wir wollen's hoffen! Diese Zeit ist verdammt kritisch.
England hat mit Polen einen Beistandspakt abgeschlossen. Straßburger Sender kündigt für die nächsten Stunden einen Krieg an, in den die ganze Welt verwickelt sein wird.
Verfluchte Schweinerei.
Sollte abermals ein so furchtbares Blutbad wie 1914-1918 seinen Anfang nehmen?
Schweiz kündigt an, dass es möglich ist, dass die Männer der Schweiz unter die Fahnen gerufen werden.

Eintragung vom 26.8.39
Wir dürfen den Horst nicht verlassen. Fast alle Fluglehrer werden eingezogen. Telefonieren verboten. Warum? 2. Mo.!
(Anmerkung: Mobilmachung). *Reservisten werden schon eingezogen. Es wimmelt von Zivilisten, die mit ihren Koffern im Horst herumlaufen.*
Wir haben gestern ratenweise Ausgang erhalten. Bezugscheine für Lebensmittel werden ausgegeben.
Alle Autos werden eingezogen, ebenso zahlreiche Pferde.

Es sieht sehr ernst aus. Ob es wirklich Krieg gibt? Ich glaube beinahe - ja.
Das Reich hat den Niederlanden und Belgien erklärt, ihre Neutralität so lange zu wahren, als sie die Neutralitätsgesetze einhalten. Ebenso der Schweiz. Personenverkehr auf der Eisenbahn wird eingeschränkt.

Eintragung vom 28.8.39
Bin recht müde von der Wache. Habe die eingezogenen Privatautos bewachen müssen. Rinn in die Falle und geschlafen!

Eintragung vom 29.8.39
Wir sollen hier weiter schulen. Mit riesigem Tempo. Bin neugierig.

Eintragung vom 30.8.39
Vom Krieg hören wir gar nichts mehr. Sind vollkommen von der Außenwelt abgeschnitten. Vielleicht bewahrt der Herrgott die Menschheit vor dem Elend des Krieges. Die Grauen von 1914/18 können doch nicht vergessen sein.
Habe mir heute heimlich einen Tiefflug mit Bü 131 genehmigt.

Eintragung vom 1.9.39
Flugdienst wurde plötzlich abgebrochen. Danzig wieder deutsch.
Wir haben vorläufig nur Unterricht. Ich bin in einer merkwürdigen Stimmung. Einige Worte aus Hitlers Reichstagsrede am 1. September 1939, am Beginn des „Zweiten Weltkrieges". Wir hoffen noch immer, dass es „lediglich" ein Schuss vor den Bug der Polen sei.
Wir hören im Radio die Rede Hitlers:
… Ich habe mich daher nun entschlossen, mit Polen in der gleichen Sprache zu reden, die Polen seit Monaten gegen uns anwendet.
Polen hat nun heute Nacht zum ersten Mal auf unserem eigenen Territorium auch durch reguläre Soldaten geschossen.

SEIT 5.45 UHR WIRD JETZT ZURÜCKGESCHOSSEN!

... Ich will jetzt nichts anderes sein, als der erste Soldat des Deutschen Reiches. Ich habe damit wieder jenen Rock angezogen, der mir selbst der heiligste und teuerste war.
Ein Wort habe ich niemals kennen gelernt, es heißt Kapitulation."

Eintragung vom 2.9.39
Heute wurde uns der Genuss von Alkohol verboten.
Das Abhören ausländischer Nachrichten wird mit Zuchthaus bestraft, die Verbreitung dieser Nachrichten mit Zuchthaus oder Todesstrafe.
Von der politischen Lage erfahren wir überhaupt nichts. Kein Radio, keine Zeitungen, keine Post, kein Paket, kein Geld, nichts.
(Anmerkung: Unter Geld ist die Auszahlung des Sold an jedem ersten des Monats gemeint.)
Verschiedene Flughäfen von Polen sind von drei Bombergruppen belegt worden. Der größte Hafen Polens, 70 km südwestlich von Warschau ist vernichtet. Danach haben wir wohl Krieg.

Eintragung vom 3.9.39
Haben heute Erkennungsmarken und scharfe Munition empfangen und müssen stets feldmarschmäßig ausgerüstet sein.
Warum ist mir nicht klar.
England hat ein Ultimatum an Deutschland gestellt. Ablauf 11 Uhr vormittags.
11 Uhr: ENGLAND HAT UNS DEN KRIEG ERKLÄRT. UND FRANKREICH. EBENSO AUSTRALIEN UND NEUSEELAND (auch die britischen Dominions und Indien). WIEDER KRIEG!
Ob so viel Blut fließt wie 1914/18?
Wenn schon Krieg ist, möchte ich möglichst bald als Flugzeugführer eingesetzt werden.

Eintragung vom 4.9.39
Wurden um Mitternacht aus dem Bett gerufen. Fliegeralarm. Zur Probe. Wenn man so verschlafen im Luftschutzkeller sitzt, fragt man sich unwillkürlich - warum?! Wir haben heute unser Soldbuch empfangen mit den 10 Geboten für den Krieg.

Das „Eiserne Kreuz" ist wieder erneuert worden. (Anm.: Kriegsauszeichnung)

Eintragung vom 5.9.39
Wieder Unterricht.
Heute sind 40 polnische Flugzeuge abgeschossen worden. Graudenz ist eingenommen. Ich fürchte, dass es ein ebenso großes Blutvergießen wird wie 1914/18, denn England sieht gefährlich ruhig zu. Sie werden den Krieg in die Länge ziehen.

Am 6.9. besetzen deutsche Truppen Krakau. Die Südafrikanische Union erklärt Deutschland den Krieg.

Eintragung vom 10.9.39
Ich komme nicht mehr zur Weiterführung des Tagebuches, so ist man jetzt angespannt. Wohne wieder in meinem Schloss in Hurlach.

Kanada erklärt Deutschland den Krieg.
Eintragung vom 10.9.39
Es geht rasend vorwärts.

Am 19. September kapituliert die polnische Armee mit 170.000 Mann und am 27. September die Verteidiger von Warschau. Jene Gebiete, die man nicht an Deutschland anschließt, werden zum Generalgouvernement ernannt.

Polen in seiner ursprünglichen Staatsform gibt es nicht mehr. Es wird bekannt, dass „Deutsche jüdischer Herkunft" in Polen angesiedelt werden sollen. Im Oktober greifen deutsche Bomber die britische Flottenbasis Scapa Flow an. Günther Prien versenkt mit seinem U-Boot das britische Schlachtschiff „Royal Oak".

Ich hatte gehofft, dass es zum Frieden kommen könnte, denn Belgien und die Niederlande boten sich zu einem Vermittlungsversuch an, doch König Georg V. von Großbritannien und Frankreichs Staatspräsident Lebrun lehnen jetzt ab. Ein wahrer Frieden sei nur durch die Wiederherstellung von Österreich, der Tschechoslowakei und Polen zu erreichen. Wie anzunehmen ist, geht Hitler darauf nicht ein.

Meine Kunstflugausbildung wird durch die Versetzung zum Fliegerausbildungsregiment 13 nach Pilsen in der Tschechoslowakei vorübergehend beendet. Bei mir löst dies gemischte Gefühle aus. Einerseits empfinde ich es als willkommene Abwechslung, vielleicht sogar als ein Abenteuer, andererseits ist es mir bewusst, in ein besetztes Land zu kommen, von dessen Bevölkerung wir gewiss nicht mit Begeisterung empfangen werden.

Das Barackenlager für die Soldaten befindet sich im Borywald neben dem auf einer Anhöhe liegenden Flugplatz, eine Unterkunft, die mir ganz und gar nicht gefällt. Voll Wehmut denke ich an „mein Schloss" in Hurlach zurück. Während einer der täglichen Morgenappelle wird gefragt, ob sich Laienschauspieler oder sonstige „Theatermenschen" unter den Soldaten befinden. Indessen habe ich mich mit Bobby Rainer, Bruder des nach dem Krieg bekannt gewordenen Wiener Städtebaumeisters Professor Roland Rainer, befreundet. Wir melden uns und werden, ohne dass man sich näher über das Ausmaß unseres Könnens informiert, beauftragt einen bunten Abend zu gestalten, zu dem auch der Geschwaderkommodore eingeladen werden soll.

Bobby gesteht mir, noch niemals auf einer Bühne gestanden zu haben, während ich meine geringen Erfahrungen aus der Grazer Studentenzeit einbringen kann. Er erweist sich jedoch als großartiges schauspielerisches Talent und gemeinsam gelingt es uns, den Abend so erfolgreich zu gestalten, dass wir einen weiteren Auftrag erhalten. Im Pilsener Theater sollen wir Veranstaltungen organisieren, die auch vom Sender „Radio-Böhmen-Mähren" übertragen werden. Als Belohnung verspricht man uns einen Heimaturlaub zur Weihnachtszeit.

Obwohl unser „künstlerisches" Schaffen zur vollsten Zufriedenheit unserer Vorgesetzten verläuft, wird unser Weihnachtsurlaub angeblich auf Grund der allgemeinen politischen Lage gestrichen. Bobby und ich fühlen uns vom Kommandeur oder vom Spieß (ein

Hauptfeldwebel, Vorgesetzter auch aller Unteroffiziersdienstgrade) hintergangen, zumal wir keine Veränderung der „allgemeinen Lage" in Pilsen feststellen können. Uns wird lediglich eine Ausgangsgenehmigung für den Weihnachtsabend bewilligt. So trifft es sich gut, dass uns am nächsten Tag der Fahrer des Kommandeurs, ein Gefreiter wie wir, den Vorschlag macht, mit ihm in Pilsen das Weihnachtsfest zu feiern. Er müsse vorab seinen Chef zu einer ihm befreundeten Familie bringen und ihn erst spät wieder abholen. Indessen stehe uns das Auto zur Verfügung. Allerdings ohne Sondergenehmigung.

Am Weihnachtsabend fahren wir, bei eisiger Kälte und heftigem Schneegestöber nach Pilsen, wo wir in einer Gastwirtschaft einkehren. Nach einigen Glas Wein hat sich unsere Empörung, keinen Heimaturlaub erhalten zu haben, ins Maßlose gesteigert und wir beschließen, auf eigene Faust in Richtung Böhmerwald bis zur deutschen Grenze zu fahren. Wir fühlen uns verhältnismäßig sicher. Bei der Bevölkerung sind die Angehörigen der Luftwaffe und des Heeres mit dem Vogel, wie die Tschechen den auf der Uniformbrust aufgenähten Reichsadler nennen, weitaus weniger unbeliebt als jene mit dem Vogel auf dem Ärmel, wo die SS ihn trägt. Nach längerer Fahrt sehen wir das erste Hinweisschild zur deutschen Grenze. Der Fahrer „setzt" die Kommandeurstandarte. Ich sitze im Fond mit aufgeschlagenem Mantelkragen und mime den Kommandeur. Bobby hat neben dem Fahrer Platz genommen.

Als wir die Grenze passieren, stehen die Grenzsoldaten stramm. Allerdings kommen wir nicht weit. Sei es, das eine Sturmbö unser Auto erfasst hat oder unser Fahrer übermüdet eingeschlafen ist – wir landen an einem Telegrafenmast. Ein hässliches Krachen und das Auto kippt zur Seite. Unverletzt schaffen wir es aus dem Wagen zu kriechen. Zu Fuß kämpfen wir uns durch den heftigen Schneesturm zu einer nahe gelegenen Ortschaft, wo es uns mit Hilfe eines Sudetendeutschen gelingt, einen Frachter aufzutreiben, der uns zurück nach Pilsen bringt.

Indessen herrscht in unserer Staffel große Aufregung. Man nimmt an, dass wir von Tschechen ermordet wurden. Nach unserem Auftauchen

werden wir sofort verhaftet und zu unserem Kommandeur, einem Österreicher gebracht.
Er scheint aufgeregter als wir zu sein: *„Was zum Teufel ist euch da eingefallen! Ich muss Meldung über den Vorfall machen. Es bleibt mir keine andere Wahl!"*

Sein offensichtliches Mitleid lässt den Schluss zu, dass wir als Todeskandidaten gelten. Er erklärt, dass das schwer beschädigte Auto sich vor dem für die Fahrzeuge zuständigen Oberschirrmeister, einem Oberfeldwebel, nicht verschweigen ließe. Außerdem hätten wir unerlaubt die Grenze überschritten, Wehrmachteigentum mutwillig zerstört und eine wegen Seuchengefahr gesperrte Ortschaft betreten. Als schwerstes Vergehen würde allerdings das „unerlaubte Entfernen von der Truppe" bewertet werden, was im Krieg bei einer mehr als zweistündigen Abwesenheit als Fahnenflucht gelte, worauf die Todesstrafe stünde. Er könne uns nicht helfen, endet er, ihm seien durch das Militärgesetz die Hände gebunden. Der letzte Ausweg wäre, dass der Schirrmeister, der technische Leiter, das nicht geringe Risiko auf sich nähme, das Fahrzeug „außerhalb des Dienstes" zu reparieren. Ich will meinen Vater darum bitten, mir umgehend das Geld für die veranschlagten Reparaturkosten zu senden.

Bange Stunden folgen. Mein Vater sichert telegrafisch das Geld zu. Doch noch hängt unser Leben vom Schirrmeister ab. Trotz der Gefahr selbst schwer bestraft zu werden, willigt er ein. Sind wir frei? Nicht ganz, denn meine Freunde und mich straflos laufen zu lassen, wäre doch zuviel der Güte gewesen. Als Anstifter erhalte ich drei Wochen Arrest bei Wasser und Brot, nur zwei Mal pro Woche gibt es normale Kost, der Fahrer erhält 14 Tage und Bobby 1 Woche. Als Grund wird angegeben, dass wir unerlaubt das Auto unseres Kommandeurs benützt hätten.

Die Zelle ist 2,5 x 2 m groß, ohne Tisch und Stuhl. Ich sitze auf einer hölzernen Pritsche und zähle im Halbdunkel die 504 Stunden. Unendlich langsam vergeht die Zeit. Doch die Vorstellung, was uns ohne die Hilfe des nachsichtigen Kommandeurs, der Verschwiegenheit des Schirrmeisters und des Geldes meines Vaters erwartet hätte, lässt mich meine Haftstrafe geradezu verzückt absitzen.

Kurz nach meiner Entlassung erhalte ich den Befehl, einen Flug nach Posen, dem ehemaligen Poznan in Polen, durchzuführen. Ich bleibe ein paar Tage in Posen. Auf Anordnung des zivilen deutschen Gouverneurs müssen Polen, welche deutschen Soldaten auf dem Gehsteig begegnen, diesen verlassen. Eine solche Anordnung empfinde ich als Schande für uns Deutsche. Zur gleichen Zeit beschwert sich der deutsche Oberbefehlshaber Ost, General der Infanterie Johannes Blaskowitz, durch ein Memorandum an Hitler. Er äußert allergrößte Besorgnis wegen illegaler Erschießungen, Beschlagnahmungen von Unternehmen und Wohnungen und Verhaftungen durch die SS. Er fürchte, dass die Disziplin seiner Truppe, die diese Dinge sehenden Auges erlebe, darunter leide. Für zwei SS-Standartenführer hat General Blaskowitz bereits ein Gerichtsverfahren beantragt, das vom Gouverneur niedergeschlagen wird.

Nach Pilsen zurückgekehrt, wird mir zu meiner großen Überraschung mitgeteilt, dass ich zur Ausbildung als Offizier auf die Kriegsschule (Offiziersschule), sie entspricht einer militärischen Universität, nach Klotsche bei Dresden versetzt werde. Zum ersten habe ich in Münster die Offizierstauglichkeit wegen „Eigenwilligkeit" und „mangelnder Fähigkeit zur Unterordnung" nicht bestanden, zum zweiten hatten sich diese Eigenschaften durch den verunglückten Ausflug in den Böhmerwald bestätigt. Und nun würde ich Fähnrich werden, dann Oberfähnrich und bald Leutnant sein.

Mein Zimmer auf der Kriegsschule teile ich mit einem Grafen Arco-Zinneberg. So wie ich hatte auch er eine Ausbildung ähnlich wie auf einer Universität erwartet. Nun stellen wir enttäuscht fest, dass hier eine „Kommissstiefelstimmung" herrscht. Unter anderem missfällt uns, dass eine Gruppe junger Unterärzte der Luftwaffe von Untergebenen, wie junge Rekruten im Hof hin und her gejagt werden und anschließend über einen nassen Boden robben müssen. Ein Vorfall, den wir bei der vorgesetzten Dienststelle zur Meldung bringen. Der Erfolg ist gleich null, die Schikanen gehen weiter. So wende ich mich mit meiner Beschwerde an meinen Onkel Franz, Bruder meines Vaters, bei dem ich seinerzeit in Münster vorübergehend wohnte. Er ist indessen als Generalleutnant im

Reichsluftfahrtministerium in Berlin tätig. Und tatsächlich werden die Verantwortlichen versetzt. Ich auch. Ohne Kommentar schickt man mich nach Pilsen zurück. Meine Betroffenheit über das Ende meiner Kriegsschullaufbahn hält sich allerdings in Grenzen. Doch meinen Vater bedauere ich – mit der Würde eines Generalfeldmarschalls sieht es im Augenblick für mich sehr schlecht aus. Ich werde umgehend in das von Pilsen nicht allzu weit entfernte Chiesch abkommandiert. Hier gibt es endlich Extremunterricht für Schauflieger. Wir werden in einer Schule auf Strohlagern untergebracht, bis ich eine Privatunterkunft finde.

Am 10. Mai erfahren wir, dass am frühen Morgen das Unternehmen „Gelb" begonnen hat. Der Himmel dröhnt über Holland. Fallschirmjäger springen über dem Flughafen Schiphol ab - Stukas fliegen gegen Rotterdam. Bei gleichzeitig verlaufenden Verhandlungen mit den Niederländern wird vereinbart, dass der Angriff nicht weiter stattfinden soll. Dieser Befehl gelangt offenbar nicht rechtzeitig an die Luftwaffeneinheiten. Von den am Boden kämpfenden deutschen Fallschirmjägern werden Leuchtkugeln abgeschossen, die den Angriff verhindern sollen. Vergebens! Es gibt tausende Tote, Rotterdam wird dem Erdboden gleichgemacht. Vier Tage nach dem Angriff kapitulieren die Niederländer. Bald darauf wird Belgien besetzt. Das also wurde aus der Anerkennung der Neutralität dieser Länder durch Hitler. Unter uns Kameraden wächst die Hoffnung, dass der Krieg bald beendet ist. Vier Wochen später kapituliert Paris.

Meine amtliche Kunstflugprüfung bestehe ich am 6.6.1940 und am 7.7.1940 die große Kampffliegerprüfung in Camm. Wenig später trainieren wir für eine Kunstflugschau in Pilsen. Als die Möglichkeit besteht Testflieger zu werden, melde ich mich. Mir ist diese Aufgabe nicht ganz fremd. Schon im Mai hatte ich bei Professor Wirth in Braunschweig an der technischen Hochschule, Abteilung Luftfahrt, ein Flugzeug mit dem Arbeitstitel „Sperling" erprobt. Es war ein extrem kleines Flugzeug, das auf kleinstem Raum starten und landen konnte und sehr leise flog. Es soll im Rücken des Feindes eingesetzt werden.

In der Tschechoslowakei, nahe dem Ort Boskovice, bin ich während eines Überlandfluges zu einer Notlandung gezwungen. Der Motor fällt aus, ich „schmiere ab", „lande" in einem Kornfeld und werde aus dem Flugzeug geschleudert. Mein Rücken schmerzt und ich fürchte mir das Rückgrat verletzt zu haben. Dann fällt mir ein, dass sich hier Partisanen befinden könnten, die durch den Absturz mit Sicherheit auf mich aufmerksam geworden sind. Also ziehe ich das tödliche Zusammenbrechen beim Aufstehen, dem tödlichen Bauchaufschlitzen vor, stehe vorsichtig auf - und stelle erleichtert fest, dass ich unverletzt bin.

Die Überraschung der tschechischen Beamten der nächstgelegenen Polizeidienststelle, einen deutschen Soldaten vor sich zu haben, ist groß. Man erlaubt mir zu telefonieren und bietet mir eine Zelle zur Übernachtung an. Auch wenn diese unverschlossen bleibt, weckt sie in mir unangenehme Erinnerungen. Die Verpflegung ist ausgezeichnet, denn die Tschechen erhalten mehr Lebensmittelmarken als die Deutschen. Am nächsten Morgen reise ich mit dem Zug nach Pilsen, während das Flugzeug von Kameraden zurückgestellt wird.

Der amtliche Wehrmachtsbericht gibt bekannt, dass die französische Regierung unter Paul Reynaud nach Bordeaux geflohen ist. Man ersetzt ihn durch den französischen Marschall Henri Philippe Pétain. Der von ihm erbetene Waffenstillstand wird am 22.6.1940 im Walde von Compiégne geschlossen. Hitler ordnet an, dass die Unterzeichnung im gleichen Eisenbahnwaggon stattzufinden habe, in welchem 1918 nach dem ersten Weltkrieg die französische Regierung die deutschen Abgesandten zur Kapitulation empfangen hatte.

Die Nachricht, mein Vater habe sich freiwillig zum Kriegsdienst gemeldet und meine Mutter alleine in Deutschlandsberg zurückgelassen, bestürzt mich. Er ist 60 Jahre alt und dem Hitlerregime ganz und gar nicht zugetan. Ich kann es mir nur mit seinem unbändigen Wunsch, seinen Beruf wieder ausüben zu können, erklären. Er befindet sich in Pinkafeld in der Steiermark bei einem Alpenjägerregiment und soll als Kommandeur einer Alpenjägereinheit in Jugoslawien eingesetzt werden.

Mir bietet sich die Gelegenheit einen Flugauftrag nach Wien zu bekommen und ich nütze den Aufenthalt um Käthe Erlacher zu besuchen, die indessen mit ihrer Familie nach Wien gezogen ist.

Käthe macht einen verstörten Eindruck. Erst nach langem Drängen erzählt sie mir, dass ihre Großmutter zur Zwangsaussiedlung nach Polen abgeholt worden sei. Zwar hatte ich von der Aussiedlungspolitik des Regimes für jüdische Mitbürger gehört, auch von den so genannten „Durchgangs- und Quaranténelagern", wie die Konzentrationslager bezeichnet wurden, aber die Vorstellung, dass die alte Dame zwangsweise verschickt wurde, empört mich. Ich versichere Käthe mich darum bemühen zu wollen, die Großmutter wieder nach Wien zurück zu holen. Sie bittet mich inständig, keinem Menschen auch nur andeutungsweise von unserem Gespräch zu berichten. Es sei ihr und ihrem Vater strengstes Stillschweigen befohlen worden. Mein Eingreifen würde die ganze Familie in Lebensgefahr bringen.
Als ich Käthe frage, wie es ihrer Mutter geht, bekomme ich zur Antwort: *„Mama hat sich in der Küche erhängt!"*.
Ich kann es nicht fassen.

Käthe, ihr Vater und ihr Bruder überleben den Krieg. Käthe wird heiraten und nach dem Krieg als Ärztin in Wien tätig sein. Ich habe sie nie wieder gesehen.

Hitler macht der britischen Regierung völlig überraschend ein Friedensangebot.
„In dieser Stunde fühle ich mich verpflichtet, vor meinem Gewissen noch einmal einen Appell an die Vernunft auch in England zu richten. Ich glaube dies tun zu können, weil ich nicht als Besiegter um etwas bitte, sondern als Sieger für die Vernunft spreche."

Premierminister Winston Churchill stimmt unter der Bedingung zu, dass sich Deutschland wieder auf die Grenzen von 1938 zurückzieht. Hitler lehnt ab. Hermann Göring, der oberste Luftwaffenchef, wird von Hitler zum Reichsmarschall ernannt und befielt den Luftangriff auf England. Die britische Abwehr ist bestens organisiert. Ihre Jäger sind schneller und wendiger als die der deutschen Jäger mit ihren Me 109. Unsere Verluste sind hoch.

Trotz der ernsten politischen Lage bleibt den Kameraden und mir eine Art Galgenhumor. Wir machen uns über Göring lustig, besonders über seine Verkleidungssucht. Für seine vielfältigen Tätigkeiten lässt Göring sich eigene Uniformen entwerfen. In Carinhall, seiner Privatresidenz, gibt er sich wie ein Renaissancefürst, zeigt sich in mit Volants besetzten Hemden, darüber eine farbige Samtweste, samtene Hosen, die unter dem Knie zusammengebunden werden, dazu Schuhe mit goldenen Schnallen. Auch seine Uniformen, einschließlich der des Reichsjägermeisters, zu dem er ernannt wird, entwirft er. Wir finden ihn trotzdem sympathischer als alle anderen Nazigrößen.

In Pilsen wird ein Freudenhaus eingerichtet und ich werde auf Befehl für 4 Tage Portier in diesem Etablissement. Jeder Soldat muss beim Eingang seinen Wehrmachtsausweis zeigen. Am darauffolgenden Tag hat er die Sanitätsabteilung aufzusuchen und erhält eine Spritze gegen den häufig auftretenden Tripper oder gar die Syphilis. Auch Prags Freudenhäuser werden von deutschen Soldaten besucht, da persönliche Kontakte zwischen den tschechischen Mädchen und deutschen Soldaten nur sehr selten zustande kommen.

Als deutsche Truppen 1940 die neutralen Länder Dänemark und Norwegen überfallen, ist es auch dem Einfältigsten meiner Kameraden klar, dass Hitlers Krieg kein Verteidigungskrieg, sondern ein Eroberungskrieg ist. Zu unserem Erstaunen unterstützen dänische faschistische Organisationen die Deutschen. In Norwegen sollen mehr als 20 Prozent der Führungskräfte in der Armee Mitglieder der NS, der nationalsozialistischen Partei Norwegens sein, 50 Prozent gelten als nazifreundlich.

Für uns ist es nicht mehr möglich, die wahren politischen Verhältnisse im eigenen Land zu beurteilen, denn das wird durch geschicktes Taktieren der Regierung verhindert. Dass dies aber auch außerhalb Deutschlands offenbar nicht möglich ist, zeigt der Brief des jüdischen Adjutanten meines Vaters, ein berührendes Dokument von Vaterlandsliebe.

Zandvoort, den 3.9.1940
Weimarerweg 2

Mein Hochverehrter Herr Major!
Schon so oft, seit ich hier bin, wollte ich Ihnen, mein sehr verehrter Herr Major, schreiben, um mich zu erkundigen, wie es Ihnen und Ihren Lieben geht. Sie können sich denken, dass meine Gedanken immer und immer wieder bei meinem früheren Kommandeur waren und sind, jetzt wo wieder Krieg ist. Aber ich tat es nicht, denn, nachdem ich nun gezwungenermaßen meine Heimat verließ, weil ich keine Lebensmöglichkeiten mehr hatte, wollte ich Sie, mein sehr verehrter Herr Major, nicht behelligen.
Wenn ich Ihnen heute doch schreibe, dann tue ich es nur, um mich nach Ihrem Wohlbefinden zu erkundigen, sind Sie wieder beim Heer und wie geht es Ihrem Sohn?
Mir ist es ja, trotzdem ich Frontoffizier und Freikorpskämpfer war, lediglich wegen meiner Abstammung versagt, die Uniform anzuziehen, sonst wäre ich wohl heute wohlbestallter Hauptmann, wie es meine früheren Kameraden sind.
Sie mein Hochverehrter Herr Major, der Sie mich kennen, können sich wohl denken, wie es mir und den Meinen ums Herz ist. Ich würde mich ganz riesig freuen von Ihnen ein kurzes Lebenszeichen zu bekommen, so ferne Sie dieses dürfen.
Es erlaubt sich, Sie in Ehrfurcht und Ergebenheit zu grüßen,
Ihr früherer Adjutant
P. Schüler

1940 wird das Tragen des gelben, auf der Kleidung aufgenähten, Judensterns, in dem das Wort Jude steht, für Juden ab 6 Jahren zur Pflicht. Diese öffentliche Stigmatisierung löst nicht nur bei mir, sondern auch bei meinen Kameraden, sogar bei jenen, die dem Nationalsozialismus nahe stehen, Unverständnis und großes Unbehagen aus. Der Gedanke, dass dieses Regime noch weitere Menschen verachtenden Maßnahmen einführen könnte, erschreckt viele. Solche Befürchtungen hört man nur von Freunden oder guten Bekannten. Es ist bereits gefährlich sich über Maßnahmen der Regierung negativ zu äußern.

Uns erreicht die Meldung, dass die Engländer in Dünkirchen gelandet sind, ein wahrhaft todesmutiges Unternehmen, das jedoch mit einer Niederlage endet. Zwar gelingt es ihnen einen großen Teil der Expeditionsarmee wieder nach England zurückzubringen, doch bleibt die gesamte Ausrüstung zurück.

Im besetzten Teil Frankreichs arbeitet der französische Marschall Pétain mit den Deutschen zusammen, um die bestmöglichen Bedingungen für Frankreich zu erreichen. Mussolini, der abwartend die Eroberungspläne Hitlers beobachtet hat, tritt nun an dessen Seite in den Krieg ein.

Als ich zur Stukaschule nach Graz versetzt werde, wird die Stuka-Waffe, die ich im Frieden von der sportlichen Seite betrachtet hatte, für mich zur Gewissensfrage. Jedenfalls freue ich mich von Graz aus meine Mutter hin und wieder in Deutschlandsberg besuchen zu können. Ihre gezeigte Fröhlichkeit kann nicht über die Ängste und Sorgen um ihre Familie hinwegtäuschen. Als ich nach einem zu Hause verbrachten Wochenende in meine Unterkunftsbaracke zurückkehre, finde ich die Schlafzimmer auf der einen Seite des Ganges leer. Während eines Übungsfluges hat sich, auf Grund einer falsch berechneten Wolkenhöhe, die gesamte Staffel unter der Führung ihres Staffelkapitäns, nacheinander in einen von Wolken verdeckten Berg gebohrt. Alle meine Kameraden sind tot. Trotz meines Optimismus ist es nicht immer leicht die Welt und das Leben von der besten Seite zu sehen.

Zum ersten Mal fliege ich mit einem Sturzkampfbomber JU 87. Eine Maschine, deren Höchstgeschwindigkeit nur 383 km/h beträgt und die im fast vertikalen Sturzflug eine Endgeschwindigkeit von 565 km/h erreicht. Um diese Geschwindigkeit nicht zu überschreiten, ist eine so genannte Sturzflugbremse eingebaut. Vor dem Pilotensitz befindet sich auf dem Boden eine schräg stehende Glasplatte, durch die das Ziel mittels eines Reflexvisiers anvisiert wird. Kurz vor dem Sturzflug wird der Motor gedrosselt und die Sturzflugbremsen auf minimalen Luftwiderstand eingestellt. Hinter dem Piloten, Rücken an Rücken, sitzt der Bordschütze. Vor dem Sturzflug dreht er seinen Sitz in Richtung Ziel. Erst 300 Meter davor, meist hoch genug um vor der

Explosion der abgeworfenen Bombe sicher zu sein, zieht der Pilot die Maschine wieder hoch. Da die Piloten beim Abfangen des Flugzeuges durch den großen Druck für Sekunden das Augenlicht verlieren können, wird eine automatische Abfangvorrichtung in die so genannte Ju 87 R2 eingebaut, die jedoch mehrfach versagt und wieder ausgebaut wird.

Die deutsche Luftwaffe fliegt schwere Angriffe auf britische Großstädte, 143 Bomber greifen Manchester an und 67 Bomber London. Gottlob bin ich daran nicht beteiligt. Hannover wird von 189 britischen Bombern angegriffen. Erstmals setzen die Engländer erfolgreich Flugzeuge vom Typ „Short Stirling" ein.

Britische Truppen erobern in Nordafrika Tobruck und nehmen 25.000 italienische Soldaten gefangen.

Offizielle Mitteilung:
„Der Führer befahl der Luft- und Seekriegsführung die Zerstörung von Schiffen, Hafenanlagen und Betrieben der britischen Luftrüstung. Damit wurden die Angriffe auf britische Großstädte beendet."

Man versetzt mich von der Stukaschule Graz nach Prenzlau in Pommern. Dort erhalte ich die Mitteilung, dass ich zum Offiziersanwärter ernannt worden sei. Ich fühle mich zwar geschmeichelt, dennoch ist mein Interesse am Beruf des Offiziers nach dem bereits Erlebten, an einem Tiefpunkt angelangt. Durch meine folgende kurze Tätigkeit als Testflieger, unter anderem zur Erprobung neuer Entwicklungen, des Feststellens von Erträglichkeitsgraden und Belastbarkeiten, hat mein Interesse am Extremflug sehr bald erheblich nachgelassen. Die vielen Todesfälle unter den Testpiloten sind schwer zu verkraften, zumal sie nicht an der Front, sondern in friedlicher Umgebung geschehen.

Über die Testpiloten schreibt Günter Stiller: *„Sie fliegen schneller, höher und riskanter und intelligenter als andere. Aber wenn sie nur einen Fehler machen, dann fallen sie wie ein Stein vom Himmel. Denn die Luft hat keine Balken. Testpiloten sind Weltmeister des Understatements."*

Mein Tischnachbar im Offizierskasino, in dem ich als Offiziersanwärter zusammen mit den Offizieren die Mahlzeiten einnehme, ist der Bruder des berühmten Jagdfliegers Galland. Meinem so genannten Fähnrichsvater falle ich in meiner bescheidenen Gefreitenuniform im Kreise der silberbetressten Offiziere offenbar unangenehm auf. Er ruft mich eines Tages zu sich, schaut auf meinen Gefreitenwinkel und behauptet, dass dieser nicht fest genug angenäht sei. Als er mich anfasst und versucht den Winkel herunter zu reißen, sage ich wütend: *„Ich werde Meldung machen, denn Sie haben mich angegriffen!"*

Es ist verboten, Untergebene anzugreifen, wobei damit ein „tätlicher" Angriff gemeint ist. Er verbittet sich meine „Unverschämtheit" und befiehlt mir, mich am kommenden Tag noch vor dem Mittagessen, bei ihm im Kasino zu melden und zwar mit perfekt angenähtem Winkel. Als unsere Staffel zum Morgenappell antritt, werde ich vor die Front der angetretenen Kameraden gerufen. Ich befürchte, dass meine unverschämte Bemerkung nicht ohne Folgen geblieben ist. Umso überraschter bin ich, dass mir vor versammelter Mannschaft meine Beförderung zum Unteroffizier mitgeteilt wird. In meiner neuen, silberbetressten Uniform melde ich mich vorschriftsmäßig bei meinem Fähnrichvater. Er starrt mich an, mit einem Blick als wolle ich mir einen schlechten Scherz erlauben. *„Melde Herrn Oberleutnant"*, sage ich in strammer Haltung, *„dass es mir auf Grund meiner Beförderung nicht möglich war, den Gefreitenwinkel anzunähen."*

Auf Grund der großen Verluste der Stuka-Maschinen soll ich auf eine Ju 52, eine Transportmaschine „umgeschult" werden. Die Wahl ist auf mich gefallen, weil ich keiner Stuka-Einheit fix angehöre, sondern für „besondere Aufgaben" zu Verfügung stehe. Ich fühle mich in meinem fliegerischen Stolz gekränkt, auch weil mir als Einschulungslehrer ein Feldwebel zugeteilt wird, der so tut, als ob das Fliegen der Ju 52 weitaus mehr Kenntnisse erfordere als jene des Fliegens eines Sturzkampfbombers. Da ich zudem schon einige, allerdings leichtere Transporter geflogen habe, erkläre ich ihm beim ersten Schulungsflug, dass ich ihm einen Looping vorführen werde, ein Manöver, für das die schwere Ju 52, die wir wegen ihrer „gutmütigen" Flugeigenschaften zwar scherzhaft „Tante Ju" nennen, dennoch nicht gebaut ist. Ich setze zum Looping an, drücke, ziehe – da fällt mir der Feldwebel in das Steuer. Er schreit wie ein Tobsüchtiger und zwingt mich zur Landung. Auf dem Flugfeld hat man unser Manöver bereits beobachtet. Der Feldwebel erstattet umgehend Meldung.

Das Kriegsgericht verurteilt mich zu nur drei Wochen Arrest, den ich im Bunker des Fliegerhorstes absitzen darf. Noch während der Haft teilt man mir mit, dass ich nach meiner Entlassung zum Luftpark Jüterbog versetzt werde, jedoch eine „Höhentauglichkeitsprüfung" zuvor abzulegen hätte. Mir erscheint dies bei meiner Flugerfahrung völlig absurd.

So stehe ich eines Tages in einem Saal, in dem ein eiserner Rundbau aufgebaut ist. Durch Glasscheiben kann man beobachten, was in seinem Inneren geschieht. In diesen eisernen verglasten Käfig werde ich eingeschlossen. Langsam wird der Sauerstoffgehalt der Luft gesenkt. Ich schreibe, wie vorgeschrieben Zahlenkolonnen auf ein Kontrollblatt, schildere meinen Zustand, versuche meinen Namen zu schreiben. Meine Hand fängt an zu zittern, ich sehe nur mehr verschwommen, kann keinen klaren Gedanken mehr fassen, verliere das Bewusstsein.
Erst nach dem Krieg erfahre ich, um welches Experiment es sich gehandelt hat.

„Generaloberstabsarzt Dr. Erich Hippke - von 1941 bis 1944 Chef des ärztlichen Dienstes der Luftwaffe - hatte diese Prüfung angeordnet. In Nürnberg wurden diese Versuche Generalfeldmarschall Milch angelastet und zwar in dem Mittelpunkt der Anklage: ‚Warum', so fragte man, ‚erhielt die deutsche Versuchsanstalt für Luftfahrt einen Auftrag, die Körperfunktionen in Höhen von mehr als 10.000 Metern zu untersuchen?'.
Sie gaben sich selbst die Antwort: ‚Weil die Ärzte sich nicht klar waren über den Zeitpunkt des Siedens des Blutes und deshalb Forschungen darüber angestellt werden sollten'.
Diese Versuche wurden dann im Konzentrationslager in Dachau fortgesetzt. Dr. Hippke konnte nachweisen, dass er alles unternommen hatte, um die SS von diesen Versuchen fern zu halten."

Es handelte sich um Experimente mit Menschen, die zum Tode führen konnten. Warum man mich im Anfangsstadium der Versuche dazu ausgewählt hat, habe ich nie erfahren. Jahrzehnte später lerne ich einen Arzt kennen, der bei diesen Experimenten mitgearbeitet hatte. Er wurde nach dem Krieg in Nürnberg angeklagt und freigesprochen, da er nachweisen konnte, nichts mit den häufig tödlich ausgegangenen Experimenten in den Konzentrationslagern zu tun gehabt zu haben.

Unerwartet werde ich nach Jüterbog versetzt und finde dort Extrempiloten vor, die allesamt keinem Geschwader unterstellt sind, sondern einzeln für besondere Einsätze auf Abruf warten. Von dort fliege ich zunächst beschädigte Flugzeuge zu den verschiedenen Flugzeugwerken, etwa nach Düsseldorf oder nach Dessau zu den Junkerswerken. Hier wurde 1936 der Sturzkampfbomber entwickelt, ebenso die Ju 88 als Sturzkampfbomberversion oder schwerer Nachtjäger. Für diese sehr gefährlichen Aufträge erhalte ich nicht unerhebliche finanzielle Zuschüsse.

Meiner Mutter, die - nachdem mein Vater sich zum Militär gemeldet hatte - alleine auf unserem Ansitz in Deutschlandsberg zurück geblieben ist, schreibe ich:

Jüterbog, 26.4.1941

Meine liebste Mutter!

Wie ich meine neue Dienststelle bezeichnen soll, ist schwierig. Ich kam am Sonntag hier an, legte mich in irgendein Bett und ließ meine Sachen im Koffer.
Am Morgen wurde ich mit einigen mir unbekannten Kameraden zur Überführung von Ju 87 (Stuka) frisch aus dem Werk bestimmt.
Mit der Bahn fuhren wir die ganze Nacht durch bis Gießen, um die erste Maschine zu übernehmen und flogen bei mittelmäßig gutem Wetter nach Paderborn.
Wir fliegen hier alle Typen außer C-Maschinen. Fliegen auch die schnellste Me 109 und die langsamste der Welt, den Fieseler Storch. Man hat hier überhaupt keine Ruhe.
Außer Überführungs- und Erprobungsflügen machen wir keinen Dienst. Man ist selbständig und Pilot auf Abruf.

Ich lasse in den nächsten Tagen 100 Reichsmark nach Deutschlandsberg überweisen. Geld kann man hier gut verdienen.

Man fliegt in ganz Deutschland herum, nach Frankreich, Belgien, Holland, Dänemark, Norwegen, Sizilien, Rumänien, Bulgarien und sogar nach Afrika (Bengasi).

Die neuen Ju 87, Zusatzbezeichnung R2, sollen von Catania nach Afrika überstellt werden. Ein höchst gefährliches Unternehmen, da man den Angriffen aus der Luft ausgesetzt ist. Wir fliegen zu viert, eine Staffel verfügt über 12 Flugzeuge, eine Gruppe über 50 und ein Geschwader über 150 Flugzeuge. Als ich mich eines Tages als Kettenführer mit zwei weiteren Kameraden in ihren Stuka-Maschinen über der afrikanischen Küste befinde, greifen uns englische Jäger an. Wir bemerken sie zunächst nicht, da sie um nicht entdeckt zu werden, „in der Sonne sitzen", wie wir dies nennen. Sofort werden wir attackiert und weichen durch einen Sturzflug aus. Die Engländer, bis auf einen Piloten, der mir folgt, drehen ab. Er scheint nicht zu bedenken, dass sein Flugzeug für einen extremen Sturzflug ungeeignet ist. Die feindliche Maschine „entblättert sich" und stürzt ab. Dem Piloten gelingt es sich durch den Schleudersitz zu retten. Ich freue mich darüber, denn es herrscht zwischen uns und den Piloten der feindlichen Mächte eine Art Kameradschaft.

Nach den erfolgten Überführungen der Flugzeuge nach Afrika fliegen wir jeweils mit einer Ju 52 nach Italien zurück. Zwar werden wir jetzt von einem „Kaczmarek", einem zu unserem Schutz bestellten „Deckungsflieger" begleitet, doch die Möglichkeit vom Feind abgeschossen zu werden bleibt, zumal wir diesmal nicht selbst unser Schicksal als Piloten in der Hand haben. Zu meiner großen Erleichterung bleibt es mir während meiner fliegerischen Tätigkeit erspart, Ziele angreifen zu müssen, die menschliche Opfer gefordert hätten.

Nach dem afrikanischen Einsatz kehre ich wieder nach Jüterbog zurück. Mit einem Feldwebel des Bodenpersonals freunde ich mich an. Er ist der Bruder des ehemaligen österreichischen Vizekanzlers und Führers der Heimwehr, des Fürsten Rüdiger Starhemberg.

Feichtl, so sein Spitzname, ist froh wenigstens Feldwebel bei der Luftwaffe geworden zu sein. Eine Offizierslaufbahn sei ihm wegen seiner Verwandtschaft verwehrt worden. Erstmals werde ich mit der so genannten Sippenhaftung der Nationalsozialisten konfrontiert.

Die Nachricht, dass der Stellvertreter des Führers, Rudolf Hess mit einer Me 109, einem Jagdflugzeug nach Großbritannien geflogen und bei Glasgow abgesprungen ist, schlägt wie eine Bombe ein. Hitler verkündet, dass es sich nur um die Tat eines Geisteskranken handeln könne. Wir spekulieren trotzdem über die Gründe von Hess und hartnäckig hält sich das Gerücht, dass er mit Großbritannien Friedensverhandlungen führen wollte.

Es ist uns unmöglich, konkrete Informationen zu erhalten, das Abhören ausländischer Nachrichten ist unter Androhung der Todesstrafe verboten. Die Gefahr als Defaitist, als jemand, der einen Krieg auch unter ungünstigsten Bedingungen schnell zu beenden wünscht, angezeigt zu werden, ist groß. Jede negative Äußerung kann zur Verhaftung führen und letztendlich mit der Todesstrafe enden. Unter den Kameraden werden politische Gespräche vermieden.

Am 6. April greift Deutschland Jugoslawien und Griechenland an. In Afrika eröffnet das deutsche Afrikakorps unter dem Befehl des Generalleutnants *(und späteren Generalfeldmarschalls)* Rommel eine Offensive gegen die Briten. Bis zum 13. April haben sie die gesamte Cyrenaika bis auf die Festung Tobruck erobert. Sie marschieren durch die Wüste bis an die Grenze Ägyptens. Tausende britische Soldaten werden gefangen genommen.

Der später berühmt gewordene Jagdflieger Joachim Marseille kommt zur gleichen Zeit wie ich nach Afrika. Jochen, wie wir ihn nennen, ist 21 Jahre alt und Oberfähnrich. *Er wird sich bei zahllosen Einsätzen als „Adler von Afrika" einen Namen machen und die höchsten deutschen und italienischen Auszeichnungen erhalten. Bis zu acht feindliche Flugzeuge soll er in weniger als zehn Minuten abgeschossen haben. Am 20. September 1942 verunglückt er tödlich bei El Alamein.*

Unter vorgehaltener Hand heißt es, dass die Verluste bei den Stukas an Mensch und Material zu hoch seien. Die neun Sturzkampffliegergruppen, etwa dreihundertfünfzig Flugzeuge, werden während des Krieges nicht erweitert. Seit 1941 setzt man die verbliebenen Einheiten hauptsächlich im Osten zur Unterstützung der Bodentruppen und zur Panzerbekämpfung ein. Es erstaunt mich daher nicht, dass ich am 20. Juni zum 3. Fliegerausbildungsregiment 11 nach Schönwalde bei Berlin versetzt werde.

*

Am 22. Juni 1941 beginnt unter dem Titel „Unternehmen Barbarossa" überfallsartig der Krieg gegen die Sowjetunion. Mir und meinen Kameraden ist klar, dass dies der Anfang vom Ende ist. Mir fällt das erbärmliche Ende der napoleonischen Armee in Russland ein. Nach anfänglichen Erfolgen wird das Vorrücken der deutschen Panzerarmee bis vor Moskau in einer verlustreichen Schlacht zum Stillstand gebracht. Die Deutschen belagern Moskau, während sich indessen die sowjetischen Verteidigungskräfte unter den Marschällen Schukov, Timoschenko und Woroschilow reorganisieren. Finnland beteiligt sich unter Marschall Mannerheim am Krieg gegen die UdSSR. Stalin löst die Wolgadeutsche Republik auf und schickt die deutschstämmigen Einwohner in sibirische Straflager.
Zu dieser Zeit erscheinen Berichte in den deutschen Zeitungen, dass die USA Deutschland zu einem vollständigen Agrarland machen wollen und dass Pläne existieren, alle deutschen Männer zu kastrieren. Auch wenn man schon lange nicht mehr der Presse in jedem Fall Glauben schenkt, halten nicht wenige meiner Kameraden dies für möglich. Auch von den Schrecken, die die sowjetische Armee verbreitet, wird berichtet. Solche Nachrichten lassen die Soldaten mit vollem Einsatz weiter kämpfen.

Während eines Urlaubes finde ich meine Mutter in einem so schlechten gesundheitlichen Zustand vor, dass ich sie zur Untersuchung in das Landeskrankenhaus nach Graz bringe. Die Ärzte raten zu einer Operation. Eine hübsche, kaum 18-jährige Medizinstudentin, Annemarie Schrottenbach, kümmert sich in rührender Weise um sie.

„Das wäre ein Töchterl, wie ich sie mir vorgestellt hätte", schwärmt meine Mutter. *„Lade sie doch einmal ins Kino ein."*
Ein Wunsch, den ich nur zu gerne erfülle. Wenige Tage später eröffnet mir der Chefarzt, dass meine Mutter an Bauchspeicheldrüsenkrebs im fortgeschrittenen Stadium leide. Ich versuche meinen Vater zu erreichen, dessen letzter bekannter Aufenthalt Nikolejew am Schwarzen Meer war. Vom Oberkommando der Wehrmacht erhalte ich die Nachricht, dass er vermisst sei. Ich klammere mich an den Gedanken, dass er noch am Leben ist. Meine vorgesetzte Dienststelle gewährt mir großzügig eine Urlaubsverlängerung.

Nach der Operation teilt mir der Arzt mit, dass der Zustand meiner Mutter hoffnungslos ist. Ich kann und will es nicht glauben. Meine Mutter ist guten Mutes und wähnt sich auf dem Wege der Besserung. Auch ich schöpfe Hoffnung. Unter der Einwirkung schwerer Schmerzmittel erzählt sie: *„Ich habe heute Nacht plötzlich das Paradies gesehen. Du glaubst nicht, wie schön das war. Ich wollte gar nicht mehr aufwachen."*
An ihrem Krankenbett verlobe ich mich mit Annemarie. Meine Mutter ist darüber sehr glücklich. Die nächsten Tage verbringen wir zusammen mit ihr, die nur mehr dahin dämmert. Als sich während einer Visite des Arztes ihr Zustand sichtbar verschlechtert, sagt der Arzt, wohl in der Meinung, dass sie ihn nicht mehr hören kann: *„Ihre Mutter stirbt jetzt."*
Zu unser aller Entsetzen stöhnt sie: *„Ich will nicht sterben!"*

Kurz darauf ist meine Mutter tot. Nur 59 Jahre alt ist sie geworden. Es sind die schwersten und einsamsten Stunden meines Lebens.

Einige Tage verbringe ich noch auf unserem Besitz in Deutschlandsberg. Das Begräbnis findet in kleinstem Rahmen statt. Dann entlasse ich das Hauspersonal und die Arbeiter, die ich bitte, sich um die Landwirtschaft zu kümmern. Als Gegenleistung sage ich ihnen den Ertrag der kommenden Ernte zu.

Im Haus ist es seltsam still. Ich schließe das Haustor hinter mir ab. Ob ich wieder zurückkommen werde? Es ist ein trüber Septembertag, kurz vor meinem vierundzwanzigsten Geburtstag.

Annemarie und ich einigen uns auf einen Hochzeitstermin im kommenden Februar 1942. Da sie mit 18 Jahren noch „unmündig" und ihr Vater, der Universitätsprofessor Doktor Schrottenbach schon verstorben ist, benötigen wir das Einverständnis ihrer Mutter, einer geborenen Edlen von Kodolitsch. Diese ist jedoch der Meinung, ihre Tochter sei zu jung, um sich für eine Ehe entscheiden zu können. Unterstützung erhalten wir von Annemaries älterer Schwester Margit. Sie verspricht in unserem Sinn auf die Mutter einzuwirken. In der Gewissheit, dass ein geliebter Mensch auf mich wartet, fahre ich nach Berlin-Schönwalde zurück. Hier erreicht mich der Anruf meiner Tante, der Frau des Bruders meiner Mutter. Mein Vater habe sie aus einem Lazarett in Hanau angerufen, wo sie ihn mit zahlreichen Knochenbrüchen vorfand. Auf seinem Nachttisch stehe eine Flasche Champagner, die er irgendwie aufgetrieben habe und die er für ein Wiedersehen mit seiner Frau aufbewahrt hätte. Die Nachricht vom Tod seiner Frau habe ihn derart erregt, dass er versuchte aufzustehen. Dabei verletzte er sich so schwer, dass eine neuerliche Operation erforderlich war.

Kurz darauf besuche auch ich meinen Vater im Lazarett. Der kraftvolle und energische Mann, der er gewesen war, ist kaum wieder zu erkennen. Völlig apathisch liegt er in seinem Bett. Als ich einen für ihn bestimmten Telefonanruf entgegen nehme, meldet sich das Kriegsgericht. Ich frage nach dem Grund des Anrufes, aber man verweigert mir höflich, jedoch bestimmt, jegliche Auskunft.
„Mein Junge, du ahnst nicht, wie die Dinge wirklich stehen. Ich hätte deinen damaligen Rat, mich nicht mehr zum Wehrdienst zu melden, befolgen sollen", ist seine Reaktion.
Ich beschwöre ihn mir doch Genaueres mitzuteilen. Er antwortet mir, dass er das nicht dürfe.

Bei meiner Rückkehr nach Schönwalde werde ich zu meinem Kommandeur befohlen. Dieser eröffnet mir, dass ich zu einem Exekutionskommando eingeteilt worden sei. Der Verurteilte ist ein achtzehnjähriger Soldat. Grund der Hinrichtung ist „Fahnenflucht und Feigheit vor dem Feind".
Ich bin vehementer Gegner der Todesstrafe, für mich bedeutet dies Mord. Daher bitte ich ihn, mich von diesem Kommando zu befreien.

„Herr Major, der Soldat ist fast noch ein Kind. Wäre er siebzehn, würde er davonkommen."
Er überlegt lange: *„Wenn sich an Ihrer Stelle ein Freiwilliger meldet, kann ich Sie von diesem Befehl entbinden."*
Zu meiner großen Erleichterung, aber auch Bestürzung, meldet sich ein Freiwilliger. Welche Gründe mögen ihn bewegt haben.

Das Exekutionskommando besteht aus mehreren Soldaten. Um unnötiges Leiden zu verhindern, werden nur besonders gute Schützen zum Erschießungskommando eingeteilt, die auf das Herz zu zielen haben. Einer der Schützen erhält eine Platzpatrone. Jeder der Soldaten kann daher annehmen, dass er jener Schütze war, der keinen Todesschuss abgegeben hatte. Noch bin ich aus diesem grausamen Geschehen nicht ganz entlassen. Am Abend ruft mich mein Kommandeur wieder zu sich. *„Sie können Ihre Menschlichkeit unter Beweis stellen"*, beginnt er.
Da der zum Tode Verurteilte geistlichen Beistand ablehne, habe der General befohlen, dass ich ihm zur Seite zu stehen habe. *„Sie werden die Nacht vor der Exekution zusammen mit ihm in der Zelle verbringen und ihn bis zur Hinrichtungsstätte begleiten. Ich wünsche für den jungen Todeskandidaten, dass es Ihnen gelingt, diese Aufgabe so gut wie möglich zu erfüllen."*
Ich bin entlassen. Die nächsten Stunden verbringe ich wie benommen. Am Abend melde ich mich beim Wachhabenden auf der Wachstube und werde in die Zelle des Delinquenten geführt. Er sitzt auf der Pritsche. Ich setze mich neben ihn, lege meinen Arm um seine Schultern. Zwei junge Männer, von denen einer morgen gewaltsam zu Tode gebracht wird.

Die Stunden vergehen nur langsam. Ich spreche ihn an, er antwortet kaum. Krampfhaft vermeide ich Worte, die in die Zukunft deuten, die für ihn keine Gültigkeit mehr haben. Ich hoffe und bete, dass er seine Situation nicht voll realisiert. Er ist völlig in sich gekehrt.

In den frühen Morgenstunden werden wir von Soldaten abgeholt. Er wird gefesselt. Man fährt uns in einem Gefangenenwagen zur Hinrichtungsstätte. Die Tür am Heck des Wagens hat ein Gitterfenster, keine Scheibe. Es ist ein kalter Tag und wir frieren. Uns folgt ein offener Planwagen, auf dem sich der für ihn bestimmte - Sarg befindet. Geschieht dies aus Dummheit oder aus Kaltherzigkeit?

Auf dem Schießstand wartet bereits das Exekutionskommando, daneben eine Kompanie Soldaten – abkommandiert als Zuschauer. Zur Abschreckung. Wir werden getrennt. Ein Feldwebel zieht dem Verurteilten den Rock aus. Es fegt ein eiskalter Wind über das Gelände. Als er mit dem dünnen Hemd vor dem angetretenen Kommando steht, bitte ich den Feldwebel ihm den Rock anzulassen. *„Den Schnupfen bekommt er nicht mehr",* ist die menschenverachtende Antwort. Das Todesurteil wird verlesen. Nochmals darf ich an ihn herantreten, lege die Hand auf seine Schulter. Ich habe Angst und kann die seine spüren. Er zittert, sieht mich nicht an. Dann wird er an das Ende des Schießstandes geführt und an einen Pfahl gebunden. Die Situation erscheint mir wie ein Alptraum. Wie eine Ewigkeit dauern die Minuten, bis das Kommando „Feuer" erschallt. Der Delinquent sackt in sich zusammen, rote Wellen laufen über sein Gesicht, er bäumt sich ein letztes Mal auf. Rundum herrscht Totenstille. Dann erschallen laute Kommandos. Der Lärm der abrückenden Kompanie reißt mich aus meiner Erstarrung. Ein junges Menschenleben ist ausgelöscht. Den langen Weg von der Schießstätte zum Fliegerhorst lege ich alleine zu Fuß zurück.

In diesen Dezembertagen erfolgt der unglaubliche Fliegerangriff der Japaner auf Pearl Harbour in Amerika, worauf die USA Japan den Krieg erklärt. Unfassbar für mich und meine Kameraden ist es, dass Hitler daraufhin der USA ebenfalls den Krieg erklärt. Die logische Antwort ist die Kriegserklärung der Vereinigten Staaten von Amerika an Deutschland und Italien.

Zu Beginn des Krieges hatten viele meiner Landsleute daran geglaubt, dass das Leben unter Hitler leichter zu ertragen wäre, als unter der drückenden Last des „Versailler-Vertrages". Das hat sich nun als folgenschwerer Irrtum erwiesen. Übereinstimmend sind wir der Meinung, dass die vom Krieg bislang verschonte US-Wirtschaft über bedeutende finanzielle und materielle Rücklagen verfüge, während die unseren wohl bald aufgebraucht seien.

1942 - 1944

Sprache des Krieges: Zerstören, vernichten. Siegen bedeutete Leben, verlieren Tod. Wie in Stalingrad. Tod für eine ganze Armee.
Krieg in der Heimat. Frauen, Kinder, Greise getötet. Begraben unter den Trümmern. Flammende Reden. Das letzte Aufgebot. Die Fronten brachen zusammen.
Standgerichte verordneten Todesstrafen.
Gräuelnachrichten aus dem sowjetischen Russland. Sie stärkten den Kampfeswillen.
Man drehte Filme, spielte Theater. Der Rest wollte leben, sollte leben - um sterben zu können. Man liebte, man heiratete. Kinder wurden geboren.
Das Attentat auf Hitler. Die Attentäter erhängt. Und Hitler lebte.
Vor der Öffentlichkeit verborgen wurden unschuldige Menschen ihrer Rasse und Überzeugung wegen grausam und systematisch ermordet.
Das Inferno hatte begonnen.

Noch sind die Erfolge der deutschen Wehrmacht beeindruckend. Die Schlacht um Charkow endet sogar mit der Vernichtung der eingeschlossenen Sowjettruppen.
Zweihundertvierzigtausend Gefangene werden gemacht, einhunderttausend Panzer und zweitausend Geschütze zerstört. Aus dem Raum von Wjasma wird berichtet, dass auch die Reste der 33. sowjetischen Armee vernichtet worden sind. Reste – damit meint man nicht nur Reste an Waffen, sondern auch Reste von Vätern, Ehemännern und Söhnen. Reste wie Lumpen oder Altpapier. Die Sprache des Krieges ist bei Freund und Feind gleichermaßen grausam. General Rommel wird von Hitler zum Generalfeldmarschall ernannt. Seine Erfolge und seine aufrechte Haltung in Afrika finden sogar beim Feind Anerkennung.

Im Gegensatz zur nationalsozialistischen Berichterstattung verzichtet der britische Premierminister Churchill auf Beschönigungen. Nach dem Fall von Tobruck durch Rommels Armee sagt er in seiner Rede:
„Die militärischen Missgeschicke der letzten 14 Tage in der Cyrenaika und in Ägypten haben nicht nur dort, sondern auch im ganzen Mittelmeer die Lage grundlegend umgestaltet. Wir haben über 50.000 Mann verloren, von denen der größte Teil in Gefangenschaft geriet. Rommel nähert sich der fruchtbaren Niederung des Nils. Die Kapitulation Tobrucks mit seiner Besatzung von 25.000 Mann binnen eines Tages kam völlig unerwartet."

Auch die deutsche U-Boot-Flotte kann Erfolge verzeichnen. *„Zweiundsiebzig gegnerische Handelsschiffe wurden durch deutsche U-Boote versenkt - insgesamt 193.315 BRT (Bruttoregistertonnen). Sogar vor der amerikanischen Ostküste versenkten die Deutschen dreiundzwanzig Handelsschiffe."*

Sowohl die Angehörigen der Luftwaffe als auch die der Marine versuchen sich dem Gegner gegenüber fair zu verhalten. *„Deutsche U-Boote versenkten im Mittelmeer den Truppentransporter ‚Laconia' mit 1800 Besatzern. Die Deutschen begannen mit der Rettung und baten um internationale Unterstützung. Deutsche, italienische und britische Einheiten kamen um zu helfen und erbaten aus verständlichen Gründen um Luftsicherung, in diesem Falle von der US-Luftwaffe. Dieser Funkspruch wurde angeblich von den Amerikanern verstümmelt aufgefangen und sie begannen die Retter anzugreifen. Ein amerikanischer Liberator-Bomber griff trotz der Rotkreuzflagge auf U 156 sogar mehrfach an, so dass nur wenig über eintausend Schiffbrüchige gerettet werden konnten."*

Der deutsche Admiral von Dönitz befiehlt daraufhin derartige Rettungsversuche in Zukunft zu unterlassen. Im Nürnberger Prozess wird er wegen dieses Befehls angeklagt werden, das Gericht wird dieser Anklage aus obigen Gründen jedoch nicht folgen.

Meine Kameraden und ich freuen uns über die Erfolge der Wehrmacht. Einerseits wünschen alle ein Ende des Krieges, andererseits fürchtet man die Rache der Sieger. Daher kämpfen die Soldaten, besonders im Osten, verbissen weiter, zumal die kommunistische Gefahr immer größer wird. Und so verstehen wir Stalins Ausspruch: *„Die Hitler kommen und gehen, das deutsche Volk, der deutsche Staat bleibt bestehen"*, dass damit wohl ein kommunistischer Staat gemeint ist.

Die alliierten Luftangriffe auf deutsche Städte nehmen so dramatisch zu, dass die Bevölkerung kaum mehr an den Ereignissen an der Front Anteil nimmt.
1130 Bomber werfen auf Köln innerhalb von 90 Minuten 1.500 Bomben ab, unter der Zivilbevölkerung gibt es mehr als tausend Tote. Die wunderschöne Altstadt von Lübeck wird durch einen Flächenangriff in Schutt und Asche gelegt, ebenso wie später die Altstadt von Rostock. Britische Flugzeuge werfen 126 Tonnen Bomben auf Düsseldorf, wenig später nochmals 760 Tonnen und über Mainz gehen 580 Tonnen Bomben nieder.

Die bittere Kälte im Winter 1942/43 und die mangelnde Ausrüstung bringen die Soldaten an der Ostfront in allergrößte Schwierigkeiten. Es fehlen Flugzeuge zur Unterstützung der Offensive. So bricht der Vormarsch der Deutschen in Russland zusammen. Die sowjetischen Truppen schließen die 6. Armee und weitere deutsche und rumänische Verbände, insgesamt einhundertfünfzigtausend Mann, im Raum Don und Wolga bei Stalingrad ein. Diese Tatsachen kann auch die Nazi-Propaganda in Deutschland nicht mehr verheimlichen. Die Bevölkerung wird zu zivilen Hilfsaktionen, wie die Aktion „Winterhilfe", die warme Kleidung für die Soldaten sammelt, aufgerufen.

Um den Soldaten Unterhaltung zu bieten und sie vom Alltag des Soldatenlebens abzulenken, entstehen die so genannten „Soldatenbühnen". Ich werde mit dem Aufbau und der Leitung einer Bühne beauftragt und es gelingt mir bedeutende Künstler zu gewinnen, unter anderen Viktor de Kowa, Michiko Tanaka, Fita Benkhoff, Günther Lüders. Die Aufführungen werden zum Teil über den Rundfunk übertragen. Ich schreibe Theaterstücke, führe Regie und spiele selbst mit.

Der SS-Gruppenführer Reinhard Heydrich, einer der brutalsten Männer des Regimes, wird in der Bergarbeitersiedlung Lidice in Tschechien ermordet. Die Rache der Waffen-SS ist grauenhaft. Das Dorf wird dem Erdboden gleichgemacht, die Männer getötet, die Frauen und Kinder verschleppt. Meine Kameraden und ich sind über diese Vorgehensweise, die bei der Wehrmacht nie möglich gewesen wäre, entsetzt.

Wie streng die Gesetze im Allgemeinen waren, zeigt ein Bericht eines von der russischen Front zu unserer Einheit versetzten Offiziers von der Vergewaltigung einer Russin durch einen deutschen Soldaten. Vergewaltigung wird von der Wehrmacht mit der Todesstrafe bestraft oder mit der Versetzung des Vergewaltigers in die berüchtigte SS-Einheit des SS-Oberführers Dirlewanger. Diese Einheit besteht zum Teil aus Verbrechern, die an vorderster Front eingesetzt werden.

Der Plan von der jetzt einsetzenden systematischen Tötung der jüdischen Bevölkerung durch die SS wäre mir und meiner Umgebung damals völlig unglaubwürdig erschienen und als üble Kriegspropaganda abgetan worden. Aber auch im Ausland werden die Berichte von Flüchtlingen und Augenzeugen nicht ernst genommen.

Der bekannte Literaturkritiker Marcel Reich-Ranicki schrieb in seiner Autobiographie mit dem Titel „Mein Leben" (Deutsche Verlagsanstalt Stuttgart) unter anderem: *„Damals, wahrscheinlich im März, hörte ich zum ersten Mal, dass Deutsche irgendwo in Polen Juden mit Hilfe von Autoabgasen, die in kleine Räume geleitet wurden, umbrachten. Ich glaubte es nicht – und ich kannte niemanden, der das für möglich hielt."*

Rudolf Vreba berichtet in seinem Buch „Als Kanada in Auschwitz lag" von den Konzentrationslagern: *„... Die Welt durfte von diesem Ort seiner (Himmlers) leistungsfähigsten Todesfabrik niemals etwas erfahren... Ich war davon überzeugt, dass die zionistischen Führer in der Slowakei... keine Ahnung hatten, was sie tatsächlich erwartete."*
Nach seiner Flucht aus dem Konzentrationslager berichtet er dem jüdischen Rat in Zilina in der Slowakei vom Erlebten. *„ ... Ich blickte in diese Runde, betrachtete die Gesichter unserer großzügigen*

Gastgeber, plötzlich überkam mich das entsetzliche Gefühl, dass sie nicht ein Wort von dem glaubten, was wir ihnen erzählten."

Die Österreicherin Ella Lingens, eine Ärztin und Nichtjüdin, versteckte Juden vor der drohenden Deportation. Sie wird angezeigt, verurteilt und landet in Auschwitz.
In ihrem Buch „Gefangene der Angst", erschienen im Franz Deutike Verlag, schreibt sie: *„In Österreich oder Deutschland gab es nicht nur keine Zeitung, die auch nur ein Sterbenswörtchen über den Holocaust hätten schreiben können, es war auch allen Beteiligten, auch den Wachmannschaften bei schwerer Strafe untersagt, irgendetwas über ihre Tätigkeit mitzuteilen."*
Und an anderer Stelle:
„Jedenfalls waren es Prostituierte, die mich 1942 im Gefängnis bedauerten, weil ich nach Auschwitz kommen sollte, weil es dort ziemlich arg sei und dort die Juden in einer Badewanne umgebracht werden. Ich habe den Mädchen freilich kein Wort geglaubt."

Zur gleichen Zeit gelingt es einer jüdischen Mutter mit ihrer zehnjährigen Tochter aus dem Lemberger Ghetto zu fliehen, kurz vor einer Selektierung für einen Transport in ein Todeslager. Sie finden Unterschlupf bei der Sekretärin der nationalsozialistischen Lokalregierung, Irmgard Wieth, die sie unter größter persönlicher Gefahr monatelang versteckt, bis eine Unterbringung in einem polnischen Kloster gefunden wird.
Jahrzehnte später lernen meine Frau und ich diese Tochter, Lili Pohlmann, in London kennen, mit der uns bis heute eine herzliche Freundschaft verbindet.

*

Ich erhalte den Befehl, mich im Reichsluftfahrtministerium in der Wilhelmstraße in Berlin zu melden, in dem Reichsmarschall Göring residiert. Man führt mich zu einem General, der mit mir über meinen Kriegsschulbesuch, über meine Zeit als Offiziersanwärter und sogar über meine Tätigkeit als Schriftsteller spricht, die aus Beiträgen in den „Spandauer Nachrichten" und einigen Bühnenstücken besteht.

Dann kommt er abrupt zum Grund der Vorladung: *"Warum wollen Sie nicht Offizier werden?"*
Mich erstaunt seine Frage, wurde man doch sonst nicht beim Militär gefragt. Und so antworte ich ihm, dass ich erfahren hätte, dass Offiziere nach dem gewonnenen Krieg, wegen der Besetzung der großen eroberten Gebiete, gezwungen würden, weiterhin beim Militär zu bleiben. Ich hingegen wolle meine schriftstellerische Tätigkeit ausbauen und meine Freiheit genießen. Wahrscheinlich denkt er selbst mit Schrecken daran, als Gouverneur in irgendeinem sibirischen Provinznest zu landen. Ich komme ohne Verweis davon.

Möglicherweise erhalte ich auf seine Veranlassung hin den Auftrag, den Vorbereitungslehrgang für jene Oberfeldwebel zu übernehmen, die rasch Offiziere werden sollen. Wegen der hohen Verluste an der Front herrscht ein großer Mangel an Offizieren. In einem leer stehenden Verwaltungsgebäude des Fliegerhorstes wird mir ein Stockwerk zugeteilt. Jetzt kommt mir die umfassende Bildung, die ich durch meinen Vater erhielt, zugute. Ich erhalte ein unfangreiches Schulungsmaterial, das man mir auf meinen neuen Schreibtisch legt. Gleichzeitig befreit man mich von fast allen militärischen Aufgaben.

Vor dem Beginn meiner neuen Tätigkeit erhalte ich Heimaturlaub. Mit der so genannten Ehetauglichkeitsbestätigung, eine von den Nazis wieder eingeführten Vorschrift aus dem Anfang des 19. Jahrhunderts, fahre ich nach Graz. Annemarie und ich heiraten im Februar 1942, sie ist 18 Jahre alt. Es ist eine kleine, den Kriegszeiten angepasste Hochzeit, an der neben Annemaries Mutter und Schwester nur noch mein Vater und die Trauzeugen teilnehmen.

Wie alle jungen Ehepaare dieser Zeit erhalten auch wir ein Exemplar von Hitlers „Mein Kampf". Und wie viele andere junge Ehepaare legen wir es ungelesen zur Seite. Ein Hochzeitsgeschenk ganz anderer Art erregt unsere Heiterkeit – ein kleiner Sack voll Erbsen – von einem Onkel meiner Frau. Zwar erhalten wir Lebensmittel nur mit Bezugsscheinen, doch noch ist die Not nicht so groß.

Meine Frau Annemarie hat sich entschlossen, mit mir nach Berlin zu ziehen. Meiner Stellung verdanke ich die Erlaubnis „privat" wohnen zu dürfen und so mieten wir eine kleine Villa in Berlin-Hermsdorf. Mit einem gebrauchten Fahrrad bewältige ich täglich die lange Strecke zwischen Hermsdorf und dem Fliegerhorst Schönwalde. Meinen Vater, der von der Militärdienststelle nach Bad Gastein zur Kur geschickt worden war, kann ich überreden, zu uns nach Berlin zu ziehen. Einer der Gründe, dass er darauf eingeht, mag wohl auch der gewesen sein, dass er während seines Aufenthaltes in Bad Gastein eine Berlinerin, Magdalena Korinth, kennen gelernt hatte. Annemarie kümmert sich rührend um meinen Vater, der viel an Lebensfreude verloren hat. Bald nimmt er Kontakt zu seinem „Kurschatten" auf, die eine schöne Villa in Berlin-Lichterfelde besitzt, welche wenig später den Bomben zum Opfer fällt. Noch im selben Jahr heiraten die beiden. Ich kann meinen Vater unter den gegebenen Umständen verstehen.

Da durch die Fliegerangriffe die Zustände in Berlin immer bedrohlicher werden, rate ich Annemarie nach Graz zurückzukehren. Sie jedoch will bei mir bleiben. Bei einem Bauern im Dorf Schönwalde in der Nähe des Fliegerhorstes finden wir ein Zimmer mit einer daneben befindlichen Dachkammer, die als Küche und Abstellraum genützt wird, die Toilette befindet sich im Hof. Doch wir sind glücklich, zusammen zu sein.

Annemaries ausgeglichenes Wesen und ihre Geduld erweisen sich von großem Vorteil, bleibt ihr doch nichts anderes übrig, als den ganzen Tag auf mich zu warten. Sie freundet sich mit der Frau meines Kameraden Richard Kollek an. Seine Tochter Heike wird mein Taufpatenkind. Im Nachbarzimmer wohnen zwei Cousinen des Reichsministers für Rüstung Albert Speer. Einige meiner Kameraden, die zu Besuch kommen, sind ausgemachte Gegner des Regimes, einer von ihnen sogar Kommunist. Wir müssen unsere Gespräche leise führen. Jedes falsch gesagte Wort kann der Grund einer Verhaftung sein.

Die Stimmung unter den Dorfbewohnern ist denkbar schlecht. Sie glauben nicht mehr an den Sieg, den die Presse unermüdlich ankündigt. Man spricht bereits unter Freunden, wenn auch nur mit vorgehaltener Hand, dass ein Ende mit Schrecken besser wäre als ein Schrecken ohne Ende.

Auf Grund meiner Flugerfahrung mit dem Winzigflugzeug „Sperling", das auf kleinstem Raum landen und starten kann, soll ich neben meiner jetzigen Tätigkeit mit einigen anderen Kameraden für einen besonderen Einsatz geschult werden. Geplant wird, hinter den feindlichen Linien zu landen, um Anschläge vorzubereiten. Bei Gefangennahme wären wir nach dem Kriegsrecht sofort als Spione vom Gegner erschossen worden. Zur Deckung sollen wir amerikanische Uniformen tragen und Englisch mit amerikanischem Klang sprechen. Ich erhalte den Befehl, mich zum „Sprachunterricht" beim Flughafen Berlin-Tempelhof zu melden. Es ist mir klar, dass ich eine derartige Aufgabe niemals durchführen werde. Sehr bald registriert man mein vorhandenes und teilweise hochgespieltes Sprachen-Antitalent mit Unmut und streicht mich aus der Liste der Anwärter.

*

1943 besteht mein engster Freundeskreis aus Kammersänger Dütbernd, Schlagerkomponist Weiche, Staatsschauspieler Kettler und Hans Hömberg, dem bekannten Schriftsteller und Bühnenautor, dessen Stück „Kirschen für Rom" bereits im Burgtheater in Wien uraufgeführt wurde. Wir treffen uns immer häufiger in meiner Mansardenwohnung in Schönwalde. Unsere Hoffnung ist es, dass es den Amerikanern und Engländern bald gelingen möge, den Krieg zu beenden, denn von der Sowjetunion fühlen wir uns erschreckend bedroht. Berichte von der russischen Front zurückgekehrten Kameraden tragen nicht dazu bei, uns zu beruhigen. Wir fühlen uns in einer ausweglosen Lage.

Langsam wird das Ausmaß der Niederlage bei Stalingrad bekannt. Die Russen fordern nach langem Kampf die Deutschen auf, sich zu ergeben. Hitler ernennt den Befehlshaber Generaloberst Paulus zum Generalfeldmarschall und wiederholt seinen Befehl, die Kapitulation zu verweigern: *„Verbiete Kapitulation. Die Armee hält Position bis zum letzten Soldaten und zur letzten Patrone und leistet durch heldenhaftes Ausharren einen unvergesslichen Beitrag zum Aufbau der Abwehrfront und zur Rettung des Abendlandes."*

Doch Paulus erkennt die hoffnungslose Lage. Achtundfünfzigtausend deutsche Soldaten sind zwischen den Trümmern einer zerstörten Stadt getötet worden, verhungert und erfroren. Er missachtet daher Hitlers menschenverachtenden Befehl und begibt sich mit zweihundertzehntausend Mann am 2. Februar 1943 in russische Gefangenschaft. Nur sechstausend von ihnen werden Jahre später nach Deutschland zurückkehren.

Goebbels hält im Berliner Sportpalast eine flammende Rede und ruft zum „totalen Krieg" auf. Die Begeisterung der dort anwesenden Funktionäre ist für meine Kameraden und mich schwer nachvollziehbar. Ich kann mir allerdings vorstellen, dass niemand es gewagt hätte, nicht zu klatschen. Wir Freunde bezeichnen die Aufforderung zum totalen Krieg als „Das letzte Aufgebot".

Indessen erlebe ich den bisher schwersten Luftangriff auf Berlin. 250 britische Bomber greifen die Stadt an. Es ist eine Nacht Anfang März. Auf Grund meiner Erfahrung im Erkennen von Flugzeugtypen werde ich als Beobachter und Melder auf einem hölzernen Turm am Rande des Flugfeldes des Fliegerhorstes Schönwalde abkommandiert. Mein Auftrag lautet Meldung zu erstatten, sobald feindliche Flugzeuge sich dem Flughafen nähern. Kein Soldat ist zu sehen, auch keine Fliegerabwehr.

Eine gespenstische Stille umgibt mich. Ich fröstle und warte. Plötzlich höre ich das unheimliche Rauschen eines herannahenden Flugzeugverbandes, das schließlich zu einem orkanartigen Donnern anwächst. Noch während ich telefonisch Meldung nach Berlin erstatte, sehe ich die gefürchteten Moskito-Bomber im direkten Anflug auf unseren Flughafen. Ihr Ziel ist Berlin. Jede dieser Todesmaschinen, ihre Reichweite beträgt 3280 km, trägt über 900 kg Bomben. Tatsächlich greifen sie auch unseren Flughafen an. Die erste Bombe fällt außerhalb der Landebahn. Bombensplitter schlagen in meinem Beobachtungsturm ein. Am Rande des Flugfeldes liegen die Munitionsbunker, ein Treffer würde ein Inferno herbeiführen und von meinem Turm kein Stäubchen zurücklassen. Ich fühle mich ausgeliefert, darf aber meinen Posten nicht verlassen, kann nur hilflos zusehen, wie über und neben mir die Bombensplitter fliegen. Dann folgt der befürchtete Einschlag in einen der Munitionsbunker. Wie durch ein Wunder geschieht nichts, keine Explosion. Nichts! Nur mehr das Geräusch der weiter fliegenden Bomber. Wie ich später erfahre, wurde der getroffene Bunker am Tag zuvor - ausgeräumt.

In dieser Nacht lodern in Berlin etwa 600 Großbrände und es werden über 1500 Häuser zerbombt oder schwer beschädigt. Mehr als eintausend Tote sind unter der Zivilbevölkerung zu beklagen und doppelt so viele Verwundete. Fünfunddreißigtausend neue Obdachlose suchen Unterkünfte. Bis Ende März 1944 werden über sechstausend Berliner sterben und mehr als achtzehntausend schwer verwundet.

Von Woche zu Woche mehren sich die Luftangriffe auf deutsche Städte. Ein schwerer Angriff durch etwa dreihundert britische Bomber auf die schöne Stadt Nürnberg, die an die 800 Tonnen Bomben abwerfen, richtet schrecklichen Schaden an. Im Mai bombardieren britische Bomber Dortmund. Sie werfen auf die Stadt zunächst 1500 Tonnen Bomben, vierzehn Tage später nochmals über 2000 Tonnen. Nur die Erfolge der deutschen U-Boot Flotte unter dem Befehl ihres Oberbefehlshabers Großadmiral Dönitz scheinen ungebrochen. Sie versenkt im Nord-Atlantik, im Nord- und Mittelmeer und im Indischen Ozean 153 alliierte Handelsschiffe.

Ein Kamerad nimmt mich und meine Frau zu einer privaten Einladung zum SS-Standartenführer Meissner nach Berlin mit. Obwohl wir im Allgemeinen eine undefinierbare Abneigung gegenüber der SS haben, erweist sich das Ehepaar Meissner als so sympathisch, dass meine Frau und ich sie in der Folge mehrmals besuchen. Stolz zeigen sie uns ihr Neugeborenes und laden uns zur Feier der „Namensgebung" ein, die, wie sie uns erklärten, sehr festlich von der SS durchgeführt werde. Meine Frau fragt im Laufe des Gespräches, warum das Kind nicht getauft würde und fügt arglos hinzu, der Ausdruck „Namensgebung" komme ihr so vor, als würde man einen Hund benennen. Schnell versuche ich mit dem schwachen Einwand zu beschwichtigen, dass auch ein Kind, das keiner Glaubensgemeinschaft angehöre, einen Namen bekommen muss. Obwohl wir zur Feier der „Namensgebung" nicht kommen können, sind Meissners nicht gekränkt, im Gegenteil. Nach einigen Besuchen macht mir der Standartenführer den Vorschlag, mich von der Luftwaffe „loszueisen", um mich in die SS mit einem gebührenden SS-Rang zu übernehmen. Dank meines von ihm vermuteten psychologischen Einfühlungsvermögens, soll ich russisch sprechende SS-Leute schulen. Sie sollen an der Front Sowjetsoldaten mittels Lautsprecher davon überzeugen, dass sie, falls sie zu den Deutschen überliefen, gut behandelt würden. Diese Propagandatätigkeit hat der SD (Sicherheitsdienst), welcher der SS zugehörig ist, übernommen. Seinen Vorschlag lehne ich mit der Begründung ab, dass diese Tätigkeit meiner Ausbildung bei der Luftwaffe nicht entsprechen würde. Bald darauf bricht der Kontakt ab.

Am 21. Juni ordnet Hitler die Bildung eines zentralen Sondergerichtes an:
„Das Sonderstandgericht ist dazu berufen, im Schnellverfahren politische Straftaten abzuurteilen, die sich gegen das Vertrauen in die politische und militärische Führung richten und bei Anlegung des gebotenen scharfen Maßstabes, eine Todes- oder Zuchthausstrafe erwarten lassen."
Ein Gummiparagraph, der sich nach Belieben auslegen lässt. Dazu gibt es nach dem von Goebbels erklärten „totalen" Krieg für Soldaten folgende Ermächtigung: *„Der zur Ermächtigung eines kriegsgerichtlichen Todesurteils berufene Befehlshaber hat darüber zu entscheiden, ob die Strafe durch Erschießen, Enthaupten oder Erhängen vollzogen werden soll."*
Meine Freunde und ich meinen auf schnoddrige Landserart, dass uns die Wahl schwer fallen würde.

An allen Fronten verschlechtert sich nun die Lage. Das deutsche Afrikakorps muss kapitulieren, in Russland drängen die Sowjets die deutschen Truppen zurück. Köln brennt, dann steht Essen in Flammen, Bremen folgt. Im Juli startet das alliierte Bomberkommando das „Unternehmen Gomorrah". 800 viermotorige britische Bomber werfen 1500 Tonnen Bomben auf die Stadt Hamburg ab, ein Angriff, der zu einem Inferno für die Bevölkerung wird. Dreißigtausend Einwohner sterben. Unter diesem Eindruck begeht der Generaloberst der deutschen Luftwaffe Hans Jeschonek Selbstmord. Seine Forderung nach einem massiven Ausbau der Jagdabwehr war abgelehnt worden. Die deutsche Luftwaffe schießt zwar hunderte feindliche Nachtjäger ab, die als Begleitschutz für die Bomber mitgeflogen waren, doch die Alliierten erzeugen für jeden abgeschossenen Jäger zwei neue.

Die Briten landen in Italien auf der Südspitze Kalabriens und im Golf von Tarent, die Amerikaner bei Salerno. Die deutsche Militärführung ordnet sofortige Gegenmaßnahmen an: Entwaffnung und Gefangennahme der italienischen Verbände, welche sich dem Gegner angeschlossen haben, Übernahme der Militärverwaltung in Griechenland, Verteidigung der Küste des Balkans. Der italienische König flieht zu den Alliierten, Rom wird besetzt. Die italienische Flotte flüchtet nach Malta.

Dennoch, für die deutsche Armee gibt es auch jetzt noch Erfolge zu vermelden. In Russland zerschlagen deutsche Verbände der 18. Armee die Reste der eingeschlossenen Sowjetischen Stoßarmee. Mehr als zweiunddreißigtausend Soldaten der roten Armee geraten in deutsche Kriegsgefangenschaft. Der Oberbefehlshaber der 2. Sowjetischen Stoßarmee, Generalleutnant Andrei A. Wlassow erklärt sich bereit, an Seite der deutschen Wehrmacht gegen die Rote Armee zu kämpfen. Er gründet die berüchtigte „Wlassow-Armee".

Ich erhalte die für mich unfassbare Nachricht vom plötzlichen Tod meines Vaters am 11. August 1943, zwei Tage vor seinem 63. Geburtstag, auf unserem Ansitz in Deutschlandsberg. Er starb an einem Herzinfarkt, als Männer der Gestapo gekommen waren um ihn zu verhaften. Was wollten sie von meinem Vater? Auch meine Stiefmutter kann mir keine Antwort geben. Ich denke an seine Worte im Lazarett in Hanau: *„Es ist viel schlimmer, als du es dir vorstellen kannst!"*

Zu seinem Begräbnis bekomme ich keinen Urlaub. Um mein Erbe kann ich mich nicht kümmern. Der Schock, meine Eltern in einem so kurzen Zeitraum verloren zu haben, ist groß. Mehr denn je ersehne ich den Untergang dieses Regimes.

Erst nach dem Krieg erfahre ich vom Vizepräsidenten des Steiermärkischen Automobilclubs, ehemaliger Beisitzender eines Kriegsgerichts, folgenden Sachverhalt:

Als mein Vater als Kommandeur einer Gebirgsjägereinheit in Russland stationiert war, begegnete er auf der Treppe seiner Kommandantur einer jungen Frau, die das Treppenhaus putzte. Sie weinte und er erkannte, dass es sich nicht um eine jener einfachen russischen Bäuerinnen handelte, die sonst diese Arbeiten zu verrichten hatten. Auf seine Fragen erzählte sie ihm, dass sie Ärztin sei und Jüdin. Man hätte sie aus der Schule geholt, in der viele Juden festgehalten würden. Männer, Frauen und Kinder, darunter auch ihr Schwager und ihr Neffe. Am kommenden Morgen sollten alle erschossen werden. Auf seine Frage, was die Gefangenen verbrochen hätten, antwortete sie: „Nichts, es genügt Jude zu sein, um getötet zu werden."

Sein Adjutant bestätigte, dass der SD (Sicherheitsdienst der SS) die jüdische Bevölkerung dieses Gebietes festhält, um sie ohne Gerichtsverhandlung am kommenden Tag zu exekutieren.
Mein Vater war empört. Niemals würde er in seinem Befehlsbereich so ein Verbrechen dulden. Die Waffen-SS habe die Leute sofort freizulassen. Als sein Befehl missachtet wurde, ließ er durch seine Soldaten die SS-Bewachung verjagen und befreite die Gefangenen, die in die Wälder flüchteten.

Erst etwa drei Wochen später wurde mein Vater von einem hohen SS-Offizier zur Rede gestellt. Eine Debatte, bei der es äußerst hitzig zugegangen sein musste. Mein Vater, der bislang der Meinung gewesen war, dass es sich bei der SS um eine ehrenwerte Truppe handelte, bezeichnete diese nun als gemeine Mörderbande und drohte dem SS-Offizier, sollte er nicht sofort verschwinden, ihn mit der Reitpeitsche hinauszujagen. In seinem Bereich werde er dafür sorgen, dass keinem Juden etwas geschehen werde.

Kurze Zeit darauf war mein Vater spurlos verschwunden. Erst nach sechs Wochen fand man ihn mit gebrochenen Knochen im Militärlazarett in Hanau.

Es ist anzunehmen, dass die Wehrmachtsführung dafür gesorgt hatte, dass die SS meinen Vater an sie zu übergeben habe, um ihn vor ein Kriegsgericht zu stellen. Dieses Gericht sprach meinen Vater frei. Er habe als Soldat und Offizier richtig gehandelt.

Mein Berichterstatter endete damit, dass es ihm eine Ehre gewesen sei, einen Mann von solcher Würde kennen gelernt zu haben, einen Soldaten, der seine Menschlichkeit unter Einsatz seines Lebens bewies.

*

Das Afrikakorps unter Generalfeldmarschall Rommel verliert immer mehr an Boden. Ihm gelingt, entgegen Hitlers Befehl, der Rückzug seiner Armee.
Die italienische Regierung kapituliert vor den Alliierten und erklärt Deutschland den Krieg. Der König beauftragt Marschall Badoglio mit der Bildung einer neuen Regierung.

Österreich wird im Oktober 1943 in der Moskauer Deklaration von den Alliierten als Opfer von Hitlers Aggressionspolitik anerkannt. Gegenüber der damaligen Regierung war diese Einstellung richtig, gegenüber der Mehrheit des Volkes eine freundliche Geste.

Hitlers Propaganda spricht vom „Endsieg" und dokumentiert in Anbetracht der katastrophalen Lage damit, dass sie das Ende kommen sieht. Mir und den meisten meiner Kameraden ist klar geworden, dass die Fortsetzung des Krieges sinnloses Blutvergießen bedeutet.

Lale Anderson singt, „*Vor der Kaserne, vor dem großen Tor, stand eine Laterne und steht sie noch davor, so woll'n wir uns da wieder seh'n, wie einst Lili Marlen.*" Dieses Lied wird nicht nur von den Soldaten der deutschen Wehrmacht gesungen, sondern auch von den Angehörigen der alliierten Streitmächte.

Weihnachten steht vor der Türe. Durch eisernes Lebensmittelsparen, Einfallsreichtum und Improvisationstalent gelingt es Annemarie diverse Süßigkeiten zu fabrizieren, Marzipan aus Gries, Butter und Mandelgeschmack, Kaffee- und Nussbonbons, sogar einen Braten kann sie organisieren.

Ich weiß, was dies bedeutet und bewundere sie, mehr noch ihr Ausharren in dieser Hölle. Noch hätte sie die Möglichkeit ihr zu entfliehen.

Aus meinem Tagebuch:
Eintragung vom 25.12.1943
„Mit frischem Mut sangen wir Weihnachtslieder. Wir beklagten den Krieg und sprachen vom ersten Friedensweihnachtsfest. Das Wort Frieden schwebte unwirklich im Raum und verdrückte sich schnell.
Ich schenkte Annemarie eine Creme und ein Buch und „Bretter". Jawohl Bretter, Küchenbretter, Küchensieb und einen Fleischhammer. Reichlich komische Geschenke. Annemarie hingegen schenkte mir einen wunderschönen Pullover, den sie aus der Wolle ihrer alten Weste selbst gestrickt hatte und ein paar selbst angefertigte, mit Pelz gefütterte Hausschuhe. Da stand ich nun sprachlos vor den für die heutigen Zeiten unermesslichen Schätzen. Das geliehene Radio spielte Weihnachtslieder."

Eintragung vom 31.12.1943
„Punsch wird gebraut! Heiß und noch mit echter Rumzuteilung. In feierlicher Stimmung erwarten wir die zwölf Schläge aus dem Radio. Vorher wird noch Blei gegossen. Verdammt viele Kanonen kommen dabei heraus...dann Donnerwetter - ein Storch. Was soll das wohl bedeuten? Ein Nest! 12 Uhr. Prosit Neujahr!!!... Wieder ein scheußliches Kriegsjahr hinter uns. Andererseits können wir uns wieder durch ein neues Jahr hindurchkämpfen. Hol der Teufel das irrsinnige Pack, das man „Menschen" nennt.
Nebenbei die üblichen Fliegerangriffe auf Berlin.
Auch Schönwalde wird getroffen."

Am 22.1.1944 beginnt ein massiver deutscher Fliegerangriff auf London mit über 500 Bombern. Der Erfolg ist durch die schwere britische Abwehr nicht so groß wie geplant. Die Antwort der Briten sind zehntausende Brand- und Sprengbomben auf Berlin. Jede Nacht gibt es Fliegeralarm. So wie in dieser Nacht vom 27./28. Jänner, als über 1000 britische Bomber mehr als 4000 Bomben auf die Stadt abwerfen. Sie bringen einen oft qualvollen Tod unter den Trümmern der Häuser oder in den Schächten der Luftschutzräume, die längst nicht mehr sicher sind. Man sieht Frauen, Kinder und Greise manchmal mit brennenden Kleidern Schutz suchend, andere kriechen schwer verletzt über die Straße, um einen Unterschlupf zu finden, der oft nicht mehr vorhanden ist. Nur mehr die Trümmer zerbombter Häuser. Werden wir die nächsten Opfer sein? Offensichtlich besitzt der Mensch einen geistigen Schutzmechanismus, um überleben zu können.

Annemarie und ich sprechen nicht über die Gefahren. Am nächsten Tag sehe ich auf einem S-Bahnsteig Berlins Leichen wie Sardinen nebeneinander aufgereiht. Sie werden auf offene Güterwaggons geladen, um auf einem freien Feld verbrannt zu werden. Bilder des Schreckens, wie man sie jetzt täglich erlebt. Dennoch fahren Annemarie und ich, wenn es mein Dienst erlaubt, nach Berlin. Noch ist es möglich. Wenn wir auf den Straßen mehr klettern als gehen, wo die Gebäude dem Erdboden gleich gemacht wurden, verlieren wir in einer uns zuvor gut bekannten Gegend die Orientierung. Manche unserer Ziele existieren ganz einfach nicht mehr.

Aber der Krieg geht weiter. Die deutsche Luftwaffe gibt sich nicht geschlagen. Noch immer greifen deutsche Flugzeuge auf Befehl Hitlers London an und die deutsche U-Boot Flotte versenkt im Atlantik, im Mittelmeer und im Indischen Ozean erfolgreich feindliche Schiffe. Die Nachricht, dass man in Amerika davon spricht, nach dem Krieg Deutschland zu entindustrialisieren sowie die Berichte über Gräueltaten der Sowjetarmee in Rumänien, Bulgarien und Ungarn, lassen die Soldaten durchhalten. Die Alliierten rücken indessen bis nach Florenz und Ravenna vor, sie erobern Antwerpen und Straßburg.

In der deutschen Presse tauchen immer wieder Andeutungen über die von Hitler versprochene „Wunderwaffe" auf, an die aber kaum noch jemand glaubt. Wer kann, verlässt die Städte.

Aus meinem Tagebuch:
Eintragung vom 15.2.1944
„In der Nacht Großangriff auf Berlin. Wir sitzen im Bunker, den unsere Wirtsleute im Garten gebaut haben, frieren und warten auf das Geheul der niederstürzenden Bomben.
Nicht weit von uns schlägt es ein. Ein abgeschossenes englisches Flugzeug. Ein viermotoriger Bomber. Die Besatzung darunter begraben.
In England warten die Frauen und die Mütter auf die Jungs, die hier in Schönwalde verbrannt sind und beinahe uns mit um die Ecke gebracht hätten."

Eintragung vom 22.2.44
„Aßen in einem völlig zerstörten Gasthaus. Man soll nicht glauben, dass man in solchen Trümmern überhaupt einen Betrieb aufrechterhalten kann.
Vom oberen Stockwerk war nichts mehr vorhanden, der untere schwer demoliert und nur 2 Stuben benutzbar. Ein Schild vor der Türe hing zerfetzt herab. So aßen wir zwischen diesen Trümmern und zwischen den Trümmern des Spandauer Marktplatzes.
„Frontzustände in der Heimat."

Einige Kilometer neben dem Dorf Schönwalde wird ein Scheinflughafen erbaut. Die angreifenden feindlichen Bomber sollen in die Irre geführt werden und ihre Bomben hier vorzeitig abwerfen. Dass man dadurch möglicherweise auch den Tod der Dorfbevölkerung in Kauf nimmt, ist für uns unfassbar. Obwohl ich Annemarie bedränge, zu ihrer Mutter und Schwester nach Deutschlandsberg zu ziehen, wo sie sich auf meinem Besitz in Sicherheit gebracht haben, will sie sich nicht von mir trennen.

In der Turnhalle unseres Fliegerhorstes hat man ein Mini-London samt Hafenanlagen und Docks aufgebaut. Rundherum verläuft eine Galerie, von der man, wie von einem Flugzeug aus, die ganze Anlage studieren kann. Den Piloten wird befohlen, nur die Hafenanlagen und die Docks zu bombardieren. Trotzdem werden immer wieder die Wohngebiete der britischen Städte Opfer der deutschen Bomber. Auch ich werde mit dem Lageplan vertraut gemacht, obwohl ich keinem Luftwaffengeschwader mehr angehöre.

Wenige Tage später erhalten wir hohen Besuch. Reichsmarschall Hermann Göring hält eine Brandrede, die damit endet: *„Und wenn Ihr sie nicht abschießen könnt, dann Rammen, Rammen, Rammen!"*

Unsere Jäger sollen also unter Aufopferung ihres Lebens, die feindlichen Bomber mit ihrem Flugzeug durch „Rammen" zum Absturz bringen. Einziger Kommentar meiner Kameraden: *„Soll sich der Dicke doch selbst in die Maschine setzen und rammen, rammen, rammen."*

Aus meinem Tagebuch:
Eintragung vom 4.3.1944
„Mittags Alarm. Wir können über uns an den Kondensstreifen 30 feindliche Flugzeuge zählen, umrahmt von Flakwölkchen. ... begleitet wird alles vom Getöse der schießenden Flak (Fliegerabwehrkanonen).

Um 4 Uhr früh nochmals Alarm. Man sitzt zwei Stunden im kalten Erdloch mit Grundwasser ...."

Eintragung vom 5.3.1944
*„Sind bei Kolleks eingeladen. Nachdem wir um vier Uhr früh wieder Alarm hatten, gibt es nun wieder Alarm. Annemarie bestieg ihr Rad, während ich daneben herlaufe.
Zu Hause werden in Eile unsere „Alarmtasche" und Gasmasken sowie Decken aus dem Zimmer geholt."*

Eintragung vom 6.3.1944
„13 Uhr Fliegeralarm. Wir flüchten zum Bunker (Erdloch). Herrlicher Sonnenschein. Anflug der feindlichen Maschinen über Jüterbog. In 10 Minuten sind sie in Berlin. Wollen sehen, was kommt. Eine Frechheit bei diesem Wetter.

Da tauchen Kondensstreifen auf. Ein großer Verband feindlicher Bomber mit Jagdschutz. Allerhand. Noch ziehen sie friedlich ihre Bahn. Jetzt setzt die Flak ein. Niedliche Wölkchen gleich aufgeblühten Rosen umtanzen die Feindmaschinen. Neugierig sehen wir zu.

Da kracht es in unmittelbarer Nähe. Unsere Flak ballert wie toll. Tief fliegen über unseren Häuptern zahllose Feindverbände. Ein Höllenbrausen. Wir verschwinden im Bunker. Annemarie gestattet mir ausnahmsweise herauszukriechen um die Luftkämpfe zu beobachten. Indessen zittert sie um mich.
Da - gar nicht so weit entfernt - eine feindliche Maschine, sie trudelt brennend ab. Der Flugzeugführer scheint die Maschine noch abfangen zu wollen, aber vergeblich - in rasender Bahn stürzt sie der Verderben bringenden Erde zu. Drüben rückt auf einmal der ganze fliegende Verband an und im „Sturzflug" versuchen sie, sich dem Flakbeschuss zu entziehen. Sie stürzen auf Spandau zu. Ein anderer Verband greift Königswusterhausen an, wie die Meldung lautet. Der Spandauer Bahnhof wird schwer beschädigt. Über 80 Feindmaschinen sind bei diesem Angriff heruntergeholt worden. Eine verdammt rohe Jagd - allerdings ein nicht weniger rohes Wild.

Um 22 Uhr nochmals Fliegeralarm. Donner und Blitz.
Jetzt ist es 24 Uhr und schon wieder heulen die Sirenen ... jeder Angriff erfordert zahllose Menschenopfer, Frauen Kinder, Greise, Menschen im blühenden Alter, Mütter, Väter. Man sagt einfach „Alarm"!

Schon wieder sind sie da. Nerven, Nerven, eine ewige Säge. Das nennt sich dann Heimat. Jetzt nennt man es wenigstens „Heimatfrontgebiet".

Richard Kollek besucht uns und erzählt uns, dass seine Frau erkrankt sei und sich kaum bewegen könne. Ein verteufeltes Pech heutzutage. Er im Dienst, das ein paar Wochen alte Baby ohne Pflege und so weiter. Annemarie bietet ihre Hilfe an und will jeden Vormittag kommen, um das Kind zu versorgen und mittags zu kochen.

Eintragung vom 9.3.1944
„Wir sind gerade bei Kolleks - wieder Alarm. Da kracht es auch schon. Wir befinden uns noch im Hause. Ich schicke Annemarie schnell vor in den Bunker. Die Flak schießt aus allen Rohren.
Annemarie läuft durch den Wald. Ich habe eine Heidenangst um sie.
Richard und ich fassen die Decke an beiden Zipfeln und schleppen so Frau Kollek durch die Gegend. ... Hoffentlich treffen uns keine Flaksplitter.
Was ist das für ein Leben.
Berlin-Erkner wurde von den feindlichen Fliegern furchtbar zerstört.

Kolleks Baby Heike wurde mein Patenkind. Ich hielt es über das Taufbecken. Denn eine Namensgebung - wie meine Frau sagte, wie für einen Hund - gab es bei Kolleks nicht.

Eintragung vom 12.3.1944
„Ein schwerer Schneesturm. Ein verrücktes Wetter. Passt zu dieser Zeit!"

Eintragung vom 13.3.1944
„Heute Mittags Grossangriff auf Berlin. Abends wieder Alarm, es lohnt sich nicht mehr darüber zu schreiben."

Eintragung vom 14.5.1944
„Vor unserem Haus gehen unter Aufsicht eines Soldaten russische Kriegsgefangene vorbei und singen ihre eigentümlichen russischen Lieder. Jeder hat einen großen Strauß in der Hand und zwei Gefangene spielen Gitarre, während einer einen russischen Nationaltanz auf der Straße tanzt. Man weiß bald nicht mehr, wo man ist.
An einer Ecke stehen Franzosen, wieder wo anders Polen und Ukrainer."

Eintragung vom 18.5.1944
„War bei der Schriftleitung der ‚Spandauer Zeitung', man hat mir wieder meine Kurzgeschichten abgenommen."

Eintragung vom 24.5.1944
„Großangriff auf Berlin. Auf meiner Rückfahrt von Spandau hielt der Omnibus beim ‚Schwanenkrug'. Alles raus! Fliegeralarm. Da heulten auch schon die Flakgeschütze auf und ein unheimliches Donnern erfüllte die Luft. Feindverbände über Schönwalde.
Nur wenige hundert Meter von unserem häuslichen Bunker, in dem Annemarie saß, gingen parallel 17 Bomben nieder, 8 davon auf einem Acker von 150 mal 200 Metern. Die Erde wurde buchstäblich aufgewühlt."

Eintragung vom 28. Mai 1944
„Pfingstsonntag. Wunderbares Wetter. Richtiger Pfingsttag. Nur störte der übliche Alarm …"

*

Annemarie erwartet unser erstes Kind. Ein großes Ereignis in unserem Leben. Am 18. November 1944 wird unsere Tochter Maren in der Dachkammer unserer Wohnung, während zweier Fliegerangriffe geboren. Die für meine Frau qualvolle Geburt dauert 12 Stunden. Kein Arzt ist anwesend, lediglich eine Hebamme, welcher ich assistiere. Unser Baby ist natürlich das schönste und intelligenteste Kind der Welt. Ich verbreite diese Nachricht unter allen meinen Kameraden. Das Interesse ist gering, der stolze Vater gekränkt.

Ich erhalte den Befehl, mich wieder im Reichsluftfahrtministerium in der Wilhelmstraße zu melden. Ein Leiter der Luftwaffen-Fortbildungsschule Deutschland Nord wird gesucht. Ich zähle zu den Kandidaten und habe mich einem Wettbewerb zu stellen, obwohl ich der Meinung bin, dass ich für diese Aufgabe nicht genügend Voraussetzungen mitbringe. Am Schicksalstag setzen sich die wenigen Kandidaten auch tatsächlich aus Universitätsprofessoren und sonstigen Akademikern und einem Obersten zusammen, der einen verärgerten Eindruck macht, wohl wegen der vielen Zivilisten. Bei allem Optimismus bin ich dennoch Realist und daher sicher, gegen diese Fachleute keine Chance zu haben. Die schriftlichen Testfragen hoffe ich gut beantwortet zu haben. Anschließend werden wir nacheinander in einen großen Lehrsaal geführt, in dem auf den Galerien Soldaten als Zuhörer sitzen. Als Referatsthema erhalte ich

„Geographie". Meinen Vortrag, auf den ich nicht vorbereitet bin, schmücke ich geschickt mit historischen Begebenheiten aus, so dass mir am Ende sogar applaudiert wird. Bereits nach einer Woche teilt man mir durch die Fliegerhorstkommandantur mit - dass ich zum Leiter der „Luftwaffen-Fortbildungsschule Deutschland Nord" ernannt worden sei. Es ist dies die Dienststelle eines Obersten und ich unterstehe somit dem Reichsluftfahrtministerium. Ich glaube zu träumen.

Auf Befehl des Ministeriums werde ich umgehend für meine neue Aufgabe durch meine Kommandantur freigestellt. Somit gehöre ich nicht mehr der Fliegerhorstkompanie an, sondern werde dem Luftgaukommando GK III Berlin direkt unterstellt. Außerhalb meiner Dienststelle bleibe ich allerdings als Soldat nach wie vor Unteroffizier. Zu meinem Dienstbereich gehören nicht nur die Fliegereinheiten, sondern auch die Fliegerabwehrdivisionen (Flak) Berlin.

Ich bin für die „Fortbildungsschulen Deutschland Nord" zuständig und somit mein eigener Vorgesetzter für die Fortbildungsschule in Schönwalde, wo ich weiter wohnen bleiben darf. Unter anderem nehme ich die Reifeprüfungen für Kriegsteilnehmer ab, nach dem Erlass des Reichsministers für WEV, e III a 400/41 (a) vom 22.2.41. Den Kameraden gegenüber leiste ich mir den Scherz, von *„meinem Kollegen Reichsmarschall Göring"* zu sprechen. Immerhin sind wir beide an der gleichen Adresse erreichbar, wenn auch nicht Tür an Tür.

Unter normalen Umständen wäre ich über diese mehr als überraschende Beförderung hocherfreut, doch es ist mir bewusst, dass diese neue Position unter dem Heranrücken der Alliierten in die deutschen Gebiete, nicht lange halten wird. Jetzt, im Mai 1944, in der Zeit der letzten Abwehrkämpfe eine solche Schule zu führen, ist eine Narretei. Bald würde man auch mich als Kanonenfutter verheizen.

Da meine Unteroffiziersuniform nicht den notwendigen Respekt bei meinen Schülern, die dem militärischen Rang nach meine Vorgesetzten sind, hervorrufen würde, erhalte ich die Erlaubnis Zivil zu tragen. Kleiderstoffe sind kaum mehr zu erhalten und so opfert meine Frau ihr Hochzeitskostüm. Sie lässt mir daraus einen Anzug mit höchst ungewöhnlichen Nähten anfertigen.

*

Am 20. Juli 1944 wird auf Hitler ein Attentat verübt. Zur Vorsicht geschult, nimmt niemand in meiner Umgebung dazu Stellung. Die Hoffnung macht sich breit, dass der Krieg nun beendet wird. Doch dann erfolgt die ernüchternde Meldung: *„Der Führer ist unverletzt."*

Auszug aus Hitlers Rundfunkansprache nach dem Attentat:
„ ...Ich fasse es als eine Bestätigung des Auftrages durch die Vorsehung auf, mein Lebensziel weiter zu verfolgen ...
Es hat sich in einer Stunde, in der die deutschen Armeen in schwerstem Ringen stehen, ähnlich wie in Italien, nun auch in Deutschland eine ganz kleine Gruppe gefunden, die glaubte, wie im Jahre 1918 den Dolchstoß in den Rücken führen zu können ...
Die Behauptung der Usurpatoren, dass ich nicht mehr lebe, wird jetzt in diesem Augenblick widerlegt, da ich zu euch, meine lieben Volksgenossen, spreche. Der Kreis, den diese Usurpatoren darstellen, ist ein denkbar kleiner. Er hat mit der deutschen Wehrmacht und vor allem auch mit dem deutschen Heer nichts zu tun. Es ist ein ganz kleiner Klüngel verbrecherischer Elemente, die jetzt unbarmherzig ausgerottet werden..."

Oberst Graf Stauffenberg und seine engsten Kameraden werden standrechtlich erschossen. Eine Welle der Verhaftungen bricht an. In den nächsten Tagen verübt mein Onkel Franz von Schilgen, bei dem ich seinerzeit in Münster wohnte, und der im Luftfahrtministerium als hoher General tätig ist, Selbstmord. Auch Generalfeldmarschall Erwin Rommel nimmt sich das Leben. Nach dem Krieg erfahren wir, dass er zum Selbstmord gezwungen wurde, da er in die Verschwörung vom 20. Juli verwickelt war. In dem nachfolgenden Schauprozess zeigen die Angeklagten eine bewundernswerte Stärke. Darunter auch Roland von Hoesslin, Major und Kommandeur einer Panzeraufklärungsabteilung, Träger des Ritterkreuzes des Eisernen Kreuzes. Er zählt zu den engsten Vertrauten Stauffenbergs. *(Seine Familie wird Jahrzehnte später eine Rolle in meinem Leben spielen.)*

Am 12.10.1944 schreibt er:
"Meine lieben Eltern und Geschwister!
Gestern Abend besuchte mich mein amtlich bestellter Verteidiger, er kündigte mir eine Verhandlung für morgen an und eröffnete mir dabei, dass nach Lage meiner Sache ein anderes als ein Todesurteil nicht zu erwarten sei.
Ich trete also an zu meiner letzten Schlacht. Ihre Grenzenlosigkeit geht über die Unendlichkeit des Universums. Neben mir und um mich spritzen heulend die Fontänen krepierender Granaten auf. Doch diesmal weiß ich, das Schicksal ist unausweichlich, im nächsten Augenblick wird es auch dich treffen. Mein Herz bebt, aber es wankt nicht. Es bleibt mir nur noch der Schmerz der Todessekunde ...
Meine äußere Ehre als Offizier ist mir genommen. Der Erfolg und die Tatsachen sprechen gegen mich. Das letzte Urteil spricht die unbestechliche Geschichte.
Ich mag geirrt haben. Der Antrieb meines Handels war jedoch nur Pflicht. Ich fühle mich in meiner inneren Ehre unverletzt ..."

Und am 13.10.1944
"Berlin-Plötzensee, den 13.10.1944
Liebe Eltern!
Ich bin heute zum Tode vom Volksgerichtshof verurteilt worden, in wenigen Minuten wird mein Leben verlöscht werden.
Ich fürchte den Tod nicht. Mit Gott habe ich abgerechnet, er hat mir dafür seinen Frieden und seine himmlische Ruhe ins Herz gesenkt. Ich bin heiter und gefasst, mein Geist lebt schon in einer anderen Welt.
... Danke Euch für das Leben, das Ihr mir geschenkt habt und Eure selbst verleugnende Liebe. Das Leben war schön! Ich umarme Euch zum allerletzten Male als Eurer Euch ewig liebender Sohn Roland."

Pfarrer Peter Buchholz, Seelsorger der Strafanstalt Plötzensee, schreibt in seinem Buch „Der 4. Juli 1944" (Bundeszentralamt für politische Bildung Bonn) über die Hinrichtung von Generalfeldmarschall von Witzleben, General Steif, Hoegner, von Hase und Yorg von Wartenberg über die Hinrichtungsstelle und den Umfang der Grausamkeit:
„...Sehe ich noch ihren letzten Weg gehen in Sträflingskleidern und in Holzpantinen: einige übel zerschlagen und geschunden, umgeben von

Männern des Volksgerichtshofes und Gestapoleuten, die sich keine Phase dieses seltenen Schauspieles entgehen lassen wollten und mit ihren Kameras jeden Augenblick festhielten, vor der Hinrichtung in der Todeszelle bis zu den letzten Zuckungen ihrer Opfer... die Hinrichtung fand in einem Raum statt, an dessen Decke eine Schiene mit großen Haken, wie sie Fleischer verwenden, angebracht war. Im Zimmer befanden sich der Generalstaatsanwalt, der Scharfrichter mit seinen beiden Gehilfen, zwei Filmoperateure und zwei Gefängniswärter. Einer davon schildert seine Beobachtungen:
Die Verurteilten wurden hereingeführt in Sträflingskleider und trugen Handschellen ...
Hitler hatte den Scharfrichter zu sich kommen lassen und die Einzelheiten der Prozedur festgelegt. ‚Ich will, dass sie erhängt werden, aufgehängt wie Schlachtvieh', soll er gesagt haben. Dies waren angeblich seine Worte."

Aus Nazikreisen hört man wüste Beschimpfungen des Adels, da dieser mit dem belasteten Offizierskorps eng verbunden ist. Im Radio wird die Rede des Führers der deutschen Arbeitsfront, Gauleiter Robert Ley übertragen, der von den blaublütigen Schweinen spricht, deren ganze Familien man ausrotten sollte. Auch erfahre ich, dass Soldaten, welche Verwandte haben, die in feindlichen Armeen dienen, von der Wehrmacht ausgeschlossen werden. Meinem ersten Gedanken: „Für mich ist der Krieg zu Ende, denn ich habe einen englischen Vetter", folgt die Ernüchterung. Freund Kollek warnt mich, dass diese Soldaten zu SS-Verbänden eingeteilt oder im besten Falle unter Beobachtung der SS stehen werden.

Nach dem Attentat wird bei der gesamten Wehrmacht anstelle des militärischen Grußes, des Handlegens an den Mützenschirm, der „Hitlergruß" eingeführt, worunter man das Heben des rechten, ausgestreckten Armes versteht. Eine Anweisung, welche meine Kameraden und ich als unmilitärisch und demütigend empfinden.

In Deutschland wird der „Volkssturm" ins Leben gerufen. Man rekrutiert auch alte Männer und Jugendliche, halbe Kinder. Gegen Ende 1944 tritt das ein, was ich längst erwartet hatte, die Luftwaffen-Fortbildungsschulen werden eingestellt. Ich werde dem so genannten

„Goebbels-Bataillon" zugeteilt, zur Verteidigung Berlins. Dieses von Goebbels initiierte Bataillon, das der Luftwaffe angehört, ist der Topf in den alle jene Menschen zur Verteidigung Berlins gesteckt werden, die bisher vom Kriegseinsatz verschont geblieben sind: Schauspieler, Sänger, Musiker, darunter der Generalmusikdirektor des Berliner Philharmonischen Orchesters, aber auch hohe Führer der zivilen SS und als „letztes Aufgebot" sogar Insassen aus psychiatrischen Kliniken und Fußkranke. Sie sollen in kürzester Zeit zu Soldaten ausgebildet werden, unter anderen auch von mir. Bald erhalte ich eine Beschwerde meines vorgesetzten Bataillonskommandeurs Major Renner, dass die Soldaten nicht im Gleichschritt marschierten. Der Grund war die fehlende Ausbildung der eben Eingezogenen und deren teilweise körperlichen Mängel. Zum Gaudium der anderen Soldaten, nicht aber der Offiziere, lasse ich daraufhin die Soldaten im Trauermarsch, also mit langsamen und feierlichen Schritten, zum Essen durch den Fliegerhorst marschieren. Umgehend erhalte ich den Befehl, diesen „Unfug" sofort einzustellen.

Eines Tages bittet mich ein „frisch eingezogener" Soldat, ehemaliger Insasse einer Nervenheilanstalt, einen Tag nach Berlin fahren zu dürfen, um seine Frau zu besuchen. Als er sich zur festgesetzten Zeit nicht zurückmeldet, ist mir klar, dass der Mann erschossen wird, denn mehr als zwei Stunden Überschreitung des „Zapfenstreiches" gelten als Fahnenflucht. Am nächstfolgenden Morgen meldet sich der Narr fröhlich bei mir und erklärt, dass er nicht früher kommen konnte, weil er das Radio seiner Frau reparieren musste. Ich kläre ihn auf, dass er so gut wie tot sei – wenn er den Mund aufmachen würde und seinen Kameraden davon erzählt. Er hält den Mund und bewahrt auch mich, der sein Zuspätkommen verschweigt, vor einer schweren Strafe.

Die deutsche Filmindustrie blüht jetzt mehr denn je. Sie gaukelt den Menschen eine heile Welt vor. Berühmte Filme werden gedreht: *„Immensee"* unter der Regie von Veit Harlan mit Christina Söderbaum, *„Die Feuerzangenbowle"* nach dem gleichnamigen Roman von Heinrich Spoerl mit Heinz Rühmann oder der UFA-Film *„Familie Buchholz"* mit Henny Porten und Gustav Fröhlich, *„Der Verteidiger hat das Wort"* mit Heinrich George und Rudolf Fernau,

„*Katzensteg*" und „*Stuka*" mit dem jungen und damals berühmten Hannes Stelzer in der Hauptrolle.

Hans Hömberg, der zu den damals namhaftesten Schriftstellern gehört, wird ebenfalls zum Goebbels-Bataillon eingezogen. In Hömbergs bekanntestem Bühnenstück „*Kirschen für Rom*", das bereits am Wiener Burgtheater aufgeführt wurde, spielen jetzt Staatsschauspieler Gustav Gründgens und Heli Finkenzeller im Stadttheater in Berlin. Auch seine Romane, wie etwa „*Schnee fällt auf den schwarzen Harnisch*", sind sehr bekannt.

Alfred Mühr schreibt 1981 in seinem Buch „*Mephisto ohne Maske*", über die damalige Stimmung:

„*Das Theater wurde zur Tribüne, weil das Publikum das Stück nicht mehr einfach hinnahm, sondern Stellung bezog. Es wollte nicht länger stumm bleiben.*
Es bedurfte nur eines Satzes um beim Publikum eine Reaktion auszulösen. Zum Beispiel im ersten und zweiten Teil des Faust konnten Mitwirkende oftmals nicht weiter spielen, weil Goethes Text zu aktuellen Andeutungen Anlass gab und beklatscht wurde.
Im Kleinen Haus des Stadttheaters benutzte man Hömbergs „Kirschen für Rom" durch den Auftritt des musischen Generals Lukull, mit dessen durchaus unmilitanten Liebhabereien, zu ähnlichen Reaktionen im Parkett."

Jetzt erhält Hömberg den Auftrag für die Prag-Film zu schreiben, hat jedoch keine Lust und gibt den Auftrag an mich weiter. Mit seiner Hilfe lerne ich ein Drehbuch zu verfassen. Mein erstes, mit dem Titel „Die Station", wird zu meiner Freude angenommen und mit Heinz Rühmann verfilmt.

Auch der damals berühmte Filmschauspieler Hannes Stelzer wird zu meinem Bataillon versetzt. Obwohl er unter großem Lampenfieber leidet, kann ich ihn dazu überreden, anlässlich des „Tages der Wehrmacht" auf der Bühne aufzutreten. Bald darauf wird er, der in dem Film „Stuka" einen Piloten darstellt, in einem Schnellkurs tatsächlich zum Piloten ausgebildet und stürzt tödlich ab. Das Gerücht macht die Runde, dass er wegen des Todes seiner Frau, der Schauspielerin Maria Bard Selbstmord begangen hätte. Maria Bard hatte ebenfalls bei meinen Theateraufführungen mitgewirkt. Sie war die geschiedene Frau von Werner Krauß, der nach dem Krieg wegen seiner Rolle in dem Film *„Jud Süss"* Schwierigkeiten bekam. Der bekannte Komponist und Schriftsteller Günther Neumann, Gründer des *„Kabarett der Komiker"* und der *„Katakombe"* in Berlin wird ebenfalls zum Goebbels-Bataillon eingezogen. *Nach dem Krieg gründete er das politische Kabarett „Die Insulaner".* Wir finden bald gemeinsame Interessen und entwerfen gemeinsam Operettenpläne.

Vom Regiment General Göring wird der Bruder des im ersten Weltkrieg berühmten deutschen Jagdfliegers Manfred Freiherrn von Richthofen zu uns versetzt.
Wir befreunden uns rasch. Bolko von Richthofen verfasste über seinen Bruder das Buch: „Der rote Kampfflieger", dessen Vorwort Reichsmarschall Hermann Göring schrieb. Göring war Manfred von Richthofens Fliegerkamerad und wurde nach dessen tödlichen Absturz sein Nachfolger als Kommandeur des berühmten Jagdgeschwaders Richthofen. Dass Göring Bolko von Richthofen ausgerechnet in das Goebbels-Bataillon versetzen lässt, welches im Falle des Einsatzes, auf Grund seiner kaum ausgebildeten und teilweise sogar körperlich behinderten Soldaten mit Sicherheit sofort aufgerieben würde, wundert nicht nur mich. Der totale Krieg lässt offenbar keine Bevorzugung mehr zu.

Wir nähern uns dem Jahr 1945.

Die Finnen stellen den Kampf gegen die Sowjetunion ein, die Sowjetunion erklärt Bulgarien den Krieg, das zwei Tage später kapituliert und seinerseits Deutschland den Krieg erklärt. Die US-Armee überschreitet die deutsche Grenze bei Trier.

Es ist uns klar, dass der Krieg nicht mehr lange dauern kann. Sowjettruppen dringen in Ostpreußen ein. Der russische Marschall Schukow greift die deutsche Heeresgruppe Mitte an, dessen Befehlshaber Feldmarschall Ernst Busch ein Vetter meines Vaters ist. Innerhalb eines Monates erobern die Russen Weißrussland zurück und machen sechzigtausend deutsche Kriegsgefangene.

Die Angst wächst, die Russen könnten vor den Amerikanern in Berlin einmarschieren. Immer noch wird die Stadt bombardiert, sterben unzählige Zivilisten im Bombenhagel oder unter den Trümmern der Häuser oder verbrühen in den Luftschutzkellern durch das heiße Wasser, das aus den beschädigten Heizungsrohren austritt.
Eine abermalige Verschwörung von Offizieren gegen Hitler misslingt. Deutschlands Zivilbevölkerung hungert. Trotzdem - es klingt fast unglaublich – werden in unterirdischen Fabriken noch mehr als 3000 Flugzeuge für die deutsche Flugindustrie erzeugt.

1945

Hoffen und beten. Durchhalteparolen. Den Kopf einziehen. Zerstörte Städte. Tote unter Trümmern. Nicht denken. Weiter machen. Überleben wollen. Lange konnte es nicht mehr dauern. Doch immer wieder Hoffnungslosigkeit.
Ein Mann, der sich Führer nennt. Ein Führer in Tod und Verderben. Dann die Nachricht - „Hitler ist tot".
Der Kampf geht weiter. Sinnloses Töten.
Und über Nacht: Der Krieg ist beendet!
Erstarrung. Fassungslosigkeit statt Jubel. Ein Geschenk, das zu spät kommt.
Mein Optimismus siegte.

Immer noch gehöre ich dem „Goebbels-Bataillon" an, dessen Namensträger der wohl gefährlichste Mitstreiter Hitlers ist, der Mann, der bis zur letzten Stunde für grausame Mordbefehle verantwortlich zeichnet. Meinen Kameraden und mir ist es klar, dass der angekündigte „Endsieg" auch durch die Wunderwaffe, die man uns weismachen will, nicht mehr möglich ist. Unser Einsatz bedeutet mit Sicherheit unser aller Tod. Meine Hoffnung ist es, dass Berlin zuvor kapituliert oder fällt. Ich will daran glauben, auch im Sinne der vielen armen Teufel, die ich in diesem Bataillon mit zu betreuen habe. Meinen Freunden gegenüber bezeichne ich leichtsinnigerweise diese Ansammlung seltsamer Krieger spöttisch als die so viel gepriesene „Wunderwaffe". Am 26. Februar fallen auf Berlin zunächst 3000 Tonnen Bomben. Die Reichshauptstadt wird zu Festung erklärt. Am 30. März fällt Küstrin, das nicht weit vor Berlin liegt. Zur gleichen Zeit erobern die Amerikaner den Ruhrkessel und 300.000 deutsche Soldaten geraten in Gefangenschaft.

Von einem Kameraden, der in einem Lazarett stirbt, erhalte ich seinen Nachlass. Er war Buddhist und vermachte mir seine Bücher und

Schriften. Fortan werde ich *„der Buddhist"* genannt. Dieser Spitzname ist mir, trotz aller Zuneigung zu dieser friedlichen Philosophie, peinlich, besonders in einer Zeit, wo ein falsches Wort ein Todesurteil bedeuten kann. Mein Freund Hans Hömberg wird nach Berlin-Tempelhof versetzt. Am 13. Februar schreibt er einen Brief an mich, der mit *„Heil Hitlerisches"* und mit *„Your faithfully"* endet. Der Inhalt strotzt für die damalige Zeit voll Hohn. Glücklicherweise fällt dieser Brief nicht in falsche Hände.

Am gleichen Tag beginnt die gnadenlose, völlig sinnlose und keineswegs „kriegswichtige" flächendeckende Bombardierung Dresdens. Die Stadt ist zurzeit von Flüchtlingen überfüllt. Zehntausende Zivilisten werden getötet. Die Zahl der Toten ist so groß, dass es nicht möglich ist sie zu beerdigen. Sie werden aufeinander geschlichtet und an Ort und Stelle verbrannt. Tagelang riecht die Stadt nach verkohltem Fleisch. Nach diesem grauenhaften Ereignis will Churchill den gesamten Luftkrieg stoppen, er kann sich aber gegen seine Generalität nicht durchsetzen. Zerstört werden auch die Städte Würzburg, wo ich während meines Arbeitsdienstes als Gaustabstrommler tätig war, Paderborn, Hildesheim und meine schöne gotische Geburts- und Heimatstadt Münster in Westfalen. Unzählige, nicht wiederzubringende Kunstschätze werden in diesen Tagen vernichtet. Überall rauchende Trümmer, fliehende Menschen.

Am 6. März überschreitet die sowjetische 6. Garde-Panzerarmee die Grenze nach Österreich. Flüchtende aus dem Osten schildern unvorstellbare Grausamkeiten durch sowjetische Soldaten und berichten von brutalen Vergewaltigungen. Es ist zu spät, um Annemarie gefahrlos alleine aus Berlin herauszubringen. Im Fliegerhorst werden die letzten Abwehrmaßnahmen getroffen. Über Radio erfahren wir wieder einmal von Hitlers *„unabänderlichem Willen"*, nämlich *„den Kampf zur Errettung unseres Volkes vor einem grauenhaften Schicksal siegreich zu Ende zu führen."* In unseren Ohren klingt es wie blanker Hohn.

Auf einer meiner dienstlichen Fahrten nach Berlin sehe ich seltsamerweise das erste Mal Juden mit dem aufgenähten Judenstern an ihrer Kleidung. Später äußere ich mich im Kreise meiner

Kameraden, unter denen sich auch ein mir unbekannter junger Oberleutnant befindet, über die menschenverachtende Weise, wie Juden behandelt werden. Mit ihm gerate ich in ein Streitgespräch und lasse mich zu Äußerungen hinreißen, die gefährlich sind. Wortlos verlässt der Unbekannte schließlich den Raum. Was wir nicht wissen, ist, dass dieser Unbekannte einer jener „NS-Führungsoffiziere" ist, die auf Befehl von Goebbels in die Wehrmacht eingeschleust wurden. Sie gleichen den politischen Kommissaren der Sowjetarmee. Wie man später erfährt, wird am 4. Februar im ehemaligen Zarenpalais Livadija bei Jalta auf der Krim die entscheidende Konferenz, unter der Teilnahme des englischen Premiers Winston Churchill, des US-Präsidenten Franklin D. Roosevelt sowie des Sowjetdiktators Josef Stalin eröffnet. Dort wird beschlossen, dass Deutschland und Österreich in verschiedene Besatzungszonen aufzuteilen sei.

In Berlin erfolgen jetzt auch am Tag die Angriffe der „Moskitos", der britischen Kampfflugzeuge vom Typ Schnellbomber, die eine Geschwindigkeit von 650 Stundenkilometer erreichen. Sie erschweren unser Leben dramatisch, soweit ein Leben überhaupt noch möglich ist. Nach den Luftangriffen spielen sich erschütternde Szenen ab. Ganze Straßenzüge existieren nicht mehr, andere gleichen einem Feuerofen. Die Flammen der brennenden Häuser schlagen zusammen. Nach den Angriffen sieht man zahlreiche Menschen nach ihren Angehörigen suchen, andere graben in den Trümmern nach ihren Habseligkeiten. Plünderer werden an Ort und Stelle erschossen. Überall begegnet man Obdachlosen, die nach einer Unterkunft Ausschau halten. Man hört Wimmern oder Hilferufe, die aus den verschütteten Kellern kommen. Ausreichende Hilfe ist in den meisten Fällen unmöglich, denn es fehlen die Geräte. Schließlich verbietet man die Benützung der Luftschutzräume, die sich in jedem Haus befinden. Stattdessen werden Erdlöcher gegraben und mit Brettern und Erde bedeckt, um sich vor den Bombensplittern zu schützen. In so einem Loch sitzt meine Frau fast jede Nacht, die Füße im kalten Grundwasser, auf dem Kopf einen Stahlhelm, umgehängt eine Gasmaske.

Die Sowjetarmee rückt immer näher. Russische Truppen befinden sich bereits in Straussberg, nicht weit von Berlin, wo ein Bruder meines Vaters als Kommandeur stationiert ist. Die Nachricht, dass der sowjetische Marschall Malinowski mit seinen Truppen Wien angreift, lässt uns befürchten, dass die Alliierten Wien und Berlin den Sowjettruppen überlassen werden.

Da wir Soldaten noch halbwegs gut verpflegt werden, während die Zivilbevölkerung bereits hungert, bringe ich meiner Frau jeden zweiten Tag mein Mittagessen als Zusatz für zwei weitere Tage.

Ich erhalte den Befehl, mich auf der Kommandantur zu melden. Es fällt meinem Freund Kollek schwer, mir mitzuteilen, dass ich in ein Luftwaffen-Sturmbataillon an die Ostfront versetzt worden sei. Wir wissen beide, was dies zu bedeuten hat. Ein Strafbataillon, das man „Todesbataillon" nennt, da die Luftwaffensoldaten, die fast keine infanteristische Ausbildung erhalten hatten, sozusagen als „lebender Wall" gegen den Feind eingesetzt werden. Kollek deutet mir an, dass ich die Strafversetzung jenem nationalsozialistischen Führungsoffizier zu verdanken habe, mit dem ich in das erwähnte Streitgespräch geriet. Als ich erfahre, dass „meine" Ostfront sich in der Oststeiermark befindet und ich mich auf einer Auffangstelle in Graz zu melden habe, erwacht wieder mein Optimismus. So teile ich Annemarie mit, nur nach Graz versetzt worden zu sein, also in die Nähe unseres Ansitzes in Deutschlandsberg und dass ich sie und das Kind mitnehmen darf. Die Kommandantur stellt mir einen Ausweis als Kurier aus. Wieder einmal kommen mir meine Vorgesetzten so weit als möglich entgegen. Allesamt sind sie keine Freunde des Nationalsozialismus oder besser gesagt, längst nicht mehr. Ich revanchiere mich mit dem Angebot, auch die Frau meines direkten Vorgesetzten, Freiherr von der Horst, auf unserem Besitz unterzubringen. Wir verlassen Berlin nur mit dem, was wir am Leibe tragen und unserem wertvollsten Besitz, unserer Tochter Maren.

Berlin ist indessen von den feindlichen Truppen fast umzingelt. Nur ein Bahnhof ist noch offen. Die Menschen stürmen die letzten Züge, alte Frauen und alte Männer, junge Frauen mit Kindern, Verwundete, Jugendliche. Die Waggons sind bereits gesteckt voll. Man schiebt die Frauen und unser Baby durch ein offenes Fenster über die Kopf an Kopf im Gang stehenden Menschen hinweg. Auch mir gelingt es durch das Fenster in den Zug zu gelangen. Endlich setzt sich der Zug in Bewegung. Wir werden zusammengepresst und der Geruch aus Angst, Krankheit, Schmutz und Schweiß ist unerträglich. Doch bald darauf hält der Zug an und wir hören Rufe: *„Alles raus, raus auf das Feld. Hinlegen!"* In Panik verlassen wir den Waggon, laufen gehetzt über das Gelände. Unser Baby habe ich in einem Leinensack um die Schultern gehängt, Annemarie und Frau von der Horst ziehe ich hinter mir nach. Da brausen amerikanische Flieger im Tiefflug über uns hinweg. Unfassbar – wir werden von den Flugzeugen aus beschossen. Wie groß muss der Hass geworden sein, dass die sonst als fair geltenden Piloten sich dazu hinreißen lassen. Verwundete und sterbende Frauen und Kinder brechen zusammen.

So schnell wie die Jagdflugzeuge gekommen sind, so schnell sind sie wieder verschwunden. Es ist seltsam ruhig. Ich entdecke auf dem Feld einen Handwagen, auf den ich die Frauen mit dem Kind aufsitzen lasse. Um die Toten und Verwundeten bemüht sich das Zugspersonal. Im nächsten Dorf werden wir von einer Bäuerin mit Milch für das Baby versorgt. Wir haben Glück, in der Nähe befindet sich ein Güterbahnhof und wir erreichen einen abfahrbereiten Güterzug. Vier Tage sind wir unterwegs, wechseln mehrmals Züge auf teilweise schwer zerstörten Bahnhöfen. Immer wieder geraten wir in Panik, aus Sorge um die Beschaffung von Milch für unser Kind. Annemarie ist so geschwächt, dass sie während der Fahrt oft in einen totenähnlichen Schlaf fällt. Endlich erreichen wir erschöpft Graz, eine Stadt, die völlig ausgestorben zu sein scheint. Während Annemarie zusammen mit unserem Baby und Frau von der Horst mit dem Zug, der noch planmäßig verkehrt, nach Deutschlandsberg weiterfährt, melde ich mich in der Auffangstelle. Nach einem längeren „Aufklärungsgespräch" mit einem Unteroffizier, im Zivilberuf Arzt, werde ich zum Kommandeur gebracht. Dieser eröffnet mir zu meinem großen Erstaunen, dass ich an unbestimmten Schmerzen im Unterbauch leide und daher einen Überweisungsschein erhalte, mit dem ich mich beim Wehrmachtsarzt des zuständigen Wehrbezirkskommandos in Deutschlandsberg melden müsse. Er weiß, was ich beim Luftwaffen-Sturmbataillon zu erwarten habe. Seine Entscheidung rettet mir zunächst das Leben.
Voll Dankbarkeit reise ich nach Deutschlandsberg und melde mich umgehend beim Militärarzt, Obermedizinalrat Dr. Ernst Trattnig.

Dieser stellt mir am 16. April 1945 eine „Wehrmachtsärztliche Bestätigung" aus, aus der ersichtlich ist, dass ich von der Auffangstelle Graz zur Wiederherstellung meiner Gesundheit nach Deutschlandsberg überstellt worden sei und mich am 1.5.1945 wieder bei der Auffangstelle in Graz zu melden habe. Diese Bescheinung gilt auch als Dienst- und Reiseausweis. Annemarie ist überglücklich wieder in Deutschlandsberg zu sein. Mit ein paar ehemals bei uns tätig gewesenen Frauen versuche ich, die Landwirtschaft notdürftig wieder zu beleben. Wir haben außer Obst, das noch nicht reif ist, keinerlei Lebensmittel, noch Saatgut. Und so ist uns das Geschenk unseres Lebensmittelhändlers, der sich an die Großzügigkeit meiner Mutter gegenüber den Armen erinnert, sehr willkommen: ein Sack voll Mehl. Die sich darin befindlichen Maden sieben wir jeweils vor Verzehr heraus. Unsere „Idylle" ist trügerisch, denn ich erhalte den Befehl, mich bei einer SS-Einheit, welche sich in einem Lager zwischen Deutschlandsberg und Frauenthal befindet und die keineswegs für mich zuständig ist, zu melden. Es gelingt mir, mit Hilfe der Bestätigung des Wehrmachtsarztes und trotz meines gesunden Aussehens, den SS-Kommandeur zu überzeugen, dass ich Rekonvaleszent sei und mich erst am 1. Mai bei meiner Dienststelle in Graz zu melden habe.

Doch jetzt droht eine weitere Gefahr. Die kommunistischen Tito-Partisanen sollen bereits die ganz in unserer Nähe befindliche Grenze überschritten haben. Im Dachgebälk der beiden Türme unseres Anwesens bereite ich für die Frauen ein Versteck vor. Der Einstieg erfolgt mit einer zu einem Stab zusammenklappbaren Klappleiter. Einmal durch die Luke auf den Dachboden gestiegen, ziehen die Frauen die Stableiter zu sich hinauf und schließen den Deckel, der von unten gesehen wie ein Teil der geschnitzten Kassettendecke aussieht.

Die Nachricht, dass Mussolini zusammen mit seiner Geliebten Petacci am 28. April von Partisanen ermordet wurde, geht im allgemeinen Trubel der letzten Monate fast unter. Die beiden Toten hat man an den Beinen kopfüber nebeneinander aufgehängt.

Am 1. Mai melde ich mich bei meiner Auffangstelle in Graz, rechtzeitig genug, um im Radio die erlösende Nachricht zu hören:

„Aus dem Führerhauptquartier wird gemeldet, dass unser Führer Adolf Hitler heute Nachmittag in seinem Befehlsstand in der Reichskanzlei, bis zum letzten Atemzug gegen den Bolschewismus kämpfend, für Deutschland gefallen ist. Am 30. April hat der Führer den Großadmiral Dönitz zu seinem Nachfolger ernannt."
Hitler ist tot.
Später erst erfahren wir, dass er zusammen mit Eva Braun Selbstmord begangen hat. Wir hoffen, dass ich nicht mehr zum Einsatz kommen werde, doch diese Hoffnung erfüllt sich nicht. Der Tag des Abschieds von meiner Frau und meinem Töchterchen ist schwer. Ich melde mich bei der Auffangstelle in Graz. Mein Kommandeur vertraut mir an, dass er jene Soldaten, welche zum Tode verurteilt und unserer Auffangstelle zur Erschießung überstellt wurden, in andere Einheiten versetzt. In den jetzigen Wirren würde dies nicht auffallen. Für ihn und seine Mitwisser ein lebensgefährliches Unterfangen. Dann erhalte ich den Befehl, mich sofort beim Luftwaffen-Sturmbataillon zu melden. Feldmarschmäßig ausgerüstet marschiere ich zum Kasernentor hinaus und begegne - welch Glück - meinem Kommandeur. Er fragt mich wohin ich in diesem „Aufzug" wolle. Als ich ihm den Grund mitteile, befiehlt er mir sofort zur Auffangstelle zurückzukehren. *„Sie waren Pilot"*, sagt er, *„dann können Sie telegraphieren. Der Leiter der Telefonvermittlung zwischen der nahen Front und dem Generalkommando in Graz ist erkrankt."* Und ironisch lächelnd fügt er hinzu: *„Ihre Tätigkeit ist kriegsentscheidend!"*

Nur wenige Tage oder gar nur wenige Stunden können uns vom Kriegsende trennen. Am 7. Mai lässt uns der Kommandeur antreten und teilt uns mit, dass wir aus der Wehrmacht entlassen sind. Wie verloren stehen wir herum. Der Krieg ist vorbei, die Diktatur zu Ende. Wir können nach Hause gehen. Nach Hause? Das Haus des einen ist zerbombt, die Familie des anderen liegt begraben unter Trümmern. Ein Häufchen Verlorener in einem Niemandsland. Erst langsam begreifen wir, dass wir einem Alptraum entronnen sind. Dennoch, die Angst vor der Zukunft ist groß und lässt nicht jene Freude aufkommen, die wir uns jahrelang in unseren Träumen vorgestellt hatten.

Am 9. Mai 1945 kapituliert die gesamte deutsche Wehrmacht.

Mülheim a.d. Ruhr, den 23. Nov. 1933.

*Wolf von Schilgen
1933*

Lieber Herr v. Schilgen !

    Ich freue mich herzlich, daß Sie so freundlich und kameradschaftlich an mich gedacht und mir die Beurteilung meines lieben Vetters William übersandt haben. Haben Sie herzlichen Dank dafür.

    Endlich ist es bei uns in Deutschland auch wieder hell geworden. Wenn man auch nicht mit allem, was geschieht, einverstanden sein kann, so bin ich doch hochbeglückt über die außerordentliche Kraftnatur des Führers Hitler. Gottlob kann man jeden Tag sagen, daß die schmutzige Verbrecherbande vom 9. November auf und davon ist. Ich denke, bei Ihnen in Oesterreich wird es auch bald tagen.

    Mit herzlichem Gruß

                        Ihr aufrichtig ergebener

Brief des Generaloberst von Einem an den Vater des Autors

Arbeit Freiheit und Brot!

Alte Garde

Die Ketten sind zerrissen,
die unsre Kraft gebannt.
Uns treibt ein tiefes Wissen
ums heil'ge Vaterland! —
Wir haben ihn gefunden,
den Führer aus der Not!
Wir tragen unsre Wunden
als letztes Aufgebot! —

L. von Schenkendorf.

Wählet National-Sozialisten! Liste 8

*Eines der vielen Wahlplakate der NSDAP
1932 - 1933*

Staatsakt in Potsdam.
Hitlers Übernahme der Regierung
21. März 1933

Hitler zusammen
mit der neuen Reichsregierung
bei der Kundgebung der Jugend
im Lustgarten Berlin
1. Mai 1933

Reichspräsident von Hindenburg mit dem neuen Reichskanzler Adolf Hitler auf seinem Landgut Neudeck

Hitler als Kanzler mit Admiral Raeder bei der deutschen Flotte 1933

Hitler als gütiger Mitbürger

Man verstand die Jugend zu begeistern

*Parteitag 1933 in Nürnberg
Zug der Standarten*

*Aufmarsch
der SA,
Nürnberg
Luitpolhain
1933*

*Aufmarsch der SA
in Dortmund 1933*

Feuerwerk am Tag der Arbeit
Mai 1933

Hitler bewegt Massen

THE ALL-HEILEST.

SHADE OF BISMARCK. "I ONCE THOUGHT THAT GERMANY'S GREAT DANGER WAS SOCIALISM. I'M NOT SURE THAT THERE ISN'T AN EVEN GREATER ONE NOW."

Englische Karikatur aus dem Anfang der Dreißigerjahre.
Der Geist Bismarks: „Ich habe gedacht dass, der Sozialismus die größte Gefahr für Deutschland sei, ich bin nicht sicher, ob diese nicht die größere ist."

NEIGHBOURLY CONDUCT

Herr Hitler. "Extraordinary how the least little bit of noise seems to upset some parties."

Englische Karikatur aus dem Anfang der Dreißigerjahre.
Herr Hitler: „Erstaunlich wie so ein bisschen Lärm die Nachbarn verärgern kann!"

Sonder-Ausgabe

Preis 10 Groschen · Preis 10 Groschen

Salzburger Volksblatt

Freitag 11. März 1938

Das Ende der Regierung Schuschnigg.

Während das nationalsozialistische Volk Salzburgs in einer machtvollen, spontanen Demonstration größten Ausmaßes in den Straßen der Altstadt gegen die sogenannte Volksabstimmung Schuschniggs aufzog, hat sich um halb 8 Uhr abends der bisherige Bundeskanzler im Rundfunk öffentlich verabschiedet. Das Wahlmanöver findet nicht mehr statt. Adolf Hitler hat die Knoten mit entscheidendem Schnitt gelöst. Seinem Ultimatum ist Schuschnigg gewichen. Er hat damit in der entscheidenden Stunde kapituliert.

Sein Nachfolger wird dafür sorgen, daß nun, nach vier politisch qualvollen Jahren des Gesinnungsdruckes, der Knechtung und der Heuchelei die wahre Volksstimme zu Gehör gebracht und des Volkes wahrer Wille in die Tat umgesetzt wird.

Es gibt in Europa keine Macht, die diesen Wandel heute noch verhindern kann. Das deutsche Volk in Österreich aber wird beweisen, daß es ihn in mustergültiger Disziplin vollführt, in einer Ruhe und in einem Bewußtsein der eigenen Kraft, die alle Welt aufhorchen machen wird.

Ein Ultimatum Hitlers!

L. Wien, 11. März. Bundeskanzler Dr. Schuschnigg hat gegen 8 Uhr abends in einer Rundfunkrede die Tatsache seines Rücktrittes bekanntgegeben und mitgeteilt, daß der deutsche Reichskanzler dem Bundespräsidenten Miklas heute ein befristetes Ultimatum gestellt habe, in welchem der Rücktritt des Bundeskanzlers Schuschnigg und die Besetzung der Bundeskanzlers Hitler vorzuschlagenden Persönlichkeit, ferner eine solche Zusammensetzung der Regierung, wie sie den Wünschen des deutschen Reichspräsidenten entspreche. Bundeskanzler Schuschnigg erklärte daraufhin:

„Ich stelle fest vor der Welt, daß die Nachrichten über Arbeiter-Unruhen in Österreich ausgebrochen, daß Ströme von Blut geflossen sind und die Regierung nicht Herr der Lage ist, von A bis Z erfunden sind. Der Herr Bundespräsident beauftragt mich, dem österreichischen Volke zu erklären, daß wir der Gewalt weichen. Um keinen Preis zu vermeiden, daß deutsches Blut fließe, haben wir unsere Wehrmacht beauftragt, im Falle des Einmarsches reichsdeutscher Truppen sich ohne ernstlichen Widerstand zurückzuziehen und weitere Entscheidungen abzuwarten. Wir haben den General der Infanterie Schilhawsky mit der Führung der Wehrmacht betraut. Er wird weitere Weisungen ergehen."

So verabschiede ich mich in dieser Stunde von dem deutschen Volke und von Österreich mit einem deutschen Wort und Gruß: Gott schütze Österreich!"

Bundeskanzler Dr. Schuschnigg hat seine Abschiedsansprache aus dem Ministerratssaale gehalten. Darnach spielte eine Kapelle die Bundeshymne.

Der neue Bundeskanzler: Seyß-Inquart!

Wie man hört, ist zum Nachfolger Dr. Schuschniggs als Bundeskanzler Seyß-Inquart ernannt. Die übrigen Mitglieder der Regierung stehen noch nicht fest.

Minister Dr. Seyß-Inquart

Rudolf Hess neben Hitler

Preis 10 Groschen — Sonder-Ausgabe — **Preis 10 Groschen**

Salzburger Volksblatt

Montag, 11. April 1938

Oesterreichisches Credo.

99⅔ Prozent aller Stimmen von Deutschösterreich lauten auf Ja. — Ein Land hat heimgefunden zu Führer und Reich.

Großdeutschlands Bekenntnis:

99 Prozent Ja-Stimmen.

Die letzte vom DNB. veröffentlichte Gesamt-zählung für Großdeutschland (einschließlich der Soldaten in Oesterreich) ergibt folgende Ziffern:

Stimmberechtigte	49,546.950
Abgegebene Stimmen	49,326.791
Davon Ja	48,799.269
	99.0827 Prozent
Davon Nein	452.180
	0.9173 Prozent
Davon ungültig	75.342

Premierminister
Neville Chamberlain
nach dem Münchner Abkommen
29. September 1938
„Peace for our Time"

Lieber Wolf!

      In einigen Tagen verlasse ich dieses Land - meine Heimat - für immer. Ich will und kann es nicht tun, ohne mich von Dir, wenigstens schriftlich, zu verabschieden. Von uns beiden befreundeter Seite erfuhr ich, daß Du während meiner langen Krankheit im Frühjahr d. J. mich, bzw. die mich behandelnden - besser gesagt: nicht behandelnden - Aerzte besuchen wolltest. Ich bin froh, daß man Dich davon abgehalten hat - die Luft in dem Spital ist doch z u ansteckend, selbst für Dich. Für mich gilt in diesem Falle der Wille für die Tat. Aber nicht eigentlich dafür wollte ich Dir danken; Du würdest einen Dank dafür vielleicht auch nicht verstehen, da Dir ja das, was Du tun wolltest, selbstverständlich schien. Unter anderen Umständen wäre es auch mir selbstverständlich vorgekommen, aber heute sind derlei Selbstverständlichkeiten recht rar geworden. Nein, danken will ich Dir und allen meinen Freunden - nämlich denen, die es überhaupt jemals waren - dafür, daß mir (im Gegensatz zu den allermeisten meiner Mitpatienten) neben all dem, was ich in den letzten Monaten mitmachte, jegliche p e r s ö n l i c h e Enttäuschung erspart blieb. Ihr seid es, die den Glauben an Freundschaft und Kameradschaft, den so viele jetzt verlieren mußten, nicht nur nicht nahmt, sondern sogar stärktet. Dies ist das Wertvollste, das ich mitnehme, und dafür wollte ich Dir, lieber Wolf, danken, bevor ich weggehe.

      Persönliches Dir mitzuteilen, ist unmöglich, da die Zukunft für mich selbst noch vollkommen unklar ist und die Vergangenheit, soweit sie von Interesse ist, Dir ja bekannt sein dürfte. Unbekannt wird Dir sein, daß ich kürzlich hier zum Dr. med. promoviert wurde.

      Lieber Wolf, nach allem hoffe ich, daß wir uns im Leben einmal wiedersehen, wenngleich mir auch noch völlig unklar ist, wie, wann, wo. Auf alle Fälle sage ich Dir nicht "leb wohl", sondern - auf Wiedersehen! Sei bestens gegrüßt

von

Brief von Dr. Viktor Loewi an den Autor

Beim RAD
Reichsarbeitsdienst 1938
(rechts) mit Freunden
und Vorgesetzten

Reichsarbeitsdienst
Der Führer des Arbeitsgaues XXVIII
Franken

Geschäftszeichen P I b Nr. 2730
(Bei Beantwortung angeben)

Würzburg, den 6. Februar 1939.
Rennweg 1
Fernruf Nr. 37 21
Reichsbankgirokonto Nr. 153 Würzburg
Postscheckkonto 463 72 Nürnberg

Flieger
W.-E. v. S c h i l g e n
Jagdgruppe 1/233, Fliegerhorstkomp.
B a d A i b l i n g Obbay.

Betreff: Streichung als Führeranwärter
zum Antrag vom 31.1.39 an 4/280 Weismain.

Sie werden antragsgemäss aus der Listen der Führeranwärter
gestrichen.

Im Auftrag:

*Brief von
Oberleutnant Schüler
an den Vater
des Autors*

Zandvoort, d. 3.9.40.
Weimarweg 4

Mein hochverehrter Herr Major,

Schon so oft, solange ich hier bin, wollte ich Ihnen, mein sehr verehrter Herr Major, schreiben, um mich zu erkundigen, wie es Ihnen und Ihren Lieben geht. Sie können sich denken, daß meine Gedanken immer und immer wieder bei meinem früheren Kommandeur waren und es jetzt wo wieder Krieg ist. Aber ich hab es nicht, denn, nachdem ich nun auch gezwungenermaßen meine Heimat verließ, weil ich keine Lebensmöglichkeit mehr hatte, wollte ich Sie, mein sehr verehrter Herr Major, nicht mehr behelligen. Wenn ich Ihnen nun heute doch schreibe, dann tue ich es nur, um mich nach Ihrem Wohlergehen zu erkundigen; sind Sie wieder beim Heer? Wie geht es Ihrem Sohn?

Mir ist es ja, trotzdem ich Frontoffizier und Freikorpskämpfer war, lediglich wegen meiner Abstammung versagt, an leitender Stelle aufzurücken, sonst wäre ich wohl heute wohlbestallter Hauptmann, wie es meine früheren Kameraden sind.

Sie, mein hochverehrter Herr Major, der Sie mich kennen, können sich wohl denken, wie mir nach den Jahren ums Herz ist.

Ich würde mich ganz besonders freuen, von Ihnen ein kurzes Schreiben zu bekommen, sofern Sie dieses dürfen.

Es erlaubt sich, Sie
in Ehrerbietung zu grüßen, Ihr
früherer Adjutant
P. Schüler.

*Alfred Friedrich
Baron von Schilgen 1941
auf seinem Ansitz*

Auf dem Weg zum Flugplatz

Dieses Testflugzeug, vom Autor in Magdeburg eingeflogen,
sollte später eine merkwürdige Rolle spielen.
Widmung vom Flugzeugbauer Professor Wirth.

*Im Nürnberger Prozess
verhandelter Versuch an Menschen*

*Wolf von Schilgen
auf dem Weg zum Feldflugplatz*

Lfd. Nr. des Fluges	Führer	Begleiter	Muster	Zulassungs-Nr.	Zweck des Fluges	Ort
361	v. Schilgen		He ?		...flug	Pilsen
362	"					Vöslau
363	"					Brünn
364	"					Ollmütz
365	"					Pilsen
366	"					Chemnitz
367	"					Pilsen
368	"					Socking
369	"					Vöslau
370	"					Pilsen
371	"					St. Pölten
372	"					Straubing

Rechts Wolf von Schilgen

Der Autor in der „berühmten" Arado, aus der unter anderen der Sturzkampfbomber entwickelt wurde.

DESIGN FOR A PHOTOGRAPH
Peace. „There--that's exactly the way I want you!"

THE GREAT PROTECTOR
(Field-Marshal Goering has confiscated all property in Poland "in order to safeguard it.")

HONOUR AMONG THIEVES?
(Stalin is said to have asked for German help.)

JEKYLL AND HYDE

LITTLE ADOLF HEAD-IN-AIR

COMING SHORTLY
or Adolf the awful in his amazing aerial act

THE WHITE PAPERHANGER

HUMPTY DUMPTY AND THE ROMAN WALL

ESPENLAUB FLUGZEUGBAU

Düsseldorf-Lohausen
Düsseldorf, Flughafen WUPPERTAL-LANGERFELD
Espenlaub Flugzeugbau, ~~Wuppertal-Langerfeld, Schwarzbach 35~~
Fernruf Sammel-Nr. ~~Wuppertal 50331~~
Düsseldorf, 37143

Drahtanschrift: Espenlaub-Wuppertal
Bahnsendungen: Wuppertal-Oberbarmen
Postscheck-Konto: Köln 14887
Bankkonten: Dresdner Bank, W.-Barmen
Commerz- und Privatbank A. G. W.-Barmen

Ju 87

Mein Zeichen: Tag:
Düsseldorf, den 16.1.1941

Bescheinigung.

Dem Uffz. von S c h i l g e n, der Fliegerhorstkommandantur Prenzlau wird hiermit bescheinigt, daß er das Flugzeug Ar 66 Werk Nr. 2224 am 16.1.1941 um 17^{45} Uhr der hiesigen Dienststelle übergeben hat. Nach Erledigung der schriftlichen Übernahmeverhandlung verließ der Flugzeugführer um 18^{30} Uhr das Werk.

Espenlaub Flugzeugbau

Übergabebestätigung eines sehr beschädigten Flugzeuges das der Autor nach Düsseldorf geflogen hat

*Die Piloten.
Zweiter von links
Wolf von Schilgen*

*Mutter daheim
Vater an der Front*

*Der Vater links als Komandeur mit seinem Adjutanten Lt. Böhme.
Jugoslawien 1941*

*Das Brautpaar
Wolf von Schilgen und
Annemarie Schrottenbach*

Militär-Amtsärztliche-Ärztliche Bescheinigung
über die Untersuchung auf Eignung zur Ehe
und zur Erlangung eines Ehestandsdarlehen.

Ich bescheinige hierdurch, daß

Herr ~~Frau~~ ~~Fräulein~~ Uffz. Wolf v. S c h i l g e n ,

wohnhaft in 3./Flg.Ausb.Regt.11 S c h ö n w a l d e ,
Post V e l t e n / M a r k .

Kreis

von mir auf Eignung zur Ehe untersucht worden ist.

Nach den Angaben des — ~~der~~ Untersuchten und den angestellten Ermittlungen besteht kein Verdacht für das Vorhandensein von vererblichen geistigen oder körperlichen Gebrechen, Infektionskrankheiten oder sonstigen das Leben bedrohenden Krankheiten. Es bestehen ärztlicherseits keine Bedenken, die seine — ~~ihre~~ Verheiratung nicht als im Interesse der Volksgemeinschaft liegend erscheinen lassen.

Ich versichere, die vorstehenden Angaben nach bestem Wissen und Gewissen gemacht zu haben.

Schönwalde , 6.Nove-mber 1941

(Dienstsiegel)

Unterarzt u. Truppenarzt.

*) Nichtzutreffendes ist zu durchstreichen.
379. Kroll & Straus, Berlin SO. 36. - Din A 5

*Mein Sturzkampfbomber
JU 87*

*JU 87 - Stuka
nach einem Absturz*

Unteroffizier von Schilgen, Leutnant Schmidt, Oberfähnrich Graf Schönfeld

Tag der Wehrmacht im Fliegerhorst
           Schönwalde
_____

           Programm des Grosskabaretts
Vorstellungszeiten: 13.30 Uhr und 16.00 Uhr
              I. Vorstellung
Soldaten spielen auf .....

1. "Der Ansager"
2. "Der singende
3. "Neue Kartenku
4. "Die drei Musi   Rose
5. "Der Bahnbeamt
      ., Bahnbea
   Mathias Strupi
   Eulalia Strupi
   Dr. Meier, Rech
   Ein Irrenhausan
6. Und wieder die
7. "Funiculi-Funicu
8. "Le Vanari", ein G
              Ein P
9. "Eine Münchhausiad   *Links Wolf von Schilgen*
   (Ein lebensge   unter Mitwirkung des   *in der Theatergarderobe*
      Publikums.)
              II. Vorstellung
Ein Himmel voller Sterne ....
              mit:
Maria Bard - Fita Benkhoff - Michiko Tanaka -
Victor de Kowa - Günther Lüders -

       Wir lassen uns überraschen !
Spielleitung: Uffz. v. Schilgen
Musik.Leitung: Ofw. Müller
Bühne   : Uffz. Laudor
Techn.Leitung: Fl.Ing.Müller.

                                    Programm RM 0.10

SURVIVORS OF THE SHOAH
VISUAL HISTORY FOUNDATION

12 August 1996

Lilit Pohlmann
54 North End House, Fitzjames Avenue
London, W14 0RT
England

Dear Mrs. Pohlmann,

In sharing your personal testimony as a survivor of the Holocaust, you have granted future generations the opportunity to experience a personal connection with history.

Your interview will be carefully preserved as an important part of the most comprehensive library of testimonies ever collected. Far into the future, people will be able to see a face, hear a voice, and observe a life, so that they may listen and learn, and always remember.

Thank you for your invaluable contribution, your strength, and your generosity of spirit.

All my best,

Steven Spielberg
Chairman

Irmgard Wieth rettete Lili und ihre Mutter aus dem Ghetto. Der Vater und der Bruder wurden in den Lagern ermordet

Lili mit Mutter, Vater und Bruder Uriel

Wolf von Schilgen

*Von rechts:
Wolf von Schilgen,
Kamerad und SS-Standartenführer Meissner
mit Frau und Kind in Berlin.*

*Filmschauspieler
Hannes Stelzer*

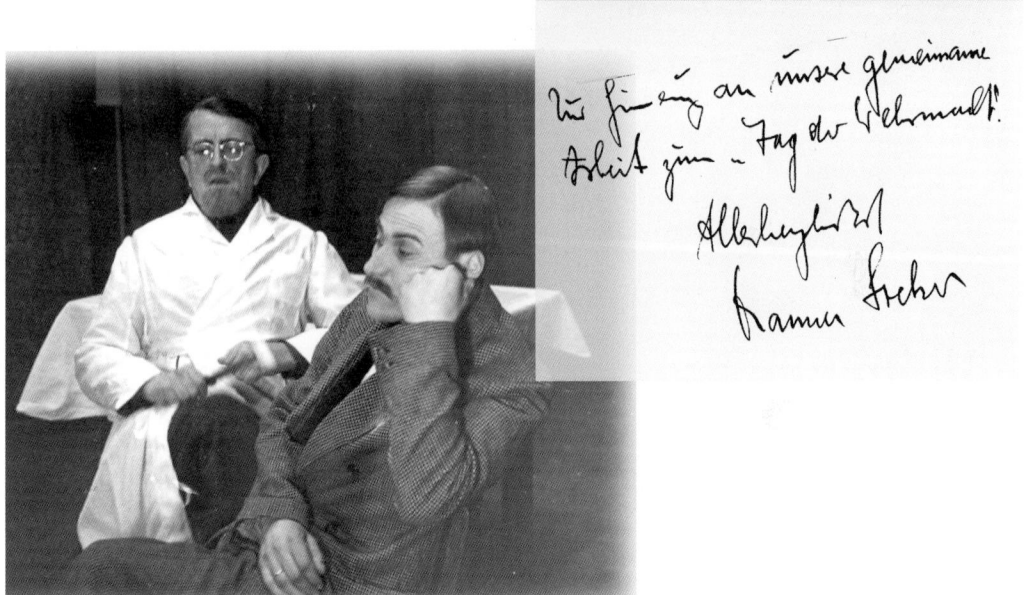

Auf der Bühne. Hans Hömberg und Wolf von Schilgen (r.)

Major
Roland von Hoesslin

Roland von Hoesslin, at 30, commanded a division in the famed Afrika Korps. He lost part of his right hand, wore the Knights Cross of the Iron Cross. He had nothing but scorn for Freisler and told him so. He shouted his judges down in court

Vor dem Volksgerichtshof, 13. Oktober 1944. Ausriß aus einer nach Kriegsende erschienenen amerikanischen Soldatenzeitung, die Hößlin ihren Lesern als »Hero« (Held) vorstellt. Die Übersetzung der Bildunterschrift lautet: Roland von Hößlin kommandierte mit 30 eine Division des legendären Afrika-Korps. Er verlor einen Teil seiner rechten Hand, war Träger des Ritterkreuzes des Eisernen Kreuzes. Für Freisler hatte er nichts als Verachtung übrig und sagte es ihm offen. Er brüllte seine Richter im Gerichtshof nieder.

Wieder heulen die Sirenen, wieder packen wir unsere wichtigsten Sachen u. stolpern in den "Luftschutzkeller". Da heulen die ersten Flakgeschütze auf – da – unheimlich surren Motore über uns – feindliche Maschinen – Bomben knallen auf – dumpf schlägt es ein –, die Scheiben der Häuser zittern, Türpfosten zersplittern berstend u. Holzteile fliegen durch die sonst so gemütliche u. stillen Räume.

In den ....
Luftschutzkeller ...
gepfercht ...
unheimlich ...
der feindlich ...
mit ihrer ...
über unsere ...
Einschläge auf ...
Tod u. Verderben ...
ist die Folge.

Eine Detonation, die uns Kleinen, flüchtende Gruppe im Keller zusammenwürfelt – Schreck in allen Gliedern. Furchtbarer Schreck fährt in alle Glieder – jetzt? Nun ist es unser Haus. Plötzlich tiefe Dunkelheit um uns. Das Licht, der ...

Aus dem Tagebuch des Autors.
Aufzeichnungen während eines Bombenangriffes.

Flieger Hans Hömberg + W.E.I. - Berlin-Tempelhof - Berliner Str. 45
(Stab)

13.Februar o-1945-o

Mein lieber Jerry, Freund, Unteroffizier und poeta !

Inzwischen sind wohl zwei drei vier Stunden verwichen, ohne dass wir uns gesehen haben und zu einem Gedankenaustausch unserer kriegswichtigen Deliberationen gekommen sind. Auch vermisste ich die Plätzchen deiner liebenswerten Gemahlin, von der du mir in deinem demnächstigen Brief ein Lächeln mitschicken mögest.
Berichte mir von deinem Lebensgang, von den Zerstreuungen und Kontemplationen, die du gemeinsam mit unserem Briefmarkenlecker Lindhuber und dem an den älteren Plinius gemahnenden Kettler gepflogen hast, von den Tagen und Taten, die hinter dir liegen und vom frohen Leben, das nachher nicht weniger genau geführt werden soll als unser jetziges Bisheriges.

Literärisches habe ich nicht mehr niedergeschrieben. Die allgemeine Lage hat mich zu ganz anderen Zielsetzungen gebracht. Mir geht es wie dem alten Chinesen, der da sagte: "Ich möchte unter einem Baum liegen und kein Soldat mehr sein." Wie gern wollte ich vom Herkules erzählen oder mein Poem von der "Iphigenie in Latium" fortsetzen. Aber Staub, Kalk, und die Monumente der Zerstörung lähmen die Fittiche des Adlers und lassen ihn niedersinken aufs Portal aus Gips und Beton, zum Ruhme einer weisen und von Einsicht gelenkten Staatsregierung.

Ich möchte mit euch allen wieder den Humpen schwingen und die Kalebasse emporheben. Ich möchte gute Gespräche führen und kein Radiogerät mehr anspielen. Ich möchte bei bravem Weine sitzen und den lieben Gott einen braven Mann sein lassen.

Erinnere dich manchmal an den Störflieger, der jetzt Nacht um Nacht im Wachtstübchen sitzt, sich recht verloren fühlt, aber dennoch mit zackiger Geberde tut, wass der Moloch von ihm verlangt.

Gott befohlen! Leb wohl und schreib mir mal!

                                             Hochachtungsvoll und heilhitlerisch !
                                             Your faithfully

                                             Hömberg

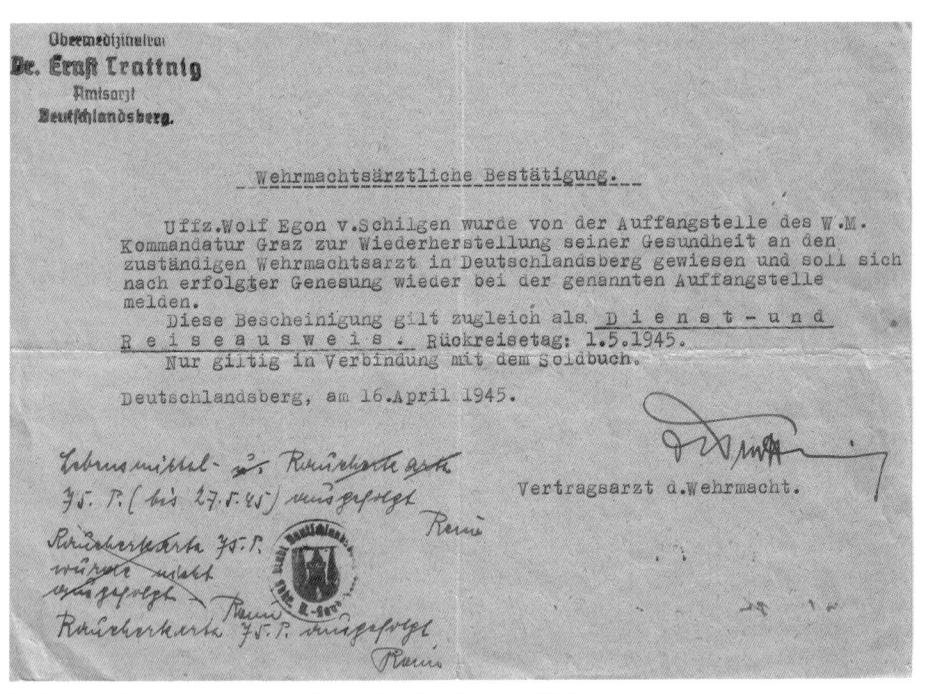

Teil einer Lebensrettungsaktion in den letzten Kriegstagen

Zweieinhalb Monate später Chefredakteur des Demokratischen Volksblatts

4.
DIE DEMOKRATIE

DEMOKRATIE
BEDEUTET
VOLKSHERRSCHAFT.
GLEICHHEIT UND FREIHEIT
ALLER BÜRGER.
ENDLICH.

1945 – 2006

Der Krieg war beendet und mit ihm eine grausame Diktatur. Freiheit oder ein zweites Versailles? Womöglich ein noch Schrecklicheres mit all den Folgen, die wir nach dem Ersten Weltkrieg erlebten? Wird man uns, das Volk, für diesen Krieg zur Rechenschaft ziehen?
Sich fragen zu müssen, ob man schuldig oder unschuldig an all den Verbrechen war, die geschehen sind? Wie wird man unsere Verantwortlichkeit sehen? In Wahrheit besaßen wir nicht die Freiheit, uns für das Recht entscheiden zu können.
In den von den Deutschen zuvor besetzten Gebieten, siegte die Rache Einzelner.
Doch die Regierungen der ehemaligen Gegner hatten aus der Vergangenheit gelernt. Sie bemühten sich die Schuldigen von den Unschuldigen zu trennen. Sie versuchten mit Erfolg aus den ehemaligen Gegnern Partner zu machen. Sie gestatteten Mitsprache und schufen keine Gegenspieler.
Die Zeit des Schreckens wurde verdrängt. Vorwärts schauen und Neues schaffen. Zu hektisch war die Zeit, um sich zu besinnen und Vergangenes aufzuarbeiten.

Der Horror einer mörderischen Diktatur hat sein Ende gefunden, doch nicht jeglicher Schrecken. Jetzt beginnt die Verschleppung, die Aussiedlung und willkürliche Ermordung Deutscher in den Ostgebieten des Deutschen Reiches. Für die begangenen Gräueltaten verschiedener Einheiten der SS büßt jetzt die Zivilbevölkerung. Bruchstückhaft und für uns kaum fassbar, kommt die schreckliche Wahrheit über diesen sinnlosen Krieg zu Tage. Die Zahl der Opfer liegt zwischen vierzig und fünfzig Millionen, davon sechs Millionen Juden. Alleine im Konzentrationslager Auschwitz wurden 1,200.000 Menschen ermordet, darunter etwa 1 Million Juden, 70.000 Polen,

20.000 Sinti und Roma, 15.000 russische Kriegsgefangene und 30.000 politische oder sonstige Gefangene aus verschiedenen Ländern.

Der jüdische Essayist Arthur Cohen schrieb aus seiner Sicht verständlich:
„Nach dem, was geschehen, ist ein ‚Lieber Gott' mit Auschwitz nicht vereinbar."

Die Siegermächte sind nach Kräften bemüht, die Fehler des Vertrages von Versailles nicht zu wiederholen. In Amerika wird von General Marshall ein umfangreicher Hilfsplan entworfen. General Eisenhower erklärt offiziell, dass die Mehrzahl der Angehörigen der deutschen Wehrmacht sich ehrenhaft verhalten habe. Der englische Premier Churchill denkt bereits an ein vereinigtes Europa, als er 1946 in Zürich erklärt: *„Lasst Europa auferstehen"*.

Am 14. April 1945 wird die Sozialistische Partei Österreichs als erste Partei neu gegründet, am 17. April 1945 die Österreichische Volkspartei ÖVP und am 22. April 1945 die Kommunistische Partei, diese allerdings zunächst nur in den durch die Sowjets besetzten Gebieten. Ich bin nach Deutschlandsberg zurückgekehrt. Auf meinem Entlassungsschein steht unter anderem: *„Entlaust und Seuchenfrei"* und *„5 Stück Zigaretten ausgefolgt"*.

Die jugoslawischen Partisanen stehen sozusagen vor unserer Tür und die Sowjetarmee befindet sich ganz in der Nähe der Weststeiermark. Da unser Anwesen auf einer Anhöhe liegt, kann man die Gegend gut überblicken, aber ebenso gut sind wir wie auf einem Präsentierteller sichtbar. Bereits nach wenigen Tagen erfüllen sich unsere Befürchtungen. Eine Wagenkolonne mit schwer beladenen Pferdewagen, begleitet von Zivilisten, nähert sich dem Städtchen Deutschlandsberg. Es sind, wie vermutet, Partisanen. Zunächst beschlagnahmen sie im Ort Stoffe und Nähmaschinen, um für sich Uniformen zu nähen. Es dauert nicht lange, bis sie auf unserem Berg auftauchen. Die Häuser der Keuschler (Kottenbesitzer) werden durchsucht, schließlich auch unser Haus. Ohne etwas mitzunehmen, ziehen sie wieder ab. Gottlob hatten wir zuvor die Sammlung historischer Waffen aus der Zeit von 1750 - 1900 in einem nahe liegenden großen Teich versenkt.

Wenige Tage später erscheint bei uns abermals ein Partisan. Ohne ein Wort mit uns zu sprechen, durchsucht er das gesamte Gebäude. Zu meinem großen Entsetzen entdeckt er in der Vorhalle in einer gotischen Truhe eine große Granate, die ich übersehen hatte. Ein Souvenir meines Vaters aus dem ersten Weltkrieg. Der Jugoslawe schreit mich an. Ich kann seine Sprache nicht verstehen. Dann packt er mich am Arm, zieht mich aus dem Haus. Mit dem Gewehr im Anschlag lässt er mich in den Garten vorausgehen und befiehlt mir, mich an einen Baum zu stellen, ganz offensichtlich um mich zu erschießen. Ich habe keine Angst, wahrscheinlich weil mir die Situation zu unwirklich erscheint, möglicherweise erfasse ich sie auch nicht. Ich schaue in das dichte Laub über mir. Es ist ein Birnbaum der Sorte „Gute Luise", auf den ich als Kind oft und oft geklettert war.

Er hebt das Gewehr - da wird er vom Schrei eines Kameraden abgelenkt, der durch die Weinberge zu uns herabläuft. Dieser scheint ihn nach dem Grund der geplanten Erschießung zu fragen. Zu dritt gehen wir in mein Haus zurück. Dieser Partisan macht den Eindruck eines gebildeten Mannes und so spreche ich ihn auf gut Glück in englischer Sprache an. Ich erkläre, dass die Granate nicht funktionstauglich sei und als Andenken an den Ersten Weltkrieg von meinem verstorbenen Vater aufbewahrt wurde. Er besichtigt sie und lacht: *„Da haben Sie aber Glück gehabt."* Er klopft mir kameradschaftlich auf die Schulter, worauf beide das Haus verlassen, ohne sich weiter umzusehen. Meine Familie, die sich indessen auf dem Dachboden des Turmes versteckt hielt, kann, ebenso wie ich, das Ausmaß dieses ernsten Geschehens zunächst nicht realisieren. Zu lange leben wir in der Zeit der Schrecken.

Tags darauf erscheint bei uns der Kommandant der Partisaneneinheit. Er stellt sich uns als Rechtsanwalt im zivilen Beruf vor. *„Damit es zu keinen weiteren Zwischenfällen kommt"*, erklärt er, *„habe ich Ihnen ein Schreiben meiner Kommandantur mitgebracht, welches Sie zu Ihrem Schutz an Ihrem Eingangstor befestigen wollen."*
Auf meine Fragen nach dem Grund dieser Bevorzugung erfahre ich, dass der Obmann der kommunistischen Partei in Deutschlandsberg, Herr Topolnig, über meine Familie und mich eine entsprechende Auskunft erteilt habe. Topolnig, von dem während des Krieges

niemand geahnt hatte, dass er Kommunist ist, wird Bürgermeister von Deutschlandsberg, das wenig später Sitz der russischen NKWD (Narodnij Kommissariat Wnutrennich Djel) wird, der Nachfolgeorganisation der so gefürchteten GPU. Dabei handelte es sich um eine Organisation mit ähnlichem Aufbau wie die der GESTAPO der Nazis. Die GPU ging wiederum aus der TSCHEKA hervor, die 1917 gegründete bolschewikische politische Polizei. Das Entsetzen unter der Bevölkerung ist groß. Doch die NKWD erweist sich als Ordnungspolizei. Als Partisanen auf Grund von Anzeigen neidischer Mitbürger die ehemalige nationalsozialistische Frauenschaftsführerin, Inhaberin eines Delikatessengeschäftes, einsperren, lässt der Kommandant den Fall ordnungsgemäß untersuchen. Zur allgemeinen Überraschung wird die Frau freigelassen. Bürgermeister Topolnig unterbreitet mir den Vorschlag, die Chefredaktion des neuen *„Demokratischen Volksblatt"*, Nachfolgerin der *„Weststeirischen Rundschau"* zu übernehmen. Ich erkläre mich einverstanden, zumal mir keine politischen Richtlinien vorgeschrieben werden. *(Noch heute besitze ich Exemplare dieser „meiner" Zeitung.)*

Den Österreichern ist nur eine Bewegungsfreiheit innerhalb von 6 km erlaubt. Als Chefredakteur sollte ich mich in einem größeren Umkreis frei bewegen können. Der Chef der NKDW stellt mir nach längerer Überlegung ein Ausweisschreiben aus, in dem er mich als „Schriftleiter der kommunistischen Partei" bezeichnet.

Durch einen Erlass des Ministeriums des Inneren werden im Einvernehmen mit den Besatzungsmächten Richtlinien für die Aussiedlung der Reichs- und Volksdeutschen nach Deutschland erstellt sowie über die Befreiung von der Aussiedlung. Da ich „Reichsdeutscher" bin, droht auch mir Ausweisung und Enteignung. Die Regierung ist bemüht Österreich als ein von Hitler überfallenes Land zu präsentieren. Daher behandelt man Reichsdeutsche wie Nationalsozialisten, bezeichnet sie als „displaced persons" und versucht ihren Besitz zu beschlagnahmen. In gleicher Weise werden wir auch von den vier Besatzungsmächten behandelt. Der sowjetische Oberbefehlshaber General Kurassow befiehlt sogar die Übergabe des „gesamten deutschen Eigentums" an die Sowjetunion, also auch mein Eigentum.

Eine weitere Bestimmung betrifft meine Frau. Sie besagt, dass Frauen, die jünger als 31 Jahre sind und Deutsche geheiratet haben, sich von diesen scheiden lassen müssen, falls sie die österreichische Staatsbürgerschaft wieder erlangen wollen. Diese Bestimmung wird 1946 von Bundeskanzler Figl aufgehoben. Ab nun genügt eine einfache Erklärung gegenüber der Republik Österreich, dieser als treuer Staatsbürger angehören zu wollen, um die Staatsbürgerschaft wieder zu erlangen.

Ungeachtet dieser Bestimmungen ernennt man mich zum Vizepräsidenten des „Steiermärkischen Schriftsteller- und Journalistenverbandes" und man macht mich, auf Grund der Ausnahmeregelung für „Personen, die sich durch besondere wissenschaftliche oder künstlerische Fähigkeiten auszeichnen", zu einer „important person". Als solche erhalte ich als einer der ersten Reichsdeutschen die „Österreichische Staatsbürgerschaft", muss aber versichern, niemals wieder die deutsche Staatsbürgerschaft anzunehmen.

Die Sowjets und die jugoslawischen Partisanen haben indessen auch in der Weststeiermark den Briten Platz gemacht, die ein strengeres Regime führen. Vor jeder Drucklegung muss ich dem neuen Kommandeur den Andruck jeder Zeitungsausgabe vorlegen. Völlig überraschend werde ich eines Morgens in unserem Haus von britischen Soldaten verhaftet und in ein Gefangenenlager, ein ehemaliges KZ, nach Graz überstellt. Es sind baufällige Baracken hinter Stacheldraht, die Unterbringung ist miserabel. Auf meine Frage nach einer Schlafstelle, bringt man mich in den ehemaligen Speisesaal und rät mir unter einem Tisch zu schlafen, da das Dach nicht dicht sei. Auch Essgeschirr und Essbesteck sind nicht verfügbar. Die Auskunft die ich erhalte, lautet: *„Suchen Sie sich Geeignetes im Abfallhaufen unter den alten leeren Konservendosen."*

Über diese Art der Behandlung bin ich empört. Beim ersten Verhör klärt man mich auf. Die Briten halten meine ehemalige Auffangstelle der Wehrmacht in Graz für eine SS-Einheit, da diese den Namen eines Generals führte. Einheiten einen Namen zu geben, war ihnen nur als eine von der SS gebrauchte Sitte bekannt. Da meine Empörung so offensichtlich ist, werde ich, offenbar als Kuriosum, verschiedenen englischen Offizieren vorgeführt. Man versichert mir, meinen Fall prüfen zu wollen. Unter den Mitgefangenen hält sich das Gerücht, dass ein Großteil von uns nach Südafrika zur Arbeit in Zinngruben gebracht werden soll. Ein höchst ungemütlicher Gedanke. Bei jedem Morgenappell melde ich mich, frage nach meiner Entlassung, fluche und beschwere mich. Die Engländer lächeln nur. So überraschend wie meine grundlose Verhaftung, erfolgt nach 10 Tagen ohne Erklärung meine Entlassung.

Österreichischer Bundespräsident wird Dr. Karl Renner. Die Besatzungsmächte anerkennen die erste frei gewählte Bundesregierung. Der Bevölkerung werden jetzt freie Reisen mit der neu ausgestellten Identitätskarte gestattet.

Zu meiner und meiner Frau großen Freude kündigt sich bei uns wieder Nachwuchs an. Heide Louise wird 1946 geboren, ein Lichtblick nach dieser schweren Zeit.

Im gleichen Jahr gründe ich den „Mundus Weltpressedienst" und eröffne in Zürich das erste Auslandsbüro. Die Bestimmungen der Schweiz sind hart. Ich darf zwar als Inhaber mein Büro in Zürich betreten, um meinen Schweizer Angestellten Anweisungen zu geben, nur ich selbst darf dort nicht tätig sein. Die Schweiz erscheint mir wie ein Wunderland. Es gibt hier Dinge, die wir seit Jahren nicht mehr gesehen haben. Schokolade, Orangen, Zitronen und Bananen. Auch die heiß begehrten Nylonstrümpfe schicke ich als so genanntes „Carepaket" nach Hause, wie dies viele Schweizer für ihre österreichischen Verwandten oder Freunde tun.

In Österreich ist die gesamte Wirtschaft zusammengebrochen. US-Expräsident Herbert Hoover trifft in Wien ein, um die Ernährungslage zu prüfen. Bald darauf folgen die ersten Lebensmittelsendungen der UNRA. Es gibt zwar Lebensmittelmarken und Bezugsscheine, doch die zugeteilten Mengen sind dürftig. Sogar in der Schweiz benötigt man zu dieser Zeit noch Bezugsmarken für bestimmte Lebensmittel.

In Paris wird das erste Handelsabkommen Frankreich-Österreich unterzeichnet. In der Folge verzichten die USA auf die weitere Bezahlung von Besatzungskosten durch Österreich. Ein Hilfsabkommen zwischen den USA und Österreich wird abgeschlossen. Österreich erhält vom Welternährungsrat Waren im Wert von 100 Millionen Doller. Großbritannien startet eine Hilfs- und Kreditaktion. Man hat aus der Geschichte gelernt, darüber hinaus siegte die Menschlichkeit.

Noch legt der Mangel an Kohle und Strom die Industrie lahm. Der Personenverkehr der Österreichischen Bundesbahnen wird teilweise eingestellt. Der britische Pressechef Captain Spencer Cox besucht uns in Deutschlandsberg und bringt zum Geburtstag meiner Tochter Maren 2 Liter Petroleum, damit sie, wie er sagt, auch am Abend mit ihrer Puppe spielen kann. Wir verfügen über kein elektrisches Licht.

In meinem Besitz befinden sich bald mehrere Zeitungen und Zeitschriften unter anderen die Radiozeitschrift mit dem Titel „Die Radiowelle" sowie die Illustrierte „Die Welle". Mein Modejournal „La belle mode, Vienne", dessen Vertrieb in Venedig liegt, findet in Italien reißenden Absatz. Es folgen die Zeitschriften „Das Wartezimmer" und „Neue Welt" und der „Österreichische Prospektverlag". Trotz dieser Erfolge kann ich meine Zeit als „Theatermann" nicht vergessen. Ich beginne ein Regie- und Schauspielstudium unter dem bekannten Burgschauspieler Hans Obonja. Als mir die Möglichkeit geboten wird in dem Film „Dreizehn Teller", für den ich das Drehbuch geschrieben hatte, eine der Hauptrollen zu spielen, nehme ich an. Der Film wird bei der Bavaria Film in München-Geiselgasteig gedreht. Der Erfolg ist mäßig.

Die österreichische Gewerkschaftsbewegung beginnt sich zu formieren. Als Vizepräsident des Journalistenverbandes bin ich Mitbegründer der Journalistengewerkschaft in Graz und erhalte den Mitgliedsausweis Nummer drei. Mein kleines Zeitungsimperium erregt das Interesse der Engländer. Captain Davies, britischer Presseoffizier, bietet mir eine englische Beteiligung an. Trotz langer Verhandlungen und jeweils einiger zusammen konsumierter Gläser Whisky, lasse ich mich dennoch nicht darauf ein. Eine Dummheit, wie sich bald herausstellen sollte. Papier wird knapp, die deutsche Presse drängt auf den österreichischen Markt. Die Einnahmen aus dem Verlag gehen erschreckend zurück. Als Ausgleich gründe ich in Österreich, Deutschland und der Schweiz eine internationale Adressenvermittlung in Zusammenarbeit mit einem Schwesterunternehmen in New York. In diesen schweren Aufbauzeiten arbeitet meine Frau eng mit mir zusammen. Meine Familie und ich übersiedeln nach Graz, das bis 1953 meine Heimat wird. Der Besitz in Deutschlandsberg wird zur Belastung. Nach anfänglicher Verpachtung des Anwesens als Hotel, verkaufe ich es schweren Herzens.

Bei meinen beruflichen Reisen nach Innsbruck wächst meine Begeisterung für die wunderbare Tiroler Landschaft. Obwohl meine Frau indessen an meine Spontaneität gewöhnt ist, überrascht sie eines Tages doch mein Anruf: *„Pack die Kinder zusammen, wir ziehen nach Innsbruck."* Hier wählt man mich bald darauf zum Vizepräsidenten der Liga der Vereinten Nationen mit Sitz in der Innsbrucker Hofburg. Als solcher arbeite ich eng mit der französischen Besatzungsmacht zusammen. Die dabei gemachten Erfahrungen sind äußerst positiv. So manche dauerhafte Freundschaft entwickelt sich.

*

Am 15. Mai 1955 wird Österreich ein freier und souveräner Staat. Für mich ist es ein unbeschreibliches Glücksgefühl. In der Folge geschieht ein Wunder - das Wirtschaftswunder hat nicht nur Deutschland, sondern auch Österreich erreicht. In diesem Jahr wird meine dritte Tochter Elke-Romana geboren, ein lebhaftes, aufgeschlossenes Kind.

Neben meinen anderen Betrieben werde ich zur Hälfte Miteigentümer eines Autoverleihs und gründe die „Continentale Versicherungs-KG". Bald besitze ich Kunstgalerien in drei verschiedenen Städten und nehme an internationalen Ausstellungen in Paris und Brüssel teil. Aus dieser Zeit resultiert meine Bekanntschaft mit dem belgischen Königshaus. Mit der Gemahlin von König Leopold III., Prinzessin Lilian von Belgien, werde ich bis zu deren Tod in brieflicher Verbindung bleiben.

Unerwartet besucht mich der im Krieg berühmte Jagdflieger und Ritterkreuzträger Oberst Gollob, dessen Mutter sich in Innsbruck als Gemälderestauratorin niedergelassen hat. Er macht mir den Vorschlag, eine Kunstflugschule zu gründen. In Anbetracht der nahen Berge, die Innsbruck umgeben, erscheint mir diese Idee zu gefährlich.

Meine journalistische Tätigkeit nehme ich wieder auf und zwar als Chef des STAD. Dieser internationale staatspolitische Informationsdienst verschickt völkerrechtliche Kommentare zum Zeitgeschehen an zahlreiche Staatskanzleien der Welt. Kurioses Detail: Als Dank für meine positive Berichterstattung wird mir von der ägyptischen Regierung ein Haus in Alexandria als Geschenk angeboten. Da es in einem für Regierungsmitglieder reservierten Gebiet liegt, lehne ich auf Anraten meiner Frau ab. Zu groß erscheint ihr die Gefahr eines gewaltsamen Regimewechsels. Sie sollte Recht behalten.

Der bayerische Ministerpräsident Franz Josef Strauß bietet mir an, sein Pressesprecher zu werden, eine Position von der er meint, dass sie ein Sprungbrett zu einem Ministerposten wäre. Allerdings müsste ich die deutsche Staatsbürgerschaft wieder annehmen. Mein vor Jahren abgegebenes Versprechen, niemals mehr deutscher Staatsbürger zu werden, zwingt mich, diesen Vorschlag abzulehnen. Franz Josef Strauß sagt dazu lachend: *„Das ist doch Schnee von Gestern."*

Als Vizepräsident der Liga der Vereinten Nationen werde ich zu einem Vortrag in das Haus der Freundschaft nach Moskau eingeladen. Die Niederlande wollen mich zum Konsul ernennen, ein Angebot das ich nach einem Gespräch mit dem Botschafter Dr. van Houten ablehnen muss, da mir wegen meiner Tätigkeit als Chef des STAD zu wenig Zeit zur Verfügung steht. Ich lerne den Begründer der Idee des Vereinten Europas, Graf Coudenhove-Kalergi kennen und den Führer der Pan-Europa-Bewegung, Erzherzog Otto von Habsburg. Anlässlich eines gemeinsamen Mittagessens mit ihm erwähnt er, dass er überzeugt sei, ein Vereintes Europa zu erleben. Ich bezweifle dies, denn nach all den Jahrhunderten der Feindschaften und der Kriege erscheint mir eine so rasche Verwirklichung dieser Idee nur wie ein schöner Traum.

Durch Erzherzogin Sophie von Habsburg-Lothringen, meiner Firmpatin, deren Vater Erzherzog Josef der letzte Paladin des Kaisers in Ungarn war, lerne ich den Fürsten Karl August von Thurn und Taxis und die Fürstin Maria-Anna auf Schloss Regensburg kennen. Meine Familie und ich verbringen zahlreiche Wochenende als deren Gäste in ihrem Jagdschloss Höfling bei Regensburg.

*

Die Erfolge auf wirtschaftlichem und sozialem Gebiet können nicht darüber hinwegtäuschen, dass meine Frau und ich uns entfremden. Unsere beiden ältesten Töchter Maren und Heidi sind verheiratet und im Ausland ansässig, auch die jüngste Tochter Elke-Romana ist erwachsen. Um unsere Beziehung zu retten und unserem Leben einen neuen Sinn zu geben, mieten wir ein georgianisches Landhaus in der Nähe von Schloss Windsor in England. Aber der Versuch eines Neuanfanges scheitert. Nach fast dreißigjähriger Ehe erfolgt unsere einvernehmliche, nichtsdestoweniger überaus schmerzliche Scheidung, bei der ich ihr fast meinen gesamten Besitz überlasse.

1977 heirate ich Magistra Eva Maria von Hoesslin. Sie ist 31 Jahre jünger, die Tochter von Erna und Walter von Hoesslin, dem bekannten Professor und Leiter des Max Reinhardt-Seminars und technischen Direktors der Volksoper in Wien, Mitbegründer der Bregenzer Festspiele. Er ist ein Vetter von jenem Roland von Hoesslin, einem der Verbündeten Stauffenbergs vom 20. Juli 1944, von dem ich berichtete. Als unseren Wohnsitz wählen wir den kleinen wunderschönen Ort Großgmain, inmitten der Berge unweit der Stadt Salzburg. Da meine Frau Absolventin der Hochschule für Angewandte Kunst ist, liegt nichts näher als einen neuen Kunstbetrieb zu eröffnen, der sich unter ihrer Leitung bald zu einem internationalen Großbetrieb entwickelt. Sie erweist sich als ein hochintelligentes Organisationstalent. So gründe ich noch eine Werbegesellschaft und einen Buchverlag. 1984 ziehe ich mich aus den geschäftlichen Bereichen zurück und beginne auf Anraten meiner Frau wieder zu schreiben. Das Alter und die Erfahrungen haben mich zum Satiriker gemacht, meine positive Sicht des Lebens zu einem „lachenden Satiriker", wie die internationale Presse mich bald nennt.

Das erste Buch erscheint 1985 unter dem Titel „Mir fällt kein Titel ein". Kammerschauspieler Josef Meinrad, mein Freund und Nachbar aus Großgmain, liest anlässlich der Österreichischen Buchwoche gemeinsam mit mir aus diesem Buch und gibt mir somit Starthilfe. Wir werden bis zu seinem Tod befreundet bleiben.

In der Folge entstanden zehn Bücher mit Satiren, die sich mit dem Alltag befassen und eine Autobiographie. Zahlreiche Lesungen im In- und Ausland, unter anderem in Finnland, Großbritannien, Belgien, Deutschland, Österreich und Griechenland, bereichern mein Leben. Die vielen, darunter auch staatlichen Auszeichnungen, stärken mein ohnehin nicht mangelndes Selbstbewusstsein.

Erfreulich waren auch meine Lesungen im Österreichischen Parlament in Wien und im Gästehaus der Deutschen Bundesregierung auf dem Petersberg bei Bonn. Doch „Nicht ohne meine Frau", wie auch der Titel eines meiner satirischen Bücher lautet. Sie unterstützt mich auf allen Gebieten meines Schaffens. Wer ihre Aktivitäten kennt, weiß, was dies bedeutet.

*

Viel Freude haben mir die ungezählten Anerkennungen bereitet, die mich in meiner Arbeit bestärkten.

Einige Zitate in unchronologischer Reihenfolge:

AUS DEM VATIKAN, STAATSSEKRETARIAT:
Seine Heiligkeit hat mich beauftragt, Ihnen für dieses Zeichen Ihrer Verbundenheit zu danken. Von Herzen erbittet Papst Benedikt der XVI. Ihnen und allen, die Ihnen nahe stehen, Gottes beständigen Schutz und Segen.

LANDESKORRESPONDENZ, Salzburg, Landeshauptmann-Stv. Dr. Othmar Raus:
... das Land Salzburg kann stolz sein, in seinen Grenzen einen so herausragenden Schriftsteller zu wissen. (Anlässlich der Verleihung des „Goldenen Ehrenzeichens" des Landes Salzburg).

LILIAN VON BELGIEN, Gemahlin König Leopolds, Brüssel:
All meinen Dank für das so amüsante Buch!

GOTTFRIED VON EINEM, Komponist, Wien:
Nun, da es gelesen, meinen herzlichen Händedruck. Sie haben mit Takt und Scharfblick das England geschildert, das ich so liebe. Ihre kleinen Szenen sind bühnenreif. Schrieben Sie je für das Theater? Meine Frau und ich hatten großen Spaß an der Lektüre. Dafür unseren ganz besonderen Dank!

DR. BENITA FERRERO-WALDNER, EU-Außenkommissarin:
Vielen Dank für die schönen Bücher, die wie immer eine echte Erbauung sind. Wenn ich in London bin, werde ich mich bemühen, mich zu melden.

MICHEL BONNEAU, PUBLIC RELATION, Baden-Baden:
… auf jeden Fall hoffe ich, dass Sie sich darüber freuen werden, dass die Lesung, die Sie bei uns gehalten haben, zu den wichtigsten Ereignissen des Sommers zählt.

KARLHEINZ BÖHM, MENSCHEN FÜR MENSCHEN:
… und Wolfs Lesung, die für uns immer wieder ein Genuss ist. Und innigsten Dank!!!

LEOPOLD, ERZHERZOG VON HABSBURG-TOSKANA:
Nach so vielen schönen Worten – vergelt's Gott!

VGT WIEN:
… fand im großen Budgetsaal des Parlaments eine satirische Lesung des „Lachenden Satirikers" Wolf von Schilgen statt. Der festliche Rahmen … und nicht zuletzt der unvergleichliche Einsatz von Wolf von Schilgen machte diesen Abend zu einem großen Erfolg.

RHEIN-ZEITUNG:
Er bringt die Vortragskunst eines gelernten Schauspielers ein. Vor allem aber den ganzen Schatz an Menschenkenntnis und Weisheit. Es menschelt allenthalben – und Wolf von Schilgen lacht.
Was ihn dabei so sympathisch macht: Er lacht nicht aus – und er lacht über sich selbst. Deshalb viel Beifall, der von Herzen kam.

PETER ALEXANDER, Entertainer, Schauspieler und Sänger, Wien:
Das Londonbuch habe ich schon gelesen. Es ist köstlich. Eine gemeinsame Woche mit Ihnen in London stelle ich mir einmalig vor.

REICHENHALLER TAGBLATT:
Bei allem Witz schimmert oftmals der tiefe Ernst des Daseins, die schicksalhafte Problematik menschlicher Existenz durch. Lebendig stehen die geschilderten Gestalten vor dem Hörer, deren Schwächen Schilgen mit seinem scharfen Skalpell der durchdringenden Beobachtung sorgsam freilegt.

Dr.Dr.h.c. LOUIS FERDINAND PRINZ VON PREUSSEN, Chef des Hauses Hohenzollern (Urenkel Kaiser Wilhelm II.):
Von ganzem Herzen danke ich Ihnen für das bezaubernde Buch, das ich mit Begeisterung las. Sie haben mir eine große Freude bereitet.

SÜDOSTBAYERISCHE RUNDSCHAU:
„Satura Lanx", die mit Opfergaben bunt gefüllte Schale, verlieh der Gattung, der sich Baron Schilgen verschrieben hat, den Namen. Und dies trifft auf die mit ungeheurer Vitalität und mimisch-gestischer Perfektion vorgetragenen, pointenreichen Kurzepisoden voller Optimismus und hintergründiger Menschenkenntnis inhaltlich im besonderen Maße zu.
Er ist ein Meister der Ironie, des „ureigentlichen" Sprechens: Gemeintes bleibt scheinbar offen, wird aber angesichts der Alltagsthematik von jedermann verstanden.

ALFRED GERSTL, ehem. Präsident des Österreichischen Bundesrates:
Schade, dass ich Ihre Bücher nicht schon vor meinen Antrittsreden 1994 und 1998 sowie meiner Rede zum achtzigsten Geburtstag der Republik Österreich gelesen habe.
Ihre Bücher waren für mich nicht nur eine erfreuliche, sondern auch eine lehrreiche Lektüre.

GENRIE LAPIN, Botschafter für Menschenrechte, Moskau, Kreml:
… das ist die beste deutsche Sprache, die ich zur Zeit finde … besonders wollte ich Sie loben (gratulieren, hochpreisen) wegen Ihres neuen Buches.

EINZI STOLZ, Witwe des Komponisten Robert Stolz, Wien:
Sie sind ein Meister des geschliffenen Humors und nebenbei ein überaus aufmerksamer Beobachter.
Immer überzeugen Sie durch Ihre Beobachtungsgabe und Ihrem faszinierenden Stil.

ACHENER ZEITUNG:
Die „Europa-Union Deutschland" stellt alljährlich ein europäisches Land durch einen namhaften Autor vor und zwar im Rahmen eines literarischen Abends. Für 2004 folgt nach Belgien Österreich.
Österreich nominierte den Autor Wolf von Schilgen. Schirmherr der Veranstaltung ist der Botschafter der Republik Österreich in Berlin, Dr. Christian Prosl.

ÖSTERREICHISCHE BOTSCHAFT, AUSSENSTELLE BONN, GESANDTE Dr. SENTA WESSELY-STEINER:
… nochmals herzlichen Dank für die wunderschönen Tage, die Sie so unvergesslich gestaltet haben.

Als besondere Ehre empfinde ich meine Mitgliedschaft beim Athenaeum für Kunst und Wissenschaft in London. Diesem überaus renommierten Klub gehören und gehörten zahlreiche Nobelpreisträger an, darunter auch der Vater meines Freundes Viktor Loewy. In den letzten Jahren habe ich, neben der Schriftstellerei, auf dem Computer zu malen begonnen. Meine erste Ausstellung wurde durch den Bürgermeister der Stadt Salzburg, Dr. Heinz Schaden eröffnet. Ein internationaler Computer-Kunstpreis folgte.

Meinen Beitrag zum Vereinten Europa habe ich gemäß dem Ausspruch, „TU FELIX AUSTRIA NUBE" *(Du, glückliches Österreich heirate)* durch meine Nachkommen geleistet, die in verschiedenen Ländern leben, auch außerhalb Europas. Meine Tochter Maren lebt in der Nähe von London. Tochter Heide-Louise und Schwiegersohn Dr. Rudolf Krippl-Redlich von Redensbruck sind in Wien ansässig und kümmern sich liebevoll um meine erste Frau Annemarie. Meine früh verstorbene Tochter Elke Romana lebte mit ihrer Familie in Venedig. Die acht Enkelkinder und bislang zehn Urenkelkinder sind ebenfalls in alle Winde verstreut.

Nun führt mich mein Lebensschiff, ausgestattet mit dem mächtigen Segel der heiteren Gelassenheit, getragen von der Welle der Erfahrung, der guten Vorsätze und des Glaubens, in eine Welt, die ich mir - so gut ich es vermochte - geschaffen habe, an der Seite meiner wunderbaren Frau in einem Paradies, das sich Salzburg nennt und unter Menschen, die unserem Herzen nahe stehen.

Demokratisches Volksblatt

Mit dem großen Preisausschreiben! — 14 Pfennig oder 14 Groschen

Organ der demokratischen Einigung

mit den amtlichen Nachrichten für die Bezirke Deutschlandsberg, Eibiswald, Stainz und Umgebung

Nummer 6 — Deutschlandsberg, den 7. Juli 1945 — 1. Jahrgang

Regierungsaktion zur Erntesicherung
Lebensmittelprämien in Form von Mehl oder Butter

Um den Bedarf an landwirtschaftlichen Arbeitskräften vor allem für die bevorstehende Ernte auf alle Fälle zu decken, hat die provisorische Staatsregierung ein Erntenotdienst eingerichtet. Da diese Hilfskräfte im Lande nicht aufgebracht werden können, ist es notwendig, auch aus Städten und Industriegebieten Arbeitskräfte zu gewinnen. Das Arbeitsamt wird hierbei nicht nur beschäftigungslose Personen erfassen, sondern wendet sich darüber hinaus auch an alle Arbeiter und Angestellte mit landwirtschaftlicher Eignung, die aus den Betrieben zwecks freiwilliger Mithilfe, sofern sie nur irgendwie vorübergehend entbehrt werden können.

Im Betracht kommen überall arbeitsfähige Personen, und zwar Männer und Frauen.

Den Arbeitern und Angestellten, die Angestellten, die sich zur Aufnahme einer Arbeit im Rahmen dieser Aktion bereiterklären, werden außer dem tariflichen Barlohn ein Bezugsauszug von Mehl (oder eine gleichwertige Butter), und zwar für Männern 5 kg und für Frauen 3 kg je Woche für die Dauer von vier Wochen gewährt...

(weiterer Text)

„Die vereinten Nationen"
Die Unterzeichnung der Weltcharta

Der 25. Juni wird in der Geschichte ein Tag vermerkt werden, an dem das Ereignis aller Zeiten vollzog, die Weltsicherheits-Charta. Sie wurde von den Vertretern von 50 Nationen unterzeichnet, darunter die von Amerika, Frankreich und... (weiter)

Rote Armee besetzt Leipzig

Außer Magdeburg, wo die Verwaltung gestern von den amerikanischen Besatzungsbehörden übergeben wurde, wurden auch die Städte Leipzig und Weimar von der Roten Armee besetzt.

Brechung der Monopolwirtschaft

Wir müssen und wir wollen unser freies Österreich neu aufbauen, und zwar gestalten...

Angriffe gegen Japans Luftstützpunkte

Amerikanische Superfestungen unternahmen gestern heftige Angriffe gegen drei große Industriestädte in Süden Japans. Laufende Luftangriffe richten sich gegen die japanischen Flugstützpunkte auf Formosa, Borneo, Celebes, Java, in Korea und auf dem Festland. Die wichtigste japanische Heeresausrüstungsstätte auf Honshū wurde gleichfalls angegriffen.

Überdruck „Oesterreich" ungültig

Die Postdirektion Graz teilt mit: Die bisher zur Ausgabe gelangten Briefmarken mit dem Überdruck „Oesterreich" dürfen zur Freimachung von Briefen und Karten mit sofortiger Wirkung nicht mehr verwendet werden. Für die Ausgabe neuer Marken können Briefe und Postkarten nur am Postschalter mit Barfreimachung aufgegeben werden. In den Briefkasten bis auf weiteres Postsendungen nicht eingeworfen werden.

Komando mesta Dajčlandsberga
Ortskommandantur Deutschlandsberg

Br. Nr.

Propusnica
Passierschein

Za **Schi*l*gen Wolf-Egon** iz **Deutschlandsberg-Sulz 23**
Für aus

kome se odobrava putovanje u mesto **za srez Dajčlandsberg — Graz**
welchem die Fahrt nach _____ bewilligt wird.

radi privatnik poslova. Sa imenuvanim putuje i
wegen einer Privatangelegenheit. Mit Obgenanntem fährt noch

Politische Angelegenheit- Schriftleiter der Komunistische Partei Oesterreich

Propusnica im važi **15 dana** časova, te se svima usputnim vlastima preporučuje, da
Passierschein gilt **15 dana** Stunden und es wird allen Behörden empfohlen, auf der
im u putu ne čine nikakve smetne.
Reise dem Obenangeführten keine Schwierigkeiten zu bereiten.

— Smrt fašizmu —   Sloboda narodu!
— Tod dem Faschismus —   Freiheit dem Volke!

Komandant mesta.
Ortskommandant.

„Schutzbrief"
des Ortskommandanten,
daher falsche Tätigkeitsbezeichnung.

Bestätigung durch die britische Besatzungsmacht in Graz

SÜDTIROL
homunculus

60 Groschen

NUMMER · 12 ☆ ☆ ☆ JAHRGANG · 1

EINE ZEITSCHRIFT FÜR MENSCHEN

ABONNEMENTS-BEDINGUNGEN:
IM VIERTELJAHR 6 Nummern $3.80
IM HALBJAHR 12 Nummern $7.50
IM GANZJAHR 24 Nummern $15.-

AUF DER RÜCK

Der Bürgermeister der Stadt Deutschlandsberg

Deutschlandsberg, den 19.4.1946.

Bestätigung!

Die Stadtgemeinde Deutschlandsberg bestätigt, dass Herr Wolf Egon v. Schilgen, wohnhaft in Sulz Nr. 5 nie Mitglied der NSDAP oder einer der angeschlossenen Verbände war. Der Genannte scheint daher in der Registrierliste der ehemaligen Nationalsozialisten nicht auf.

Der Bürgermeister:

Verw. Abgabe S 1.- entrichtet.

"Do you speak English?" — "Nix inglisch, displaced persons..."

Komanda Mosta
Dajčlandsberg
Broj.: 3/45, Ged.
29. Maja 1945. Ged.

NAREDBA.

Zabranjuje se svima vojnicima, podoficirima, i oficirima kao i pripadnicima Crvene Armije, da je od danas zabranjena kupovina živežnih namirnica i alkoholnih pića, bez obzira dali plaća ili ne.
Ko se posle ovoga obnaredovanja uhvati da uzima/kupuj živežne namirnice i tome slično, bile u gradu ili na selu, bi snesta uhapsen i spreveden ovoj Komandi na postupak.
Smrt fašizmu- sloboda Narodu!

Komandant-major.
D. Rapajic.

Übersetzung aus dem Serbischen
(Stilistische Mängel wie im Original!)

Brückenkommando
Deutschlandsberg
Zahl 3/45
29. Mai 1945

ANORDNUNG

Es wird allen Soldaten, Unteroffizieren und Offizieren sowie auch den Angehörigen der Roten Armee verboten, dass ab heute das Kaufen von Lebensmitteln und alkoholischen Getränken verboten ist, ohne Rücksicht darauf, ob man zahlt oder nicht.

Wer nach der Erteilung dieser Anordnung beim Nehmen/Kaufen von Lebensmitteln und Ähnlichem erwischt wird, sei es in der Stadt oder am Dorf, wird auf der Stelle verhaftet und diesem Kommando zum Verfahren vorgeführt.

Tod dem Faschismus – Freiheit dem Volk!

Kommandant – Major
D. Rapajic

Das von Partisanen - Kommandant Wolf von Schilgen übereichte Schutzschild

Wien, den 21. Dezember 1967

Sehr geehrter Herr von Schilgen !

    Für Ihren liebenswürdigen Brief vom 15. ds.Mts. woraus ich zu meinem Bedauern erfahren musste, dass es für Sie infolge Ihrer zukünftigen Tätigkeit als Chef des Staatspolitischen Informationsdienstes schwierig sein wird das niederländische Konsulat in Innsbruck zu übernehmen, danke ich sehr. Ich verstehe, dass die zusätzlichen Arbeiten für Sie zu schwer werden könnten.

    Ich bin Ihnen aber für Ihre Bereitwilligkeit zur Verfügung zu stehen falls ich nicht in der Lage wäre einen guten Honorarkonsul in Innsbruck zu finden, sehr dankbar.

    Ich erlaube mir Ihnen und Ihrer verehrten Frau Gemahlin auf diesem Wege die besten Wünsche für das bevorstehende Weihnachtsfest und das kommende neue Jahr zu übermitteln.

    Genehmigen Sie, sehr geehrter Herr von Schilgen, den Ausdruck meiner besonderen Hochachtung,

Dr. H.R. van Houten.

Niederländische Botschaft
Wien III.
Jacquingasse 10

Wolf von Schilgen - auf Urlaub in Spanien mit Familie und Kinderschwester

BRITISH EMBASSY
Reisnerstrasse 40, VIENNA III
Telephone: 73-15-76 (Series)

Herrn
Wolf-Egon von Schilgen
Chefredakteur
Staatspolitischer Informationsdienst
Adamgasse 5
6020 Innsbruck

Ref: M/123

30 August 1973

Dear Herr von Schilgen,

In response to your letter of 23 August about developments in Northern Ireland, I have pleasure in enclosing

(a) "Northern Ireland - the alte
    war", an article specially
    Service by Harold Hutchins
    "Sunday Mirror", London. Y
    in whole or in part.

(b) extract from Financial Times
    Mr Edward Heath's warning t
    that progress was necessary
    administration in Northern

(c) Financial Times report of 30
    conference in Belfast in wh
    government's views on North

(d) London Press Service item o
    Embassy, describing success
    Northern Ireland in reducin

The current efforts of the
to coerce British public opinion b
other cities have been condemned b
authorities as inhuman and unlikel
Speaking in his constituency, Ash
Mr Heath said that if the IRA thou
British people or blackmail them
could not be more wrong. The poli
they had the backing of the public
Mr Heath went on to say that the g
further consideration to making t

AMBASSADE D'ISRAEL

שגרירות ישראל

Herrn
Chefredakteur Wolf-Egon von Schilgen
Staatspolitischer Informationsdienst
Salurnerstr.18
6o1o Innsbruck

Wien, am 23.Februar 197o
EL / s

Sehr geehrter Herr Chefredakteur!

Mit freudiger Genugtuung habe ich die Nummer 2 (Februar 197o) des Staatspolitischen Informationsdienstes gelesen. Sie haben dadurch jene journalistische Objektivität, von der Sie in Ihrem letzten Brief gesprochen haben, vortrefflich manifestiert.

In der Hoffnung, daß auch weiterhin unsere Zusammenarbeit jene so guten Beziehungen, die zwischen Österreich und Israel bestehen, ausdrücken wird, verbleibe ich

mit vorzüglicher Hochachtung

Ephraim Eldar
Botschaftsrat

Wolf von Schilgen,
Chefredakteur des staatspolitischen
Informationsdienstes (STAD)

EMBASSY
OF THE REPUBLIC OF IRAQ
PRESS OFFICE
VIENNA

Wien, 1981-08-10

Die Presseabteilung der Botschaft der Republ
erlaubt sich, Ihnen den unverkürzten Wortlau
Interviews des Präsidenten Saddam Hussein fü
amerikanische Fernsehgesellschaft IBC zu übe

Mit freundlichen

i. A. des Presse
Abdul Amir S. M

DR. CHRISTIAN BRODA
BUNDESMINISTER FÜR JUSTIZ

Wien, am 10. April 1979

Sehr geehrter Herr Schilgen!

Ich danke für Ihren Brief vom 23. v. M. und für die Anerkennung, die Sie der Bundesregierung für ihre bisher geleistete Arbeit im Bereich der Rechtsreform aussprechen.

Ich bleibe

mit den besten Grüßen

Broda

Herrn
Wolf-Egon Schilgen
Staatspolitischer Informationsdienst
Poststraße 434

5084 Grossgmain

Schreiben an den Autor als Chef des staatspolitischen Informationsdienstes

---

TEL.-ADRESSE: SALEG
TELEPHON: 63 06 56 SERIE
ZEICHEN: 25/2

Herrn Baron
Wolf-Egon von Schilgen,
Staatspolitischer Informations-
dienst,
Adamgasse 5,
6020 INNSBRUCK

Sehr geehrter Herr Baron!

Darf ich mich nochmals herzlich bedanken für den freundlichen Empfang, den Sie mir in Innsbruck bereiteten. Ich habe mich sehr gefreut, Sie kennenzulernen und die Gelegenheit zu haben, mit Ihnen ein nicht nur unterhaltendes sondern auch informatives Gespräch zu führen.

In der Zwischenzeit bereiten wir einen Artikel über Südwestafrika für Sie vor, und ich werde ihn, sobald er fertiggestellt ist, Ihnen zusenden.

Abschließend wünsche ich Ihnen mit Ihrer Arbeit für den Staatspolitischen Informationsdienst noch viel Erfolg.

Mit vorzüglicher Hochachtung,

PRESSEATTACHÉ

*Wolf - Egon Baron von Schilgen mit seiner zweiten Frau
Eva Maria geborene von Hoesslin*

♛
LF

Bremen, den 11. Oktober 1989

Liebe Daras,

Von verschiedenen Reisen zurück danke
ich Ihnen von ganzem Herzen für Ihren
lieben Brief und die Anlagen.
Inzwischen sind auch Ihre "Werke" hier einge-
troffen und ich werde in den vor uns liegenden
besinnlichen Herbsttagen Muße finden, sie zu
lesen.
Mit allen guten Wünschen grüßt Sie Beide

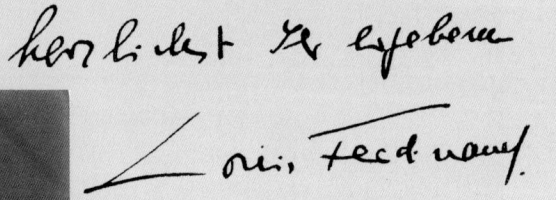

herzlichst Ihr ergebener

Louis Ferdinand

*Brief des Louis Ferdinand,
Prinz von Preußen,
Enkel des letzten deutschen Kaisers*

*Louis Ferdinands Eltern,
Vater Kronprinz Wilhelm und Mutter Kira*

Das Drehbuch des letzten Filmes von Josef Meinrad 1993

ORA ET LABORA

RATE ICH EUCH, LIEBE EVA UND WOLF

(Humorige Geschichten aus einem bayerischen Kloster)

von

Georg Lohmeier

Meinrad Josef

28. JÄNNER 1993

heute

"Der Geruch der Heiligkeit"

Folge 12 Seite 11-18
14-17   15-10-91
21-28. ↔ 42-43

Auf einer der häufigen gemeinsamen Reisen mit der Familie Burgschauspieler Kammerschauspieler Josef Meinrad und Germaine Meinrad in Budapest

Foto Lagger

Der Autor bei einer seiner zahlreichen Lesungen

Clubgebäude

Wolf Baron von Schilgen,
Mitglied des Athenaeum Club für Kunst und Wissenschaft in London 2006

*Das Ehepaar
von Schilgen*

Mit Freund Karl Heinz Böhm

Foto Sulzer

Foto Wolfgang Stadler

5.
FRAGE - ANTWORT

FRAGEN KÖNNEN NICHT IMMER
BEFRIEDIGEND BEANTWORTET WERDEN,
DENN NICHTS IST SO UNLOGISCH
WIE DER LAUF DER GESCHICHTE.

WARUM-WIESO-WESHALB

Bei den folgenden Fragen meiner Frau an mich geht es, wie es der Logiker formuliert, weniger um „im Werden begriffene Erkenntnisse", sondern eher um Unklarheiten oder vermeintlicher Ungereimtheiten. Ereignet sich das Geschehen unter besonderem Druck des Auslandes oder durch Gewalt im Inland, kann nur der Zeitgenosse halbwegs befriedigend die Fragen nach dem Warum, Wieso und Weshalb beantworten. So logisch sie dem Außenstehenden erscheinen mögen, so unlogisch klingen sie für den Betroffenen.
Sieht man heute über unsere Grenzen hinweg, finden wir erschreckende Gleichklänge. Für mich bedürfen diese Verbrechen keiner Erklärung, denn nichts erscheint mir logischer als die Untaten von – Bestien.

Welche Rolle spielte in der Generation Deines Vaters der Begriff „Vaterland?
In meinen frühen Kindheitstagen spielte Patriotismus, also die Liebe zu der Landschaft in der man lebte, als auch die Zugehörigkeit zu der eigenen Volksgemeinschaft, eine überaus große Rolle.
Der Patriotismus unterscheidet sich vom Nationalismus darin, dass er das Nationalbewusstsein anderer Völker achtet. In Notzeiten kann sich diese Verbundenheit manchmal in gefühlsbetonte Hingabe steigern oder wie bei den Nationalsozialisten bis hin zum Glauben an die eigene „Herrenrasse".
In meiner Jugend empfand ich das Wort „Vaterland" fast so wie den Begriff „Familie".

Was bedeutete der Begriff „Ehre" für Deine Familie und für die Generation Deiner Eltern?
Ehre als Maß an Achtung, die jedem Menschen zusteht. Es war Pflicht und Ziel ehrenvoll zu handeln. Der Ehrbegriff in den

Gesellschaftskreisen meiner Eltern war so streng ausgelegt, dass dem, der dagegen verstieß, meist nichts anderes übrig blieb, als auszuwandern oder sich zu erschießen.

Was verstand Dein Vater unter „Pflichterfüllung"?
Als Soldat verstand er unter Pflichterfüllung den Gehorsam. Mein Vater leistete in Fällen, wo es um eine mögliche Verletzung seiner Ehre ging, zwar Widerstand, aber bezweifelte niemals seine Pflicht zur Verteidigung seines Vaterlandes.
Meine Mutter verstand unter Pflichterfüllung ihre Arbeit in der Familie sowie ihre Hilfeleistungen für die Armen. Eigene Wünsche und Träume hatten sich unterzuordnen.

Was bedeutete „Krieg" für die Generation der um 1880 Geborenen?
Die Verteidigung des Vaterlandes vor feindlichen Angriffen. Der Kirchenlehrer Augustinus (354 - 430) hielt den „gerechten Krieg" - als Mittel zur Wiederherstellung verletzten Rechts unter Anwendung rechtmäßiger Methoden als erlaubt.
Die Meinung des preußischen Feldmarschalls Graf Moltke (1800 - 1891), dass der Krieg die Fortsetzung der Diplomatie auf dem Schlachtfelde sei, akzeptierte man.
Es wurde als „Pflicht" angesehen zu den „Fahnen zu eilen", wenn der Monarch dies befahl.

Hat Dich der Beruf Deines Vaters beeinflusst?
Ja, was Ehre und Disziplin betrifft. Auch unser privates Leben war fast militärisch geregelt.

Spielte das Militär auch im privaten Leben eine Rolle?
Das Militär gehörte in meiner Jugendzeit zum täglichen Leben. Ich erinnere mich an meine Geburtstagsfeste, zu dem sogar eine Militärkapelle aufspielte.
Hitlers militärisch aufgezogene Partei-Organisationen erweckten daher keineswegs einen kriegerischen Eindruck. Auch in anderen europäischen Ländern gab es ähnliche Strukturen.

Warum hat Dein Vater den Beruf des Soldaten gewählt?

Mein Vater sagte mir einmal: „Soldat wird man nicht um Kriege zu führen, sondern um den Frieden zu bewahren."

Die Generation meiner Eltern war mit ihrem „Vaterland" fast so eng verbunden, wie mit ihrer Familie. Auf die Armee war man stolz, nicht nur die „gehobenen Schichten", sondern auch der „kleine Mann auf der Straße". Ein Patriotismus, den man heute kaum mehr kennt und der nichts mit einem übersteigerten Nationalismus zu tun hatte. Mitgliedern des im 19. Jahrhundert teilweise nicht mit Gütern gesegneten und kinderreichen Adels, bot sich beim Militär eine berufliche Karriere.

Was versteht man unter einem Freikorps und wer konnte ein solches gründen?

Man versteht darunter eine Freiwilligengruppe für bestimmte Kampfaufgaben, vor allem für den Kleinkrieg und für den Schutz der Ordnung und des Eigentums, vor allem gegen Radikale der Linken.

Dein Vater war durch und durch Monarchist, warum?

Es gab wenige Vergleichsmöglichkeiten, die Monarchie schien der Garant für Stabilität und Sicherheit.

Die politischen Parteien anerkannten den Monarchen als Oberhaupt des Staates.

Könntest Du Dir eine Monarchie in der heutigen Zeit in Deutschland oder Österreich vorstellen?

Nein. Ich bin ein Gegner der früheren absoluten Monarchie, also der Staatsgewalt in der Hand eines nicht vom Volk gewählten Staatsoberhauptes.

Was die derzeitigen konstitutionellen Monarchien in Europa betreffen, in denen das oberste Staatsamt dem Parteienstreit entzogen wird und die eine neutrale, ausgleichende und repräsentative Aufgabe übernommen haben, so bin ich für deren Beibehaltung.

Wie stark war in Deiner Jugendzeit das öffentliche Leben durch Frauen beeinflusst?

Vor dem ersten Weltkrieg bestand in der Regel die Aufgabe der Frauen darin, sich um Mann und Kinder zu kümmern, nur wenige studierten oder waren berufstätig. Dies änderte sich zwar in den

Zwanzigerjahren, aber politische oder wirtschaftliche Entscheidungen trafen fast immer nur Männer.

Wie hat Deine Familie die Zwischenkriegszeit erlebt?
Es war eine Zeit großer Unruhe und Umbrüche. Auf der einen Seite die bittere Armut derer, die keine Arbeit fanden, auf der anderen Seite Kriegsgewinnler. Auf der einen Seite tiefste Depression, auf der anderen Seite eine gesteigerte Lebenslust. Eine Zeit, in der zahllose Theater, Kabaretts und Tanzbars entstanden. Eine Zeit aber auch, die Menschen höchst empfänglich machten für politische Parolen und das europaweit.
Meine Familie hatte Dank der Pension meines Vaters ein gesichertes Leben in Deutschland. Die übergroße Armut lernte ich, wenn auch nicht selbst, erst auf dem Lande in Österreich kennen.

Wieso bestand zwischen Deutschen und Franzosen vor dem Ersten und Zweiten Weltkrieg eine so große gegenseitige Abneigung?
Mein Vater erklärte sich diese Abneigung mit dem Krieg 1870/71, den die Franzosen begonnen, dann aber verloren hatten. Das Verhalten der französischen Regierungen nach dem Ersten Weltkrieg gegenüber Deutschland war jedoch nicht einmal ihren alliierten Verbündeten verständlich.
Meine Eltern liebten die französische Kultur, man diskutierte über französische Musik, Malerei, Philosophie und Dichtung. Mein Vater besaß ein französisches Dolmetscher-Diplom und Konversation wurde häufig in Französisch betrieben.

Wie war das Verhältnis der Deutschen und Österreicher zu den Franzosen nach dem Zweiten Weltkrieg während der Besatzungszeit?
Das Verhältnis war vorzüglich.
Die französische Besatzungsmacht bemühte sich erfolgreich, die Lebensbedingungen der Bevölkerung in den von ihnen besetzten Gebieten zu verbessern.

Wie kann man die Textpassage der Deutschen Nationalhymne:
„Deutschland, Deutschland über alles“, **verstehen?**

Sicherlich hatten diese Worte in Zeiten, als sich die Deutschen von den Siegermächten des Ersten Weltkrieges „geknechtet" fühlten und Zuflucht nahmen in einen gesteigerten Patriotismus, einen anderen Sinn als heute.

In einem vereinigten Europa, in dem die Nachkriegsgeneration sowohl die äußerlichen, als auch die geistigen Grenzen abzubauen lernt, ist darunter zu verstehen, was wohl auch ursprünglich gemeint war, nämlich, dass die Heimat - gleich der Familie - über alles stehe.

Wieso erschien den Deutschen die Gefahr des Kommunismus so groß?

Die Angst, dass im Herzen Europas ein zweiter Sowjetstaat entstehen könnte, war unter den Anhängern der bürgerlichen Parteien in Deutschland, aber auch im Ausland, durchaus berechtigt.

Anzeichen dafür waren nicht nur das rapide Ansteigen der kommunistischen Wähler, sondern auch die engen politischen Verbindungen Deutschlands mit der Sowjetunion. Dies wurde verstärkt durch einen Freundschafts- und Wirtschaftsvertrag sowie das Angebot der Sowjetunion, dem deutschen Militär Übungsplätze in Russland zur Verfügung zu stellen.

1932 verfügten die Kommunisten im Reichstag bereits über 100 Sitze, die Sozialdemokraten nur mehr über 121, die Zentrumspartei 70 und die Deutschnationalen 54.

Man sah in den Nationalsozialisten, die später 196 Sitze errungen hatten, ein Gegengewicht, auch wenn man nicht alle ihre politischen Ziele guthieß.

Man hoffte, dass Hitler die kommunistische Gefahr bannen würde.

Inwieweit äußerte sich in der Zeit vor Hitler der Antisemitismus in Deutschland?

Das antisemitische Hetzblatt „Der Stürmer" wurde 1923 von Julius Streicher gegründet, der damals schon ein fanatischer Anhänger Hitlers war und 1924 zum Gauleiter von Franken ernannt wurde.

Der wirtschaftliche Notstand unter der Bevölkerung Deutschlands und Österreichs während der Weltwirtschaftskrise führte dann zu Anfeindungen der erfolgreichen jüdischen Unternehmer sowie der so genannten „jüdischen Weltpresse" und zu Verschwörungstheorien in gewissen politischen und wirtschaftlichen Kreisen.

Andererseits waren führende jüdische Unternehmer, Politiker und Künstler durchaus anerkannt.
„Antisemitismus" gab es in unserer Familie und in unserem Freundeskreis nicht.

War „Der Stürmer" in Österreich und Deutschland überall zu kaufen?
Ja. In Österreich erst seit 1938.

Hitler hatte in seinem „Rassenwahn" viele Helfer.
War es eine allgemein vertretene Meinung, dass die „Juden" das Unglück Deutschlands seien?
Vor der Zeit Hitlers gewiss nicht.
Erst die ständige Hetze der Nationalsozialisten durch die teilweise staatlich gelenkten Medien versuchte die Massen dahingehend zu beeinflussen.
In meiner Umgebung fanden sich nur vereinzelt Personen, die daran glaubten. So versuchte mir Rudolf Hess, den ich kurz kennen lernte, dies zu vermitteln.
Die Ausgrenzung der jüdischen Bevölkerung durch die Nationalsozialisten hat in Deutschland erst 1933 massiv begonnen, in Österreich nach dem Anschluss im Jahr 1938.

Wurden Juden auch in anderen Ländern Europas diskriminiert?
Der Antisemitismus war keine ausschließlich deutsche Angelegenheit.
In keinem anderen Land der Welt hat jedoch eine derartige Verfolgung statt gefunden, wie dies durch die Nationalsozialisten in Deutschland der Fall war.

Hitler schrieb 1923 sein Buch: „MEIN KAMPF".
Wer hat das Buch gekauft, wie wurde es vertrieben, „musste" man ein Exemplar besitzen?
Ursprünglich war das Buch nur wenigen bekannt.
Erst mit Hitlers Machtergreifung fand es weite Verbreitung, in dem es an Mitglieder nationalsozialistischer Organisationen verteilt wurde und dadurch, dass jedes Hochzeitspaar auf dem Standesamt ein Exemplar kostenlos erhielt.
Zum Kauf wurde niemand gezwungen.

Wie hat Deine engste Umgebung auf den Inhalt dieses Buches reagiert, zum Beispiel auf die Passage zur „Ausrottung minderer Rassen"?
Ich habe das Buch erst zu meiner Hochzeit, wie alle Hochzeitspaare, vom Standesbeamten kostenlos erhalten, aber nicht gelesen. Auch meiner Familie und offenbar den meisten meiner Kameraden war der Inhalt dieses Buches unbekannt, so unwahrscheinlich dies klingt, es war daher kein Diskussionsthema.

Hast Du das Buch nach dem Krieg gelesen?
Mein „Hochzeitsexemplar" hatte ich in Berlin-Schönwalde gelassen. Nach dem Krieg war das Buch verboten. Erst Jahrzehnte später lieh mir ein Buchhändler ein Exemplar. Nach dem jetzigen Geschichtswissen deuten viele Passagen auf Hitlers zu erwartende Gewaltmaßnahmen hin, die uns und das Ausland damals frühzeitig alarmieren hätten müssen.

Woher kam Deine Begeisterung über den „Tag von Potsdam" am 21. März 1933?
Ich wurde von einem überzeugten Soldaten erzogen, der den Preußenkönig Friedrich II., den Großen, verehrte. So wurde es in unseren Kreisen als positiv beurteilt, dass Hitler, der auch vom Ausland durch diplomatische als auch wirtschaftliche Kontakte bestätigt wurde, diese Verehrung mit Generalfeldmarschall von Hindenburg teilte. Im gleichen Jahr schlossen Deutschland, Italien, Frankreich und Großbritannien einen Viererpakt.
Warum sollte ich und wahrscheinlich eine große Mehrheit zum damaligen Zeitpunkt ernsthaft bezweifeln, dass Hitler für Deutschland das Beste wollte. Durch die unruhigen politischen Zeiten war man an Übergriffe gewöhnt und tat sie wohl, um sich selbst zu beruhigen, als vorübergehende Erscheinung ab.

Oberleutnant Schüler, der jüdische Adjutant Deines Vaters im ersten Weltkrieg, bedauert in einem Brief an ihn bei Kriegsausbruch nicht für Deutschland kämpfen zu können. Wie ist dies zu erklären?
Der überwiegende Anteil der jüdischen Bevölkerung fühlte sich zu Recht als Deutsche. Als ehemaliger Offizier war sein Wunsch wieder

seinem Vaterland zu dienen, verständlich. Natürlich nicht unter diesem Regime.

Die Diktatur in Deutschland hast Du begrüßt?
Ich war kein Freund von Diktaturen. Zu dieser Zeit akzeptierte ich sie. Ein großer Teil der Deutschen sah in Hitler einen Hoffnungsträger. Viele allerdings mit dem gleichen Vorbehalt, wie aus dem Brief des letzten deutschen Kriegsministers von Einem: *„...wenn man auch nicht mit allem einverstanden sein kann".*
Aber die wirtschaftlichen Erfolge in Deutschland waren sichtbar: Kaum Arbeitslosigkeit, die Armut schwand, die Gefahr durch den Kommunismus schien gebannt, die Repressalien der französischen Regierung unterblieben. Meine positive Meinung schlug allerdings bald in eine negative um.

Welche Meinung hatte man in Deinem Elternhaus von Benito Mussolini?
Diktatoren waren zu dieser Zeit keine Besonderheit. Mein Vater hielt Mussolini für einen tüchtigen Staatsmann. Wir hatten die Zustände in Italien vor dessen Zeit kennen gelernt und Mussolini änderte nach meines Vaters Meinung vieles zum Besseren.
Zu Hitlers Zeiten war Mussolini bereit, Flüchtlinge aus Deutschland aufzunehmen, so etwa den früheren Außenminister Dr. Berger von Waldenegg, dessen Sohn mir erzählte, dass der Diktator seine Hand schützend über seine Familie gehalten hätte. Erst als Mussolini an Hitlers Seite trat, änderte sich meine und meiner Familie Einstellung.

Der Regisseurin und Schauspielerin Leni Riefenstahl hat man den Vorwurf gemacht, in ihren Filmen Werbung für die Nationalsozialisten gemacht zu haben.
Warum sollte sie keinen hervorragenden Werbefilm für Deutschlands Sport machen? Es war ihr Beruf. Auch viele unpolitische Schauspieler, die damals tätig waren, gerieten nach dem Krieg in den Verdacht dem Regime gedient zu haben.

1935 trat Deutschland aus dem 1919 gegründeten Völkerbund aus. Wäre das nicht ein Zeichen gewesen, dass Hitler einen Krieg anstrebt?

Der Völkerbund hatte damals, wahrscheinlich gezielt durch die deutschen Medien gelenkt, kein großes Ansehen.
Ich erinnere mich, dass man von der „Quatschbude" sprach. Man war von der Durchsetzungskraft der Entscheidungen dieser internationalen Organisation nicht überzeugt. Überdies fehlten die USA, Brasilien (ausgetreten 1928), Japan (ausgetreten 1935) und Italien (ausgetreten 1937).

Hattest Du als Jugendlicher Kontakt mit jüdischen Familien?
Meine ersten Kontakte zu jüdischen Mitbürgern, die sehr liberal eingestellt waren, entstanden in meiner Studentenzeit.
Weder meine Familie noch ich haben so genannte orthodoxe Juden kennen gelernt.

Als der Stabschef der SA, Ernst Röhm und zahlreiche seiner Anhänger auf Hitlers Befehl 1935 ermordet wurden, war man da nicht beunruhigt?
Dies wurde als „Staatsnotwehr" laut Gesetz vom 3.7.1934 hingestellt. Röhm war angeblich dabei, die SA als paramilitärische Organisation aufzubauen, sozusagen neben der Wehrmacht.
Angehörige der SA wurden von der Bevölkerung als „Rabauken" und Unruhestifter angesehen. Die „Beunruhigung" hielt sich daher in Grenzen. Selbstverständlich wäre es richtig und zu dieser Zeit wahrscheinlich auch noch möglich gewesen, gegen diese gesetzlosen Hinrichtungen vehement zu protestieren.

Wie hast Du den Nationalsozialismus beurteilt, als Dich die zwei SS-Männer wegen Deiner Freundschaft mit Käthe Erlacher ansprachen?
Dass die Nationalsozialisten Antisemiten sind, war von Anfang an bekannt. Ich fühlte mich jedoch nicht bedroht, sondern empfand diese Einmischung in mein Privatleben lediglich als unverschämt.

Wie hast Du das positive Verhalten der ausländischen Teilnehmer, anlässlich der Olympiade 1936, gegenüber dem nationalsozialistischen Regime gesehen?
Wie viele andere empfand ich es als Zustimmung zu Hitlers Regime, aber auch als Ende der Diskriminierung der Deutschen.

Was hast Du vom „Reichsarbeitsdienst" gehalten, den die Nationalsozialisten 1935 einführten?
Ich sah den Arbeitsdienst als vormilitärischen Dienst an, der noch dazu der Wirtschaft nützlich war. Erfreut darüber, dort Dienst leisten zu müssen, waren weder ich noch meine Kameraden.

Wie war es möglich, dass Dein jüdischer Freund Viktor Loewi nach dem Anschluss Österreichs an Deutschland noch Monate später seinen Doktor der Medizin machen konnte?
Ich nehme an, dass man ihn als Sohn eines Nobelpreisträgers bevorzugt behandelte, auch um unter den anderen Studenten keine Unruhe zu schaffen. Offenbar versuchte das Regime einen Anschein an Normalität zu wahren, indem man jüdische Institutionen, wie zum Beispiel Schulen, in einzelnen Großstädten bis zum Kriegsende erlaubte. In den letzten Kriegsmonaten sah ich in Berlin noch Juden mit dem auf der Kleidung aufgenähten Judenstern.

Wieso hast Du Dich bei der Ausbildung zum Piloten für die Sturzkampfbomber-Flugzeuge entschieden?
Ich habe mich im Frieden für jenen Flugzeugtyp entschieden, der mir als der sportlichste und modernste erschien. Aufklärungsflugzeuge oder Bomber waren dies hingegen nicht.

Fanden der gewaltsame Einmarsch deutscher Truppen in Österreich und der nachfolgende Anschluss Österreichs an das Deutsche Reich die Zustimmung Deiner Familie?
Meinem Vater wäre es lieber gewesen, wenn der Anschluss nicht stattgefunden hätte. Meine Mutter erwartete hingegen eine Besserung der wirtschaftlichen Lage in Österreich.
Ich selbst betrachtete es als historisches Ereignis, das mich zunächst nicht beunruhigte. Ich begrüßte den zu erwartenden Aufschwung in Österreich.
Zukunftschancen in dem nach dem ersten Weltkrieg geschrumpften Österreich sahen die wenigsten meiner Altersgenossen und Studienkollegen. Man nahm an, dass Österreich wirtschaftlich auf Dauer nicht lebensfähig war. Daher jubelten abertausend Menschen auf dem Heldenplatz in Wien. Der Anschluss wurde überdies am 10. April 1938 völkerrechtlich anerkannt.

Wie haben Deine jüdischen Freunde nach dem Anschluss reagiert?
Käthe war anfangs der Meinung, dass sich die Lage gegenüber der jüdischen Bevölkerung beruhigen werde und sie als Vierteljüdin unbehelligt bleibe. Victor Loewi und seine Eltern wanderten aus. Zwei weitere jüdische Freunde stammten aus Jugoslawien und reisten 1938 zurück in ihre Heimat.
Was später geschah, erlebte ich nicht mehr in Österreich, da ich kurz nach dem Anschluss bereits im März zum Arbeitsdienst nach Deutschland eingezogen wurde.

Viele Juden versuchten auszuwandern. Geschäftsauflösungen, Wohnungsverkäufe und Kunstverkäufe durch sie waren die Folge. Haben sich Deutsche und Österreicher daran bereichert?
Dazu kann ich aus meiner persönlichen Erfahrung nichts sagen, aber menschliche Hyänen hat es und wird es bedauerlicherweise immer geben. Auch durch die Eile, verkaufen zu müssen, war ein angemessener Preis wohl nicht erreichbar.

Hitlers „Euthanasieprojekt" hat 1939 begonnen. In Wahrheit handelte es sich um Mord an Behinderten. Warum schwiegen Ärzte, Schwestern und Pfleger?
Euthanasie ist kein Begriff den die Nationalsozialisten erfunden hatten. Es wurde der Allgemeinheit erklärt, dass es sich um Einzelfälle bedauernswerter Menschen handle, die ein qualvolles Leben haben und der Tod eine Erlösung für sie bedeute. Man sprach von „Unwertem Leben".
Es ist allerdings für mich heute noch unverständlich, dass sich Ärzte daran beteiligten. Ich kannte niemanden, der dies für richtig hielt, allerdings auch niemanden, der durch Angehörige direkt betroffen war. Das ganze Ausmaß dieser Tötungen war mir nicht bekannt. Ich selbst habe nicht nur die Euthanasie sondern auch die Todesstrafe mein Leben lang abgelehnt.

Wie reagierte die Bevölkerung, als der „Ehetauglichkeitsschein" oder „Ariernachweis" eingeführt wurde?
Bereits 1917, noch in der Zeit der Monarchie, veröffentlichte die „Hohenzollerische Volkszeitung" einen Bericht aus der „Wiener

Medizinischen Zeitschrift". Unter anderem war zu lesen: *"Vom Standpunkt der öffentlichen Hygiene ist die Einführung ärztlicher Gesundheitszeugnisse für Verlobte unumgänglich notwenig. In einigen nordamerikanischen Staaten sind solche Gesundheitszeugnisse obligatorisch. Ohne Gesundheitszeugnis keine Ehe".*
Ich kann mich nicht erinnern, dass derartige Meinungen unter der Bevölkerung starke Reaktionen hervorriefen. Hingegen hat der „Ariernachweis" jene Menschen, die ich kannte, sehr schockiert.

Welchen Eindruck machte auf Dich Rudolf Hess, der spätere „Stellvertreter des Führers"?
Ein charismatischer Mann, der aus innerer Überzeugung der nationalsozialistischen Idee ergeben war. So konnte ich mir auch seinen Flug während des Krieges nach England, um durch Verhandlungen den Krieg zu beenden, erklären. Trotzdem war die lebenslange Haft gerechtfertigt, zu der er im Nürnberger Prozess verurteilt wurde, da er von der Rassenvernichtung gewusst haben musste.

Hast Du die Reichskristallnacht erlebt?
Ich habe von diesen Vorfällen nur in den Zeitungen gelesen. Da diese auch von offiziellen Stellen als „Übergriffe" einzelner Gruppen dargestellt wurden und mir weder Opfer noch das Ausmaß der Zerstörung bekannt waren, ging ich davon aus, dass eine Wiederholung nicht mehr stattfinden würde.

Was war Deine erste Reaktion als der Krieg begann?
Entsetzen, Unsicherheit, Angst vor der Zukunft. Ich hielt Hitler für einen Wahnsinnigen. Aus den Schilderungen meines Vaters kannte ich nur zu gut die Gräuel eines Krieges.

Fiel Hitlers Anhängern nicht auf, dass Hitler, wie Du schreibst, dem Größenwahn anheim fiel?
Paranoia, also der Größenwahn, ist eine als selbstständige „Wahnkrankheit" aufgefasste Seelenstörung, bei der die Kranken in ihrer Persönlichkeit wohlerhalten sind. Der Wahn ist meist zu einem in sich logischen System ausgebaut und durch Gegeneinwände nicht zu entkräften, wie dies bei Hitler später sehr deutlich zum Ausdruck kam. Bei Diktatoren, die durch Selbstgefälligkeiten glänzen, ist dies

entweder nichts Auffallendes oder wenn es zu Verbrechen kommt, wie dies unter Hitler der Fall war, kommt die Erkenntnis zu spät. Im privaten Umfeld war Hitler als charmanter und charismatischer Mensch bekannt.

Waren bei Kriegsbeginn die Soldaten Deiner Einheiten begeistert für das „1000-jährige Reich" in den Krieg zu ziehen?
Ich kannte keinen einzigen Kameraden, der den Krieg begrüßt hat. Allerdings glaubte die Mehrheit an ein baldiges und siegreiches Ende.

Was wären die Konsequenzen gewesen, der Einberufung zum Wehrdienst nicht zu folgen?
Wehrdienstverweigerer kamen in allen Staaten vor Gericht und wurden zu Gefängnisstrafen verurteilt oder im Krieg zur Todesstrafe. Ich habe in der damaligen Zeit jedoch von derartigen Prozessen nichts gehört.

Aus vielen Deiner Berichte geht hervor, dass die anfänglichen Erfolge der deutschen Armee von der Bevölkerung bejubelt wurden.
Die Erfolge der deutschen Wehrmacht wurden von der Bevölkerung natürlich sehr positiv aufgenommen. Erfolg bedeutete auch Leben, verlorene Schlachten den Tod oder Gefangenschaft.

Welche Maßnahme hättest Du ergreifen können um Käthes Großmutter vor der so genannten „Umsiedelung" zu bewahren?
Ich fand es unbegreiflich eine alte Frau umzusiedeln. Zunächst hätte ich mich an meine vorgesetzte Dienststelle gewandt, da ich überzeugt war, dass man mir dort helfen würde. Ich wusste zu dieser Zeit nicht, dass das Militär keinen Einfluss auf die Tagespolitik hatte. Empört war ich über viele menschenverachtende Maßnahmen der Nationalsozialisten, doch ahnte ich nicht, dass der „Abtransport" der Großmutter mit großer Wahrscheinlichkeit ihren Tod bedeutete.

Konzentrationslager wurden bereits 1933 errichtet. Wieso hat niemand dagegen Einspruch erhoben?
Wie viele aus meinem Bekanntenkreis war auch ich der Meinung, dass es sich bei den Konzentrationslagern um den Versuch eines

humaneren Strafvollzugs handelte, da die Gefangenen sich frei im Lager bewegen konnten und nicht in Zellen eingesperrt wurden. Später sprach man allerdings auch von „Durchgangslagern" für die jüdische Bevölkerung, die in den neuen Gebieten im Osten angesiedelt werden sollte.

Erst nach dem Krieg habe ich die schreckliche Wahrheit über die Massenmorde in den Konzentrationslagern erfahren.

Hast Du Transporte von Juden gesehen?
Nein. Wie ich später erfahren habe, wurden diese Transporte so unauffällig wie möglich durchgeführt, um die Bevölkerung nicht zu beunruhigen.

Immer wieder wird erwähnt, dass die damaligen Alliierten von der geplanten „Ausrottung der Juden" gewusst hätten, ohne etwas dagegen getan zu haben?
Das Ausland war im Allgemeinen weitaus besser orientiert als die deutsche Bevölkerung.

Der Landesrabbiner David Herzog schrieb: *„Als Geflüchtete aus Deutschland kamen, Menschen, die in Konzentrationslagern in monatelanger Gefangenschaft misshandelt, geschlagen und seelisch gefoltert worden waren und uns ihre Torturen erzählten, glaubten wir ihnen einfach nicht."*

Der israelische Premierminister Ariel Sharon kritisierte anlässlich einer Sondersitzung des Parlamentes zum 60. Jahrestag der Befreiung Auschwitz-Birkenau das Verhalten der Alliierten: *„Während all der Kriegsjahre ist nichts unternommen worden, um die Vernichtung zu stoppen."* Er fügte hinzu, die Alliierten hätten von der geplanten Ausrottung der Juden gewusst. Jüdischen Flüchtlingen sei sogar in verschiedenen Staaten Asyl verweigert worden

Welche Aufgabe hatte die „Gestapo"?
In demokratischen Staaten ist eine „Geheime Staatspolizei" (Gestapo) Teil des Sicherheitsdienstes, der dem Schutz des Staates und der Verfassung gegen Staats- und verfassungsfeindliche Bestrebungen dient. Die Gestapo der Nationalsozialisten wurde im Nürnberger Prozess hingegen als „verbrecherische Organisation" bezeichnet, da sie an zahlreichen Grausamkeiten beteiligt war.

Die SS (Schutzstaffel) galt als eine Eliteeinheit. Ab wann war bekannt, dass diese Verbrechen beging?
Die Wehrmachtssoldaten brachten den paramilitärischen Partei-Verbänden eine eher gefühlsmäßige Abneigung entgegen. Die spätere so genannte Waffen-SS war durch ihr anmaßendes Gehabe bei den übrigen Einheiten nicht sonderlich beliebt. Von den Verbrechen einzelner Verbände habe ich erst nach dem Krieg erfahren.

War die Waffen-SS eine Unterabteilung der Wehrmacht?
Die Waffen-SS war weder rechtlich, noch ihrer Herkunft nach ein „vierter Wehrmachtsteil". Sie war, so könnte man sagen, eine auf Hitler fixierte militärisch aufgebaute Organisation. Dementsprechend erhielten ihrer Einheiten die militärische Bezeichnung „Division", wie „Division Leibstandarte" oder „Division Totenkopf", „Division Wiking" und so weiter.
Im Nürnberger Kriegsverbrecherprozess wurde die Waffen-SS zu einer „Verbrecherischen Organisation" erklärt.

Wieso waren Verbände der Wehrmacht und der Waffen-SS an manchen Einsatzorten zur gleichen Zeit stationiert, wie bei Deinem Vater an der Ostfront?
Die SS-Verbände kämpften isoliert von den Verbänden der Wehrmacht, erhielten also andere Einsatzorte. Dass Wehrmachtsverbände gelegentlich mit SS-Verbänden in Berührung kamen, ergab sich aus der Kriegslage.

Wer waren die Mitglieder der Waffen-SS?
Die Waffen-SS ging aus den bewaffneten Verbänden der SS **(Schutzstaffel)** und Polizei hervor. Sie bestand auch aus einer großen Zahl freiwillig dienender Ausländer und Volksdeutschen, die als „Freiwilligendivisionen" bezeichnet wurden.

Wieso konnten Wehrmachtssoldaten zwangsweise zur Waffen-SS versetzt werden?
General Walter von Unruh war „Sonderbeauftragter für die Überprüfung des zweckmäßigen Kriegseinsatzes" und hatte die Wehrmacht nach den letzten tauglichen Männern zu durchkämmen. Wir nannten ihn im Landserjargon „Heldenklau".

Wenn man originale Filmausschnitte oder Fotos sieht, ist für meine Generation ein Unterschied zwischen Soldaten der Wehrmacht und der Waffen-SS kaum zu sehen.

Für uns war der Unterschied damals natürlich deutlich sichtbar, weil bei den Uniformen der Wehrmacht das Adleremblem mit Hakenkreuz auf der rechten Brustseite aufgenäht war, während bei der Waffen-SS dieses auf dem linken Ärmel angebracht wurde. Außerdem unterschieden sich die Dienstgradabzeichen am Kragen.

Die Uniformen glichen sich allerdings in Farbe und Schnitt, was die Verwechslung von SS-Verbänden mit Wehrmachtsverbänden erklären mag.

Du hast einen hohen SS-Mann, einen Standartenführer kennen gelernt. Und ihn sympathisch gefunden?

Nicht jedes Parteimitglied war ein fanatischer Nationalsozialist oder gar ein Mörder. Da die Familie Meissner viele Maßnahmen des Staates, die ich ablehnte, ebenfalls verurteilte, fanden unsere anfänglichen Begegnungen in einer freundschaftlichen Atmosphäre statt. Durch die allgemeinen Umstände endeten sehr bald unsere Begegnungen.

Um welche Organisation handelt es sich bei dem SD, dem Sicherheitsdienst von dem der Standartenführer Meissner sprach?

Der Sicherheitsdienst der SS war ein politischer Überwachungsdienst aller Lebensbereiche. Er war eine Unterabteilung der SS.

Wie man nach dem Krieg erfahren hat, war der SD verantwortlich für zahlreiche Massenerschießungen, auch in Kriegsgebieten. Im Falle des Angebotes, das man mir gemacht hatte, sollte ich über die Front hinweg über Lautsprecher die russischen Soldaten überzeugen lassen, dass sie als deutsche Gefangene gut aufgehoben wären. Heute bin ich allerdings nicht mehr sicher, ob dies meine einzige Aufgabe gewesen wäre.

Welchen Zugang zu den Medien hatte man in Deutschland nach 1933?

Hitlers Propagandaminister Goebbels hat schon sehr früh die Bedeutung der Medien für das Regime erkannt. Ausländische

Zeitungen waren in Deutschland bald nicht mehr erhältlich. Die Berichterstattung in den Zeitungen und in den Wochenschauen stand unter politischer Kontrolle.

Als die „Rassegesetze" in Österreich eingeführt wurden, wie reagierte die Bevölkerung?
Meine Familie empfand großes Mitleid mit den Betroffenen. Die Möglichkeit helfend einzugreifen ergab sich für mich, außer im Falle meines Freundes Victor Loewi, nicht.
Die allgemeine Meinung war, dass es sich um vorübergehende Maßnahmen handelte. Sich zu diesem Thema zu äußern, war nach 1938 nicht ungefährlich. So hörte ich zwar Worte des Mitgefühls, aber ohne Unterstützung der Medien oder der Hilfe des Auslandes war kein Protest mehr möglich, ohne sich selbst in Gefahr zu bringen.

Wie reagierten die Kirchen?
Meiner Erinnerung nach wenig bis überhaupt nicht. Was auch verständlich war, denn Gegenreaktionen hätten nicht nur alle Geistlichen in Gefahr gebracht, sondern auch alle Katholiken. Lediglich der Bischof von Münster, Graf Galen, der spätere Kardinal, fand öffentlich mutige Worte.
Nach dem Kriege erfuhr ich, dass die Nationalsozialisten ihn angeblich nach dem Krieg in ein KZ bringen wollten.

Was sagte das Ausland zu der Diskriminierung der deutschen und österreichischen jüdischen Bevölkerung?
Ich selbst hatte keine Möglichkeit ins Ausland zu reisen, noch hatte ich Bekannte im Ausland, um die Reaktion des Auslandes zu erfahren. Offiziell geschah jedoch nichts.

War die Meinung, „So schlimm wird es für die schon nicht werden", allgemein vertreten?
Wenn es nicht um die eigene Haut geht, hat sich die Masse dem Unrecht gegenüber immer als viel zu gleichgültig verhalten. In den ländlichen Gebieten gab es kaum jüdische Einwohner. Diese waren in der Regel in den großen Städten angesiedelt.
Ein großer Prozentsatz der Bevölkerung hatte wahrscheinlich überhaupt keinen Kontakt mit Juden. Jene, die Juden kannten oder in

ihrer Nähe wohnten, erlebten mit Sicherheit, wie diese behandelt wurden, auch dass sie plötzlich verschwanden.

Womit war der Ausruf „Heim ins Reich", anlässlich des Anschlusses Österreichs an das Deutsche Reich 1938, begründet?
Bereits Otto der Große gründete etwas um das Jahr 950 das „Heilige Römische Reich" und schuf die Bayerische Ostmark, worunter Österreich zu verstehen ist.
Auch in späterer Zeit gibt es Beispiele der Zusammengehörigkeit. Nach dem Ende des Ersten Weltkrieges wurde von Deutsch-Österreich gesprochen und man suchte offiziell den Anschluss an Deutschland, der durch die Friedensverträge verboten wurde. Viele Österreicher glaubten nicht an eine eigenständige Nation und deren wirtschaftliches Überleben.

Warum hat Dein Vater, der doch kein Anhänger Hitlers war, sich im Krieg freiwillig wieder zum Militär gemeldet?
Der Entschluss meines Vaters und vieler seiner Kameraden, sich wieder „reaktivieren" zu lassen, wie er die freiwillige Meldung zum „Kriegsdienst" verstand, liegt zum einen Teil in seinem Verständnis von der „Pflicht" sein Vaterland zu verteidigen, zum anderen darin, dass er seinen erlernten Beruf wieder ausüben wollte.
Ich vermute jedoch, dass er die tatsächlichen politischen Verhältnisse nicht realisierte. Mein Verständnis fand er ganz und gar nicht.

Welche Rolle spielten Frauen im Nationalsozialismus?
Umsorgende Ehefrau, Hausfrau und Mutter - das war das Idealbild der Nationalsozialisten. Man wertete aber auch die allein stehende und ledige Mutter auf. Auf der anderen Seite versuchte man Frauen vom Studium abzuhalten. Dieses Bild entsprach aber, soweit ich dies beurteilen kann, nicht den Vorstellungen der Mehrzahl der damaligen Frauen. Im Krieg waren Frauen und Mädchen in der Regel nur als Krankenschwestern, Flakmädchen (Helferinnen der „Flugabwehr") und in untergeordneten Positionen eingesetzt.

Du schilderst einen Höhentestversuch, der an Dir im Jahr 1940 vorgenommen wurde. Nach dem Krieg hat man von weiteren Versuchen in den Konzentrationslagern gehört?

Man wollte offenbar testen, ab welcher Höhe Piloten unbedingt Sauerstoffgeräte benötigen. Ich war mir keiner gesundheitlichen Gefahr bewusst. Von weiteren Versuchen in den KZ, die in vielen Fällen letal endeten, habe ich erst durch den Nürnberger Prozess erfahren.

Warum hat man gerade Dich für dieses Experiment ausgesucht?
Dafür geeignete Versuchpersonen auszuwählen war für die Vorgesetzten sicherlich nicht leicht. Von mir wusste man, dass ich ausgefallenen Aufgaben gegenüber immer sehr offen war.

Die Erfolge der deutschen Armee haben Dich beeindruckt?
Angreifen und verteidigen – die männliche Bevölkerung befand sich im Krieg, ein Versagen würde den Untergang des Deutschen Volkes bedeuten, so hatten wir es nach dem Ersten Weltkrieg erlebt.
Siegen hieß überleben. In keinem Krieg hat sich ein Volk über verlorene Schlachten gefreut, ganz gleich, wie es zu seinen Machthabern stand.

Hat die besondere Situation im Krieg die Kameradschaft gefördert?
Ja, auch zwischen Vorgesetzten und Untergebenen. Sie wurden zu einer Schicksalsgemeinschaft. Mit Ausnahme eines so genannten „Nationalsozialistischen Führungsoffiziers", habe ich nur hochanständige Vorgesetzte erlebt.

Wie war die Informationslage während der letzten Kriegsjahre durch Radio, Wochenschau und Presse?
Das Abhören ausländischer Radiosender wurde im Krieg mit dem Tode bestraft, Zeitungen aus dem Ausland waren nicht zu erhalten und auch nicht gestattet. Man hatte Angst vor Spitzeln und wagte es nicht sich über den Kriegsverlauf negativ zu äußern. Es wäre als Defaitismus ausgelegt worden, auf dem die Todesstrafe stand.
Informationen erhielt man ausschließlich durch die staatlichen Medien, zu der auch im Kino die „Wochenschau" gehörte.

In manchen Büchern und auch Ausstellungen wurde über die Verbrechen der Wehrmacht berichtet.

Ich kann nur von meinen Einheiten berichten. Wir erhielten keinen einzigen Befehl, der gegen das Kriegsrecht verstoßen hätte.
Die Truppenmoral wurde hoch gehalten, aber leider gab es auch in der Wehrmacht verbrecherische Elemente.

Wieso ist es für viele alte Soldaten heute noch so schwer einzugestehen, dass auch Wehrmachtseinheiten Verbrechen begangen haben?
Es gibt immer wieder Versuche, die gesamte Wehrmacht als verbrecherische Naziorganisation hinzustellen.
Dies ist für jene, die nicht freiwillig als Soldaten kämpfen mussten und sich keiner persönlichen Schuld bewusst sind, schwer zu verstehen.
Sie waren der Meinung, unter Einsatz ihres Lebens die Heimat verteidigen zu müssen.
Der damalige Oberbefehlshaber der US-Truppen in Europa, Dwight D. Eisenhower, späterer US-Präsident, erklärte nach dem Krieg, dass die Mehrheit der Soldaten der deutschen Wehrmacht sich ehrenhaft verhalten habe.

Hörte man von Widerstandskämpfern, wie zum Beispiel dem Geschwisterpaar Scholl?
Ich habe damals nichts über Widerstandskämpfer erfahren, ausgenommen über jene, des 20. Juli 1944.

Welchen Geschwadern warst Du während Deiner militärischen Laufbahn unterstellt?
Ich gehörte als Pilot nur kurzfristig diesem oder jenem Geschwader an und führte bis etwa 1942 in der Hauptsache Einzelaufträge durch.
So flog ich als Testpilot Flugzeuge ein, überführte sie in Kampfgebiete und flog beschädigte Flugzeuge in die Flugzeugwerke.
Ich habe daher das Glück gehabt nicht in Kämpfe eingreifen zu müssen.
Dass meine Tätigkeit äußerst gefährlich war, zeigen die hohen Verluste unter diesen Piloten.

Ab 1942 hast Du höhere Unteroffiziersdienstgrade unterrichtet. Auch in nationalsozialistischem Gedankengut?

Dieser Unterricht hatte nichts mit dem Nationalsozialismus zu tun, sondern diente ausschließlich der Förderung des Allgemeinwissens, zu dem keine Politikwissenschaft gehörte.

Nach meinem Vorstufenunterricht kamen die sich als geeignet erwiesenen Teilnehmer auf die Luftwaffenfachschule um Offiziere zu werden. Später wurde ich selbst Chef der Luftwaffenfachschulen, die dem Luftgaukommando und dem Luftfahrtministerium direkt unterstanden.

Hat Dein Vater nie mit Dir über seinen Dienst in Jugoslawien oder Russland gesprochen?

Ich kann mich nicht erinnern, dass wir in den wenigen Stunden, die wir in diesen Jahren zusammen verbracht haben, abgesehen von der Zeit in Berlin, über dienstliche Angelegenheiten gesprochen hätten. Schon im Lazarett teilte mein Vater mir mit, dass er über gewisse Dinge nicht reden dürfe und über andere Ereignisse kein Bedürfnis hätte zu sprechen. Ich konnte mir absolut nicht vorstellen, was geschehen war.

Wie reagierten Deine Kameraden, als sie von dem Attentat auf Hitler erfuhren?

Die Stimmung war sehr angespannt und von Unsicherheit und aufkeimender Hoffnung nach einem raschen Ende des Krieges geprägt. Auch ich erwartete, dass die Nachfolger Hitlers Friedensgespräche mit den Gegnern beginnen würden.

Wie war die Reaktion, als man erfuhr, dass Hitler am Leben geblieben war?

Ich konnte Enttäuschung feststellen, aber auch Angst vor Rache. Gauleiter Robert Ley erklärte in einer Radiosendung, dass man „die blaublütigen Schweine" ausrotten sollte. Ich betrachtete dies als übles Rachegelüst eines bekannten Nazirabauken. Heute ist es mir klar, dass er die Drohung auch wahr gemacht hätte.

Im Osten wurden abertausende Juden, auch Frauen und Kinder, unter dem Vorwand Partisanen zu sein, von der SS ermordet. Zur gleichen Zeit waren dort Wehrmachtssoldaten stationiert. Diese mussten doch etwas gesehen haben, warum schwiegen sie?

Ella Lingens schreibt: *"Es war klar, dass auch der eine Strafe riskierte, der etwas weitererzählte, was er als Soldat an der Ostfront, durch einen Fehler der Organisation der Vernichtung, zufällig von ihr zu Gesicht bekommen hatte."*
Wahrscheinlich um seine Familie zu schützen, hat mein Vater mir gegenüber geschwiegen. Doch als Kommandeur hat er seine Stimme erhoben und ehrenhaft und menschlich gehandelt. Das war sein Verderben.

War in der Öffentlichkeit bekannt, was in der Wannsee-Konferenz 1942 beschlossen wurde, nämlich die systematische Vernichtung der jüdischen Bevölkerung auf deutschem Gebiet?
Mir war zum damaligen Zeitpunkt weder der Name noch der Beschluss dieses Treffens hochrangiger SS-Führer bekannt.

Wann hast Du den Begriff „Endlösung" das erste Mal gehört?
Als ich die Nürnberger Prozesse verfolgt habe.

In verschiedenen Büchern las ich, dass die deutsche Zivilbevölkerung über die Ermordung der Juden, Zigeuner, Sektierer, Homosexuellen, Kriegsgefangenen und Regimegegner in den Konzentrationslagern wusste oder es zumindest ahnte?
Ich selbst habe davon nichts erfahren. Aber es gab Gerüchte, die wahrscheinlich in den meisten Fällen für Kriegspropaganda des Feindes gehalten wurden.
Dass auch die Betroffenen selbst nichts oder kaum etwas ahnten, bestätigen deren zahlreiche Biographien.
Der Brite Laurence Rees zitiert in seinem Buch „Die Nazis" Samuel Willenberg, der im südpolnischen Opatow verhaftet und zu anderen Juden in einen Viehwaggon gepfercht wurde, die ihm zuflüsterten: *„Es wird schlimm, wir kommen nach Treblinka."*
Trotzdem wollte sich niemand mit dem Gedanken abfinden, dass es einen Ort geben könnte, der einzig und alleine dazu bestimmt sei, dass dort unschuldige Menschen getötet werden. *„Es war schwer zu glauben"*, schreibt er. *„Ich war da und konnte es doch zunächst nicht glauben."*
Rudolf Vrba berichtet in seinem Buch, „Als Kanada in Auschwitz lag": *„Himmler hatte befohlen, es dürfe niemand entkommen. Die*

Welt durfte von diesem Ort, seiner leistungsfähigen Todesfabrik, niemals etwas erfahren."

Wann und wie hat die Bevölkerung nach Kriegsende die Wahrheit über die Vernichtungslager erfahren und wie war ihre Reaktion?
Sehr bald berichteten die Zeitungen darüber und veröffentlichten die grauenhaften Bilder aus den Lagern. Das Entsetzen war so groß, dass viele diese Berichterstattung einfach für unglaubhaft hielten.

Wie hat die Bevölkerung die Urteile, die im Nürnberger Prozess gefällt wurden, in den ersten Jahren nach dem Krieg beurteilt?
Man hat den Prozess mit großer Spannung verfolgt. Die Meinungen waren aber sehr unterschiedlich. Ich kann mich nicht erinnern, dass man Mitleid mit den Verurteilten hatte, hingegen sehr wohl, dass man es als ungerecht empfand, dass hohe militärische Führer mit den Parteibonzen gleichgesetzt wurden.
Meine Meinung war und ist es, dass all jene Männer, die an der Spitze des Staates standen, gleichgültig aus welchem Lager, für diesen mitverantwortlich waren. Als Gegner der Todesstrafe war ich jedoch gegen die Todesurteile und sah in einer lebenslänglichen Haftstrafe eine härtere Bestrafung.

Wie war die Stimmung in Österreich den Alliierten gegenüber? Besatzer oder Befreier?
Man sah die Westmächte sehr bald ohne Wenn und Aber als Befreier an, da sie im Gegensatz zu den Zeiten nach dem Ersten Weltkrieg, den Weg in eine gemeinsame Zukunft wiesen. Anders sah es in den von den Sowjets besetzten Gebieten aus. Hier dauerte es länger bis normale Verhältnisse eintraten.

Wie ist es zu verstehen, dass man vielen jüdischen Überlebenden nach ihrer Rückkehr aus den Konzentrationslagern oder der Emigration ihre Wohnungen, ihr Vermögen, ihre Renten verweigerte, dass sogar die „Wiedergutmachung" bis in unsere Tage noch nicht abgeschlossen ist?
Wenn die Gier der Menschen nach Besitz und Macht nicht so groß wäre, dann hätte wohl auch ein Hitler keinen Erfolg gehabt.

Nach dem Krieg erfolgte die so genannte „Entnazifizierung", also die Bestrafung und Entfernung von Nazis aus dem öffentlichen Leben.
Trotzdem erschienen Nationalsozialisten wieder in offiziellen Positionen.
Zum Ersten fehlten durch den Krieg Fachkräfte. Zweitens hatte es viele „Mitläufer" des Regimes teilweise nur auf dem Papier gegeben. Manche traten aus beruflichen Gründen der Partei bei. Dann gab es gewiss viele Nationalsozialisten, die ihre Ansichten gegenüber dem Nationalsozialismus später geändert hatten. Durch einen Austritt aus der Partei während des Krieges hätten sie um ihr Leben fürchten müssen.

Es gibt immer noch Menschen, welche die Zeit des Nationalsozialismus erlebt haben und diesem Sympathien entgegenbringen.
Es wäre mir völlig unverständlich, dass es nach dem heutigen Wissensstand über dieses verbrecherische Regime noch Menschen gibt, die dieses Gedankengut pflegen, wüsste ich nicht, dass die Dummheit oder das Verbrechen nicht ausstirbt.

Wie beurteilst Du die „neuen, jungen Nationalsozialisten"?
Eine verlorene Generation von falsch geleiteten Jugendlichen, die Parolen und Gehabe sinnlos imitieren. Vielen von ihnen geht es um das Randalieren und Provozieren.
Ich kann mir nicht vorstellen, dass bei Kenntnis der Geschichte es auch nur ansatzweise möglich sein kann, das Hitlerregime zu verherrlichen. Ansonsten gilt das, was ich zuvor über die „Ewig-Gestrigen" gesagt habe.

Sind die Deutschen fremdenfeindlich?
Meiner Erfahrung nach zählen im Gegenteil die Deutschen und Österreicher zu den fremdenfreundlichsten Völkern in Europa. Zum Beispiel um 1700 war jeder Dritte Berliner ein Franzose. Die Gäste bekamen jedwede Unterstützung, einschließlich Wohngelegenheit oder Starthilfe durch Kredite. Bekannt war die offene Haltung der Preußen gegenüber der jüdischen Bevölkerung. Eine Statistik aus den Neunzigerjahren des 20. Jahrhunderts besagt, dass sich doppelt so

viele Flüchtlinge und Asylwerber in Deutschland befinden, wie etwa in Frankreich, Großbritannien und Italien zusammen.

Wieso ist es für viele Menschen aus Deiner Generation so schwer zu sagen: „Wir wurden getäuscht, verzeiht uns"?
Nichts ist schwerer einzugestehen als eine Kollektivschuld. Das Nürnberger Kriegstribunal hat für das deutsche Volk im Gegensatz zu deren Regierung keine Kriegsschuld festgestellt. Der Großteil der Bevölkerung hat sich persönlich keines Verbrechens schuldig gemacht.
Dennoch muss jeden rechtlich denkenden Deutschen und Österreicher tiefe Scham befallen, dass derartige Verbrechen in Deutschland und Österreich möglich waren und von Deutschen und Österreichern begangen wurden.
Es war falsch, nach dem Krieg die Vergangenheit nicht sofort aufzuarbeiten. Darin besteht meiner Meinung nach eines der größte Versäumnisse.

Warum hat Deine Generation Jahrzehnte gebraucht, um das Geschehene „aufzuarbeiten"?
Die wirtschaftlichen Verhältnisse waren so schlecht, dass jene, die überlebt hatten, in den ersten Monaten mit dem Überlebenskampf beschäftigt waren.
Viele Menschen waren arbeitslos, die jüngeren ehemaligen Soldaten hatten keine Berufsausbildung, ebenso mussten viele Frauen ohne Ausbildung ihre gefallenen Männer ersetzen.
Die Amerikaner versuchten mittels Fragebögen die Schuldigen zu finden und verleiteten viele zur Denunziationen und Betrügereien.
Es war nur zu menschlich, ob man nun schuldig oder unschuldig war, dass man von diesen bitteren Jahren nichts mehr wissen wollte.

Wie kannst Du Dir erklären, dass man immer noch alte Soldaten trifft, die geradezu schwärmerisch von ihren Kriegserlebnissen erzählen.
Der Krieg war für viele auch ein Abenteuer. Es hieß zu überleben, schlauer, geschickter und schneller als andere zu sein. Es war für manche Soldaten die einzige Zeit in ihrem Leben, in denen sie eine Rolle spielen konnten, die ihnen später im zivilen Leben nicht mehr

möglich war. Andere konnten die Schrecken des Krieges nicht vergessen und schlossen sich in Verbänden zusammen, um auf diese Art die Erinnerungen an die Militärzeit mit ihren Kameraden teilen zu können.
Ich bin jedoch der Meinung, dass der Großteil der Kriegsteilnehmer nichts mehr von dieser Zeit wissen wollte, zumal diese nach dem Bekanntwerden der Verbrechen des Nationalsozialismus, nicht die gleiche Einstellung zur Wehrmacht hatten, wie jene Kriegsteilnehmer nach dem Ersten Weltkrieg.

Hast Du mit Deinen Kriegskameraden nach dem Krieg Kontakt gepflegt?
Wenn Du damit die Mitgliedschaft bei einem Kriegerverein meinst, lautet meine Antwort: „Nein".
Viele meiner besten Freunde sind im Krieg gefallen. Mit einigen wenigen Kameraden gab es noch spärliche Kontakte. Unter ihnen der bekannte Jagdflieger Hauptmann Willi Scheiter.

Welche der derzeitigen politischen Parteien entspricht am besten Deiner Einstellung?
Da ich keiner Partei je angehört habe, noch angehöre, kann ich diese Frage nicht eindeutig beantworten. Jede Partei verfügt über Grundsätze, die ich akzeptiere oder gar schätze und über solche, die meinen Vorstellungen wenig oder gar nicht entgegenkommen.

Wie ist Dein heutiges Verhältnis zu Russland?
Im Rahmen meiner Tätigkeit in der Liga der Vereinten Nationen lernte ich noch zu Zeiten der Sowjetunion, anlässlich meines Vortrages im Haus der Freundschaft in Moskau, sehr interessante und sympathische Kommunisten kennen.
Man muss also zwischen dem Menschen und seiner ideologischen Ausrichtung unterscheiden.
Ein Vielvölkerstaat wie zum Beispiel die Russische Föderation, hatte es nach dem Sturz einer Diktatur schwer, den Übergang zu einer Demokratie westlicher Prägung zu finden.
Mit dem neuen Russland verbindet mich unter anderem noch heute eine herzliche Freundschaft mit dem ehemaligen Botschafter für Menschenrechte im Kreml, Excellenz Genrich Lapin.

Wie beurteilst Du die Vereinigten Staaten von Amerika?
Amerika hat zusammen mit seinen Verbündeten zum Wiederaufbau des zerstörten Deutschlands und Österreichs und zur demokratischen Entwicklung beider Staaten in weiser Voraussicht Wesentliches beigetragen, um einen zweiten „Versailler Vertrag" zu verhindern. Wir sind zu großem Dank verpflichtet.

Glaubst Du an den Bestand der „Europäischen Union"?
Wenn es den von ihrer Geschichte her so unterschiedlichen Völkern gelingt, auf Dauer die Interessen der Gemeinschaft vor ihre eigenen Interessen zu stellen, dann hat Europa eine friedliche und wirtschaftlich gesicherte Zukunft.

PERSONENREGISTER

Alexander, Peter, 230
Anderson, Lale,160
Arco-auf Valley, A. Graf von, 38
Arco-Zinneberg, Graf, 128
Asshof, 52
Augustinus, 250
Badoglio, Pietro, 160
Bard, Maria, 173
Belgien, Lilian, Prinzessin von, 226, 230
Benedetti, Vincent, Graf von, 16
Benedikt XV., 20
Benedikt XVI., 229
Benkhoff, Fita,149
Berger von Waldenegg, Heinrich, 256
Bismarck, Otto Fürst von, 15, 16, 43
Blaskowitz, Johannes, 128
Blomberg, Werner von, 79
Blücher, Gebhard Leberecht von, 15
Böhm, Karlheinz, 230, 245
Böhme, 205
Bonaparte Jerome, König, 14, 15
Bonneau, Michel, 230
Bourbon-Parma, Sixtus, Herzog, 20
Braun, Eva, 183
Braunschweig, Herzog von, 13
Briand, Aristide,20
Broda, Christian,239
Buchholz, Peter, 170
Busch, Ernst,174
Cadogan, Alexander Sir, 105
Cailaux, Joseph, 37
Chamberlain, Neville, 115, 195
Chaplin, Charlie, 62
Churchill, Winston Leonhard, Sir, 131, 148, 178, 179, 220
Clemenceau, Georges, 23, 37, 37, 59
Cohen, Arthur, 220
Condé, Prinz de, 13
Conrad von Hötzendorf, Erwin, Graf, 19
Conrad von Hötzendorf, Franz, Graf, 19
Coudenhove-Kalergi, Richard Graf, 227
Cox, Spencer, 227
Daladier, Édouard, 115
Davies, 225
Dawis, Charles Gates, 50
Dickens, Charles, 61
Digoutte, Jean Marie, 46
Dirlewanger, 150
Dollfuß, Engelbert, 71, 79, 93, 94
Dönitz, Karl, 148, 156, 183
Drubba, Paul, 106, 107
Dütbernd, 154
Ebert, Friedrich, 38, 42, 59
Einem, Karl von, 22, 32, 51, 79, 85, 184, 256

Einem, Gottfried von, 230
Einstein, Albert, 41
Eisenhower, Dwight D., 220, 268
Eisner, Kurt, 38
Erlacher, 99
Erlacher, Käthe, 99, 100, 101, 106, 107, 131, 257, 261
Ferdinand, Erzherzog, 19
Fernau, Rudolf, 172
Ferrero-Waldner, Benita, 230
Figl, Leopold, 223
Fiesel, Wilhelm, 84
Finkenzeller, Heli, 173
Fleming, Alexander, 101
Flick, 96
Foch, Ferdinand, 23
Franco y Bahamonde, Francisco, 99
Franz I., 15, 19, 26
Franz Josef I., 26
Friedrich II., 13, 52, 61, 78, 255
Friedrich III., 18, 25
Friedrich Wilhelm IV., 16
Fröhlich, Gustav, 172
Galen, Clemens August, Graf, 265
Galland, 136
Galland, Adolf, 136
Georg V., 124
George, Heinrich, 172
Gerstl, Alfred, 231
Goebbels, Josef, 77, 101, 104, 115, 155, 157, 172, 179, 264
Gollob, Oberst, 227
Gombös, Gyula, 70
Göring, Hermann, 131, 132, 151, 164, 168, 174
Gottschall, Margarete von, 49
Goubareff, 17
Gründgens, Gustav, 173
Habsburg-Lothringen, Josef, Erzherzog, 228
Habsburg-Lothringen, Otto, Erzherzog, 227
Habsburg-Lothringen, Sophie, Erzherzogin, 228
Harlan, Veit, 172
Hase, Paul von, 170
Heinrici, 110
Herzog, David, 262
Hess, Rudolf, 107, 140, 194, 254, 260
Heydrich, Reinhard, 150
Himmler, Heinrich, 150
Hindenburg, Paul von, 22, 59, 71, 72, 78, 92, 187, 255
Hippke, Erich, 137
Hitler, Adolf, 51, 55, 59, 65, 71, 72, 78, 79, 92, 99, 100, 104, 105, 106, 114, 115, 125, 129,

130, 131, 145, 154, 155, 157, 169, 171, 183, 186, 188, 191, 253, 255, 260
Hoegner, Wilhelm,170
Hoesslin, Erna von, 228
Hoesslin, Eva-Maria von, 228 f
Hoesslin, Roland von, 169, 212, 228
Hoesslin, Walter von, 228
Hömberg, Hans, 154, 173, 178, 211, 214
Hoover, Herbert Clark, 224
Horst, Freifrau von der, 181
Horst, Freiherr von der, 180
Houten, H.R van, 227, 237
Hugenberg, Alfred, 65
Huppertz, Aegidius, 13
Ibanez, Carlos, 43
Innitzer, Theodor, 99
Jeschonek, Hans, 158
Karl I., 20, 22, 26
Kettler, 154
Kickel, 154
Kollek, Heike, 153, 166
Kollek, Richard, 153, 165, 166, 171, 180
Korinth, Magdalena, 153
Kowa, Viktor de, 149
Krauß, Werner, 174
Krippl-Redlich von Redensbruck, Dr.Rudolf, 232
Kurassow, 222
Landuar, 60
Lapin, Genrich, 274
Lenin, Wladimir Iljitsch, 21, 51
Leopold III. von Belgien, 226
Ley, Robert, 171, 269
Liebenwein, Karl, 98
Liebknecht, Karl, 38
Lingens, Ella, 151
Lloyd, George David, 23, 43, 59
Loewi, Otto, 99, 106
Loewi, Victor, 99, 101, 106, 107, 112, 196, 258, 259, 265
Louis Philip, König, 15
Loyd, Harald, 62
Ludendorff, Erich, 45
Lüders, Günther, 149
Luther, Hans, 55
Luxemburg, Rosa, 38
Malinowski, Rodion, 180
Mannerheim, Carl Gustav, Freiherr von, 141
Marseille, Joachim, 140
Marshall, George, 220
Martischnig, Erwin, 99
Marx, Wilhelm, 59
May, Karl, 67
Meinrad, Germaine, 242
Meinrad, Josef, 229, 242
Meissner, 156, 157, 210, 264

Metternich, Clemens Fürst, 15
Miklas, Wilhelm, 104
Mohammed Achmed, Sultan, 18, 28
Moltke, Helmuth, Graf von, 17, 250
Mosley, Oswald, 78
Mühlbacher, Fritz, 99
Muri, 70
Mussolini, Benito, 43, 79, 100, 134, 182, 256
Napoleon I., 14, 15
Napoleon III., 16
Neumann, Günther, 174
Nietzsche, Friedrich, 21
Nikolaus I., Zar, 20
Noske, Gustav, 38
Obonja, Hans, 225
Oer, Freiherr von, 39
Orléans, Herzog von, 13
Papen, Franz von, 72
Paulus, Friedrich, 154, 155
Percival, 40
Petacci, 182
Pétain, Henri Philippe, 130, 134
Pfuderer, 60
Pohlmann, Lili, 151, 209
Poincaré, Raimond, 23, 37, 48
Porten, Henny, 172
Preußen, Prinz Louis Ferdinand von, 241
Prien, Günther, 124
Primo de Rivera, Miguel, 43
Putkammer, Johanna von, 15
Quisling, Vidkun, 78
Raeder, Erich, 187
Rainer, Bobby, 125
Rainer, Roland, Professor, 125
Rath von, 115
Raus, Othmar, 229
Rees, Laurence, 270
Reich-Ranicki, Marcel, 150
Renner, Karl, 172, 224
Reynaud, Paul, 130
Rhemen, Baron von, 39, 56
Ribbentrop, Joachim von, 121
Richthofen, Bolko, Freiherr von, 174
Richthofen, Manfred, Freiherr von, 174
Riefenstahl, Leni, 100, 256
Röhm, Ernst, 92, 257
Rommel, Erwin, 140, 147, 160, 169
Roosevelt, Franklin. D., 78, 179
Rühmann, Heinz, 172
Sachsen–Coburg, Albert, 15
Sarazar, 70
Schaden, Heinz, 232
Scharon, Ariel, 262
Scheiter, Willi, 274
Schenking, Landrat, 46
Schiele, Egon, 22

Schilgen, Albertus Baron von, 14
Schilgen, Alfred Friedrich, Baron von
Schilgen, Ann, Baronesse von, 95
Schilgen, Conrad von, 15, 16
Schilgen, Elisa, Baronin von…
Schilgen, Elke-Romana, Baronesse von, 95, 232
Schilgen, Ernst, Baron von, 18, 95
Schilgen, Eva Maria, Baronin von, 232, 240, 242, 245, 249
Schilgen, Franz, Baron von, 18, 29
Schilgen, Franz, Baron von, 94, 128, 169
Schilgen, Friedrich, Baron von, 15, 16, 29
Schilgen, Fritz, Baron von, 18
Schilgen, Heide-Louise, Baronesse von, 224, 228
Schilgen, Heinrich, Baron von, 18
Schilgen, Hermann, Baron von, 18, 28, 67
Schilgen, Johann Wilhelm, von, 14
Schilgen, Maren, Baronesse von, 167, 228
Schilgen, Nikolaus August, Baron von, 14
Schilgen, Pauline, Baronin von, 18
Schilgen, von (Hofrätin), 13
Schlaun von Linden, Conrad, 60
Schleicher, Kurt von, 72, 92, 94
Schlippenbach, Freiherr von, 114
Schlüter, Albert, 17
Schlüter, Anny, 44
Schlüter, Helmut, 83
Schlüter, Paul, 41
Schmidt, 207
Schmidt, Guido, 103
Schober, Johannes, 60
Scholl, 268
Schönfeld, Diepold, Graf, 207
Schrottenbach, 143
Schrottenbach, Annemarie, 141, 206
Schrottenbach, Edle von Kodohtsch, Gretel, 143
Schrottenbach, Margit, 143
Schukow, Georg, 141, 174
Schüler, P., Oberleutnant, 15, 24, 133, 255
Schuschnigg, Kurt von, 94, 100, 103, 104
Seyss – Inquart, Arthur, 103, 104
Söderbaum, Christine, 172
Speer, Albert, 153
Spiegelfeld, Graf von, 98
Spitz, 106
Spoerl, Heinrich, 172
Stalin, Jossip Wissarionowitsch, 51, 121, 141, 149, 179
Starhemberg, „Feichtl", Fürst, 140
Starhemberg, Rüdiger, Fürst, 70, 139
Stauffenberg, Claus, Graf Schenk von, 169
Steif, 170
Stelzer, Hannes, 173, 211

Stiller, Günter, 135
Strauß, Franz Josef, 227
Streicher, Julius, 253
Stresemann, Gustaf, 55
Strutz, 57
Stürgkh, Barthold, Graf von, 99
Sütterlin L., 52
Tanaka, Michiko, 149
Thälmann, Ernst, 59, 71
Thurn und Taxis, Karl-August, Fürst, 228
Thurn und Taxis, Maria-Anna, Fürstin, 228
Timoschenko, Semjon Konstantinovitsch, 141
Tirard, 50
Topolnig, 221
Trattnig, Ernst, 181, 215
Uhland, Ludwig, 60
Unruh, Walter von, 263
Victoria, Königin, 15
Victoria, Prinzessin, 18
Vreba, Rudolf, 150
Weber, M., 75
Weiche, 154
Wellington, Arthur Wellesley Herzog von, 15
Wessely-Steiner, Senta, 231
Wieth, Irmgard, 151, 209
Wilhelm, Kronprinz, 241
Wilhelm I., 16, 18
Wilhelm II., 18, 22, 25
Wilhelm III., 15
Wilhelm IV., 15
Wilson, Harold, 20, 29
Windisch, 92
Wirth, Professor, 129, 199
Witzleben, Erwin, von, 170
Wlassov, Andrei, 158
Woroschilow, Kliment, 141
York von Wartenburg, Ludwig, Graf, 170
Young, Oven.D., 66

INHALT

WAHLSPRUCH – WIDMUNG.. 5
GRAU, TEURER FREUND, IST ALLE THEORIE.............. 7
FRAGE – ANTWORT.. 9

DIE MONARCHIE

1757-1918... 13

DIE WEIMARER REPUBLIK

1919-1927... 37
1928-1933... 65

DIE DIKTATUR

1934-1937... 91
1938... 103
1939-1941... 117
1942-1944... 147
1945... 117

DIE DEMOKRATIE

1945-2006... 219

FRAGE – ANTWORT

Warum-wieso-weshalb... 249

PERSONENREGISTER.. 276

Von Wolf von Schilgen sind im gleichen Verlag, in der Reihe „Der lachende Satiriker", bisher erschienen:

„Man(n) glaubt es nicht", 208 Seiten	(ISBN 3-901375-09-0)
„Nicht ohne (m)eine Frau", 208 Seiten	(ISBN 3-901375-08-2)
„Man(n) hat's nicht leicht", 208 Seiten	(ISBN 3-901375-07-4)
„Mit heiterer Gelassenheit", 208 Seiten	(ISBN 3-901375-06-6)
„Was kostet die Venus", 208 Seiten	(ISBN 3-901375-05-8)
„Die Bekenntnisse eines gestressten Ehemannes", 208 Seiten	(ISBN 3-901375-04-X)
„Sie sind willkommen, Sir!", 208 Seiten	(ISBN 3-901375-03-1)
„Der Bei-Strich", 184 Seiten	(ISBN 3-901375-02-3)
„Mir fällt kein Titel ein!", 176 Seiten	(ISBN 3-901375-01-5)

Hörbuch:

„Irren und Wirren… und sonst noch Menschliches"	(ISBN 3-901375-51-1)
„Oh du fröhliche… und sonst noch Weihnachtliches"	(ISBN 3-901375-52-X)
„Heiter bis wolkig… so wie das Leben"	(ISBN 3-901375-53-8)

Preis pro Buch € 19,--
Preis pro Hörbuch € 13,--

Continent Verlag
Stauffenstrasse 559
5084 Grossgmain
Austria

Tel: +43(0)6247 8586
Fax:+ 43(0)6247 8073
Mail: vonschilgen@A1.net
www.vonschilgen.at

Notizen